铁路专业融合教材

U0800214

铁路基础设施维护

中国国家铁路集团有限公司 劳动和卫生部 工电部 ◎主编

中国铁道出版社有限公司

2025年·北京

内容简介

本书为铁路专业融合教材之一。全书共三篇，分别为知识篇、技能篇和融合篇。知识篇突出必备的专业知识，包括铁路线路，铁路路基、桥隧建筑物及安全防护设施，铁路信号，铁路通信，铁路牵引供电，铁路电力，以及自轮运转特种设备；技能篇主要介绍工务、电务和供电的基本作业项目，包括安全管理，线路设备，路基、桥隧建筑物及安全防护设施，信号设备，通信设备，供电设备的基本作业；融合篇主要介绍工电供专业融合作业相关内容，包括一体化管理模式、设备检查、设备整治及应急处置等。

本书可作为高等职业院校工务、电务、供电相关专业和高速铁路综合维修技术专业基础教材，同时还可作为铁路相关从业人员跨专业学习用书。

图书在版编目(CIP)数据

铁路基础设施维护 / 中国国家铁路集团有限公司劳动和卫生部，中国国家铁路集团有限公司工电部主编. 北京 ：中国铁道出版社有限公司，2025. 3. --（铁路专业融合教材）. -- ISBN 978-7-113-32059-1

Ⅰ. U2

中国国家版本馆 CIP 数据核字第 2024SK0233 号

书　　名：铁路基础设施维护
作　　者： 中国国家铁路集团有限公司劳动和卫生部
中国国家铁路集团有限公司工电部

策划编辑： 崔忠文
责任编辑： 吕继函　李露露　尹娜　阚济存　**编辑部电话：**(010)51873205　**电子邮箱：**312705696@qq.com
封面设计： 高博越
责任校对： 安海燕
责任印制： 高春晓

出版发行： 中国铁道出版社有限公司(100054，北京市西城区右安门西街 8 号)
网　　址： https://www.tdpress.com
印　　刷： 北京盛通印刷股份有限公司
版　　次： 2025 年 3 月第 1 版　2025 年 3 月第 1 次印刷
开　　本： 787 mm×1 092 mm　1/16　**印张：** 21.25　**字数：** 459 千
书　　号： ISBN 978-7-113-32059-1
定　　价： 65.00 元

编审人员

国铁集团：

安　拓　杨　桉　支　洋　马慧君　李文涛　闫永利　袁少伟
杨　云

成都局集团公司：

陈　丹　黄　洪　纪英杰　侯永昌　刘　明　徐应立　王晓辉
代　赤　陶　晶　何祥照　米祖云　刘重均　杨　茹　周中成
李　颖　王　孬　冯林灼　蒲升平　何柏林　曹　均　唐田隆
隆正涛　奉　伟　曾孟彬　刘　斌　张云翔　郭　伟　傅　祺
鲁茜睿　蒋　帅　欧启龙　钟　彦　曾文弟　范正洲　何会连
达朝健　龙　瑶　马德军　杨　奎　常培新　文　胜　杨　春
江　珂　陈蜀闽　唐　宁　陈建勇　彭文华　侯小兵　任　锟
全雪刚　李旭江　李　智　张颖文　杜清全　李　军　汪洋生

沈阳局集团公司：

关桂凯

北京局集团公司：

吕　钢

郑州局集团公司：

万忠华　张宝奇　葛素敏

武汉局集团公司：

刘伟灿

西安局集团公司：

杨　伟

济南局集团公司：

吕关仁　刘永建

上海局集团公司：

谭社会　李士中　杨　勇

广州局集团公司：

梁　东

兰州局集团公司：

方　峰　宋　杰　许　强　裴天禄　潘黎鹏

北京铁路通信信号运维中心：

王胜军

陕西铁路工程职业技术学院：

朱永伟　周永胜

柳州铁道职业技术学院：

金丽丽　嵇静婵

广州铁路职业技术学院：

陈　珂

四川铁道职业学院：

杜中彦　漆玉强　刘玉宝　颜　伟　江　锋　武伟刚

前言

铁路作为国家战略性、先导性、关键性重大基础设施，是国民经济大动脉、重大民生工程和综合交通运输体系骨干，是中国式现代化建设的重要支撑。截至2024年底，中国铁路营业里程达到16.2万公里，其中高速铁路营业里程4.8万公里，建成并运营了世界最大的高速铁路网和先进铁路网，是世界上唯一能在各种气候环境和复杂艰险地质条件下建设和运营高速铁路的国家。从“四纵四横”到“八纵八横”，中国高速铁路不仅实现了从无到有、从有到优的跨越式发展，更以其卓越的运营能力和技术实力，成为中国乃至世界铁路的标杆。

铁路基础设施设备在铁路运输生产中处于重要的基础支撑地位。随着高速铁路网规模快速扩大，列车开行速度和密度不断提高，为充分释放和发展高速铁路生产力，我国铁路部门深入推进高速铁路工电供综合维修生产一体化改革，提高天窗综合利用率，加强专业结合部管理，共享共用各类资源，提升设备修理效率和应急处置能力，铁路基础设施网络韧性和安全性、可靠性得到进一步提升，防范化解各类重大风险能力持续增强。在巩固和加强高速铁路工电供专业一体化生产的基础上，普速铁路工电供专业的天窗共用、数据共享、联合应急和一体化施工不断深化。

为提高铁路基础设施维护复合型技能人才源头培养质量，进一步提升铁路工电供专业融合操作技能水平，中国国家铁路集团有限公司劳动和卫生部、工电部组织编写了铁路专业融合教材《铁路基础设施维护》。本教材立足一专多能，旨在深化专业融合，贯通工电供专业的知识和技能，形成铁路基础设施维护的知识、技能和融合作业体系。本教材可作为高等职业院校工务、电务、供电相关专业、高速铁路综合维修技术专业基础教材，同时还可作为铁路相关从业人员跨专业学习用书。

本教材分为知识、技能、融合三篇。第一篇知识篇，共7章，重点突出必备的相关专业知识，按照章—节的形式编写，介绍了铁路线路,铁路路基、桥隧建筑物及安全防护设施,铁路信号,铁路通信,铁路牵引供电,铁路电力,自轮运转特种设备等内容。第二、三篇,重点突出基本作业技能和融合作业技能,按照项目—任务的形式编写。第二篇技能篇,共 6 个项目 27 个任务,介绍了安全管理,线路设备基本作业,路基、桥隧建筑物及安全防护设施基本作业,信号设备基本作业,通信设备基本作业,供电设备基本作业;第三篇融合篇,共 4 个项目 19 个任务,介绍了一体化管理模式、一体化设备检查、一体化设备整治、一体化应急处置。

本教材以专业规章标准为依据,图文并茂地展示了相关理论知识和基本作业技能。技能篇、融合篇配有教学视频,选取典型工作任务,反映真实作业场景,读者可通过扫描教材中二维码获取视频资源进行学习。

本教材由中国国家铁路集团有限公司劳动和卫生部、工电部主编。中国铁路成都局集团有限公司承担主要编写工作,陕西铁路工程职业技术学院、柳州铁道职业技术学院、广州铁路职业技术学院、四川铁道职业学院相关人员参与编写。审定过程中,广泛征求了相关铁路局集团公司专家的意见和建议,在此一并表示感谢。

由于编者水平有限,书中难免有疏漏和不妥之处,诚请读者批评指正。

编　者

2025 年 1 月

目录

知识篇

技 能 篇

融 合 篇

本书配套视频资源索引

续表

知识篇

第一章

铁 路 线 路

铁路线路由轨道、路基、桥涵、隧道及其他建筑物构成，是引导机车车辆平稳、安全运行的主要基础设施。本章主要介绍轨道结构、线路平面及纵断面、道岔结构、无缝线路、标志标识及精密测量控制网等内容。

学习目标

1. 知识目标

(1)掌握轨道结构的组成。

(2)掌握线路平面及纵断面的设计要求。

(3)掌握道岔的组成。

(4)掌握钢轨伸缩调节器的组成和作用。

(5)掌握无缝线路的基本知识。

(6)掌握铁路限界要求及线路标志。

(7)了解精密测量控制网的组成。

2. 素质目标

(1)通过对铁路线路知识的学习，具备在工作中辨识相应设备及用途的能力。

(2)提高安全意识，树立安全第一的思想，养成严谨的工作态度和高度的责任心。

(3)增强团队合作精神和沟通协调能力，能够在铁路基础设施维护作业中发挥作用。

(4)培养持续学习的习惯，跟踪铁路线路技术的发展动态。

第一节 轨道结构

轨道是指路基、桥梁、隧道等线下结构物以上的线路部分，其作用是引导机车车辆平稳安全运行，直接承受由车轮传来的荷载，并把它传递给路基或桥隧等建筑物。轨道分为无砟轨道和有砟轨道，如图 1-1-1 所示。无砟轨道是指轨下基础为混凝土等整体道床结构的轨道，有砟轨道是指采用轨枕及碎石等散粒体作为轨下基础的轨道。

（a）无砟轨道

（b）有砟轨道

图 1-1-1 轨道结构

轨道由钢轨、轨枕及道床、联结零件、道岔、钢轨伸缩调节器(以下简称调节器)、轨道加强设备等组成。

一、钢　　轨

钢轨是轨道最重要的组成部件，它直接承受列车的荷载，依靠钢轨头部内侧面和机车车辆轮缘的相互作用，引导列车运行，依靠它本身的刚度和弹性把机车车辆荷载传递给轨下基础。钢轨截面呈工字形，轨头宽度(b)、轨腰厚度(c)、钢轨高度(H)及轨底宽度(B)是钢轨断面的四个主要参数，如图 1-1-2 所示。

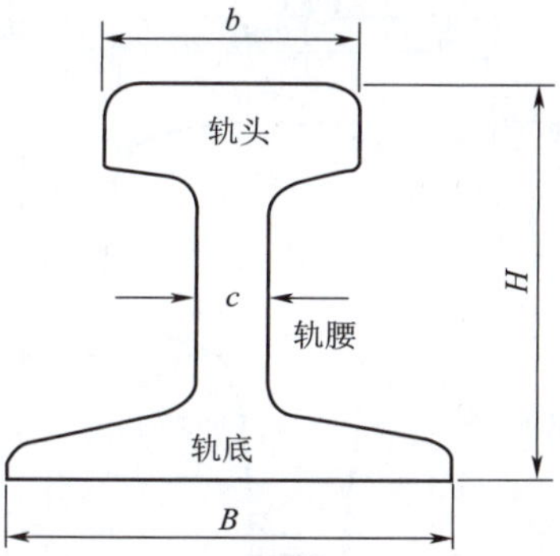

图 1-1-2 钢轨截面示意

我国 50 kg/m、60N 钢轨标准截面详细尺寸，如图 1-1-3 所示，钢轨断面各部尺寸见表 1-1-1。

二、扣件系统

扣件的作用是实现钢轨与轨枕的可靠连接，阻止钢轨相对于轨枕的纵横向位移，确保轨距正常，提供绝缘和弹性。扣件类型应与钢轨、轨枕类型相匹配。

(一)有砟轨道扣件系统

高速铁路有砟轨道主要采用弹条Ⅳ型、弹条Ⅴ型和 FC 型扣件，普速铁路有砟轨道主要采用弹条Ⅱ型、弹条Ⅲ型扣件。按轨下基础形式分为有挡肩扣件和无挡肩扣件。有砟轨道扣件系统类型见表 1-1-2。

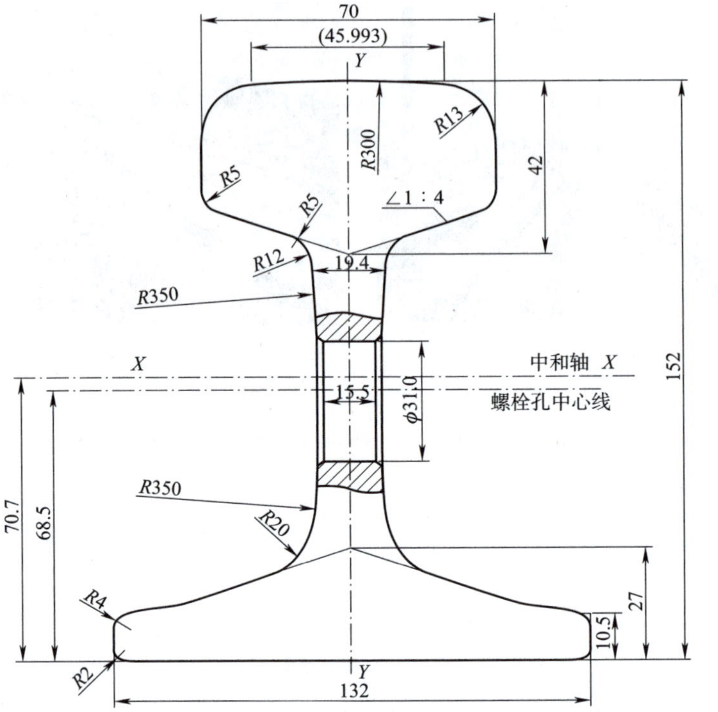

（a）50 kg/m钢轨断面

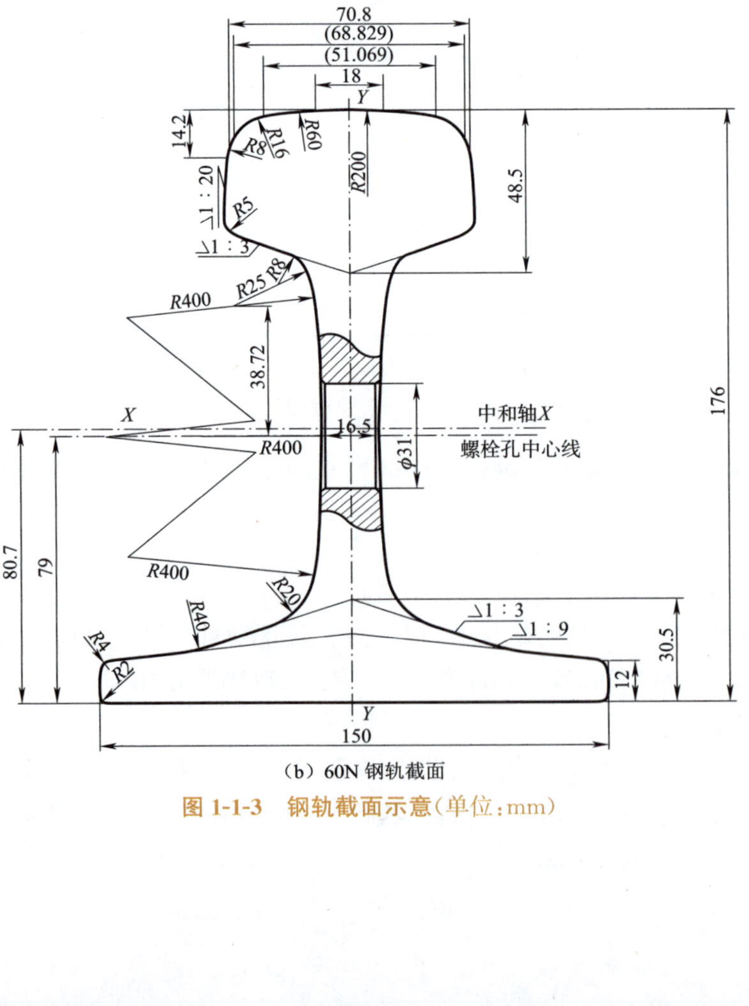

（b）60N 钢轨截面

图 1-1-3　钢轨截面示意(单位:mm)

表 1-1-1　钢轨断面各部尺寸

项　　目	钢轨类型	
	50 kg/m	60N
钢轨质量 m/(kg/m)	50	60
钢轨高度 H/mm	152	176
轨头宽度 b/mm	70	70.8
轨底宽度 B/mm	132	150
轨腰厚度 c/mm	15.5	16.5
截面积/cm^2	65.8	77.45

表 1-1-2　有砟轨道扣件系统类型

扣件类型	配套轨枕	扣件类型	配套轨枕
弹条Ⅱ型	有挡肩轨枕	弹条Ⅴ型	有挡肩轨枕
弹条Ⅲ型	无挡肩轨枕	FC 型	无挡肩轨枕
弹条Ⅳ型	无挡肩轨枕		

1. 弹条Ⅱ型扣件系统组成

弹条Ⅱ型扣件适用于客货共线铁路直线及曲线半径不小于 295 m 线路、有砟轨道混凝土枕、60 kg/m 或 75 kg/m 钢轨。

弹条Ⅱ型扣件系统由螺母、平垫圈、螺旋道钉、弹条、轨距挡板、挡板座等组成，如图 1-1-4 所示。

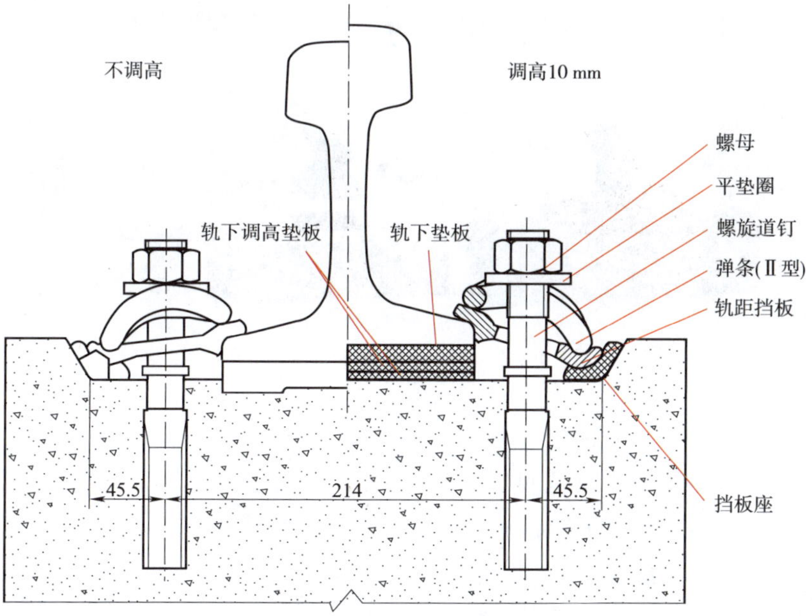

图 1-1-4　弹条Ⅱ型扣件组装示意(单位：mm)

2. 弹条Ⅲ型扣件系统组成

弹条Ⅲ型扣件适用于客货共线铁路直线及曲线半径不小于 350 m 线路、有砟轨道混凝土枕、60 kg/m 钢轨。

弹条Ⅲ型扣件系统由弹条、预埋铁座、绝缘轨距块、轨下垫板等组成,如图 1-1-5 所示。

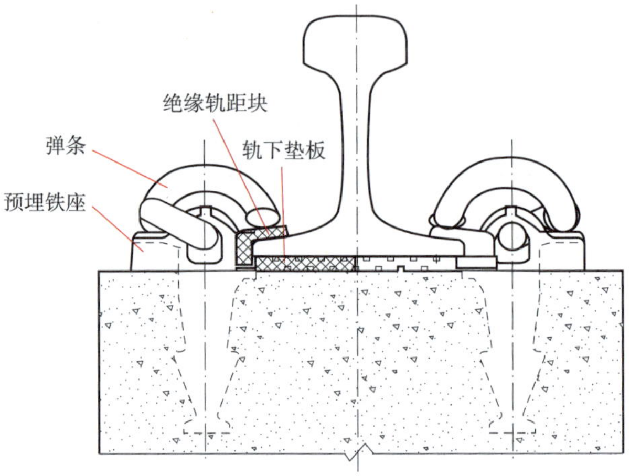

图 1-1-5　弹条Ⅲ型扣件组装示意

3. 弹条Ⅳ型扣件系统组成

弹条Ⅳ型扣件适用于线下基础和道床稳定地段,配套$Ⅲ_b$型混凝土枕,但严寒和寒冷地区不得采用。

弹条Ⅳ型扣件系统由弹条、预埋铁座、绝缘轨距块和橡胶垫板组成,如图 1-1-6 所示。

图 1-1-6　弹条Ⅳ型扣件系统组成

4. 弹条Ⅴ型扣件系统组成

弹条Ⅴ型扣件系统由螺旋道钉、平垫圈、弹条、轨距挡板、橡胶垫板和预埋套管等组成,此外为了钢轨高度调整的需要,还包括调高垫板,如图 1-1-7 所示。

5. FC 型扣件系统组成

FC 型扣件系统由弹条、绝缘帽、覆盖板、绝缘套、预埋底座、绝缘轨距块和橡胶垫板等组成,如图 1-1-8 所示。

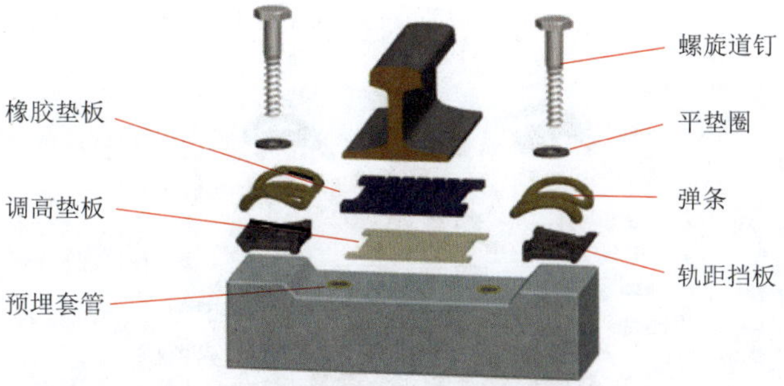

图 1-1-7　弹条Ⅴ型扣件系统组成

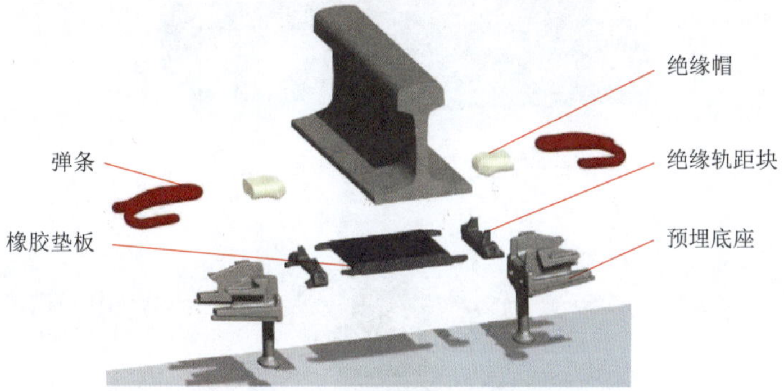

图 1-1-8　FC 型扣件系统组成

(二)无砟轨道扣件系统

高速铁路无砟轨道扣件系统主要有 WJ-7 型、WJ-8 型、W300-1 型和 SFC 型四种类型，按无砟道床形式分为有挡肩扣件和无挡肩扣件。无砟轨道扣件系统具体分类及适用范围见表 1-1-3。

表 1-1-3　无砟轨道扣件系统类型

扣件类型	无砟道床形式
WJ-7 型	无挡肩扣件
WJ-8 型	有挡肩扣件
W300-1 型	有挡肩扣件
SFC 型	无挡肩扣件

1. WJ-7 型扣件系统组成

WJ-7 型扣件系统由 T 形螺栓、螺母、平垫圈、弹条、绝缘块、铁垫板、轨下垫板(橡胶垫板或复合垫板)、绝缘缓冲垫板、重型弹簧垫圈、平垫块、锚固螺栓、预埋套管等组成，还包括轨下调高垫板和铁垫板下调高垫板，如图 1-1-9 所示。

2. WJ-8 型扣件系统组成

WJ-8 型扣件系统由螺旋道钉、平垫圈、弹条、绝缘轨距块、轨距挡板、轨下垫板(橡胶垫板或复合垫板)、铁垫板、铁垫板下弹性垫板和预埋套管等组成。为满足高低调整需要,还包括轨下微调垫板和铁垫板下调高垫板。扣件系统组成如图 1-1-10 所示。

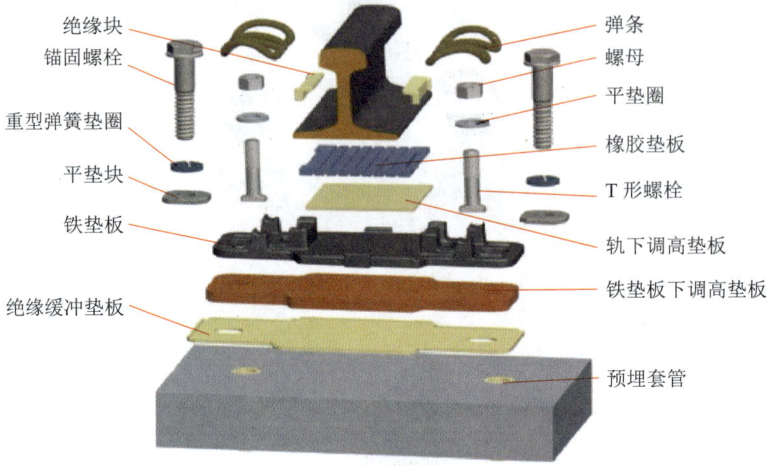

图 1-1-9　WJ-7 型扣件系统组成

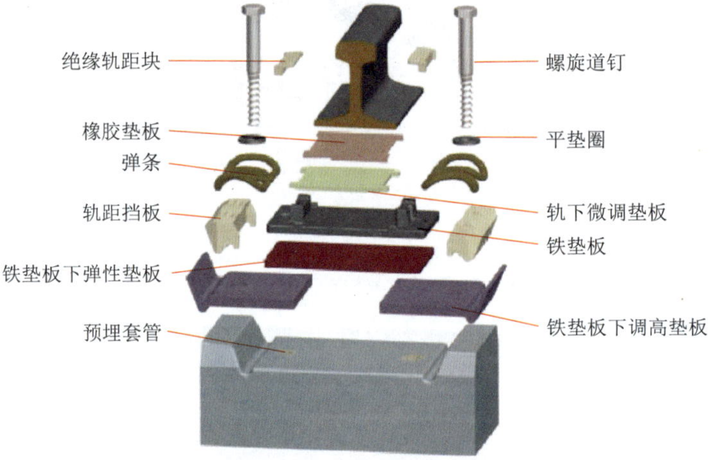

图 1-1-10　WJ-8 型扣件系统组成

3. W300-1 型扣件系统组成

W300-1 型扣件系统分为 W300-1a 型和 W300-1u 型两种。扣件由弹条、绝缘垫片、轨距挡板、轨枕螺栓、轨下垫板、铁垫板、弹性垫板和预埋套管等组成,如图 1-1-11 所示。为满足高低调整需要,还包括调高垫板。

4. SFC 型扣件系统组成

SFC 型扣件系统分为直列式和错列式两种。直列式 SFC 型扣件系统由弹条、绝缘帽、铸铁底板、绝缘轨距挡块、橡胶垫板、锚固螺栓、贝式垫片、锯齿垫片、调高垫板、耦合垫板和预埋套管等组成,如图 1-1-12(a)所示。错列式 SFC 型扣件系统由弹条、绝缘帽、铸铁底板、绝缘轨距挡块、橡胶垫板、耦合垫板、锯齿垫片、调高垫板、锚固系统等组成,如图 1-1-12(b)所示。

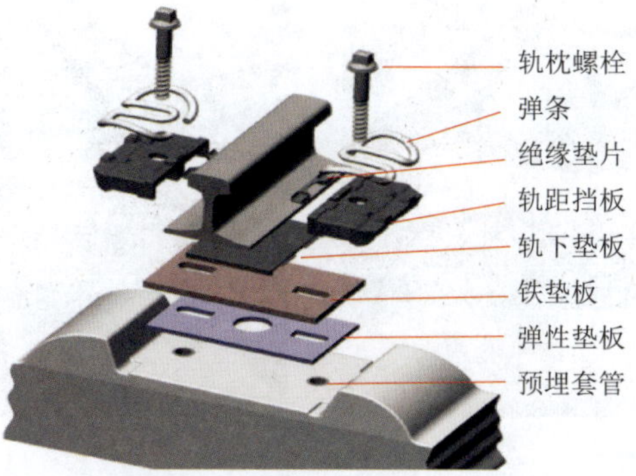

图 1-1-11 W300-1 型扣件系统组成

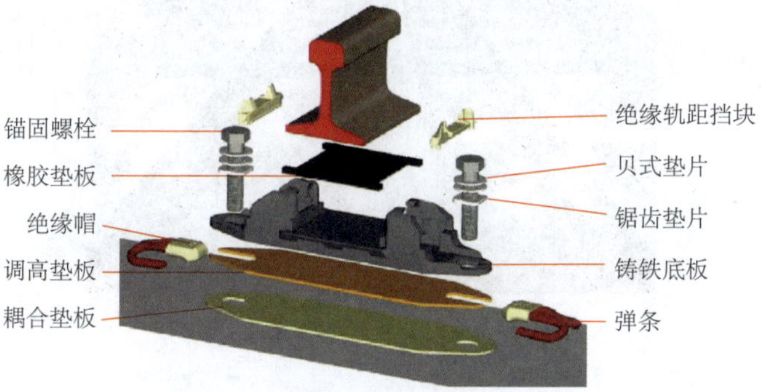

（a）直列式

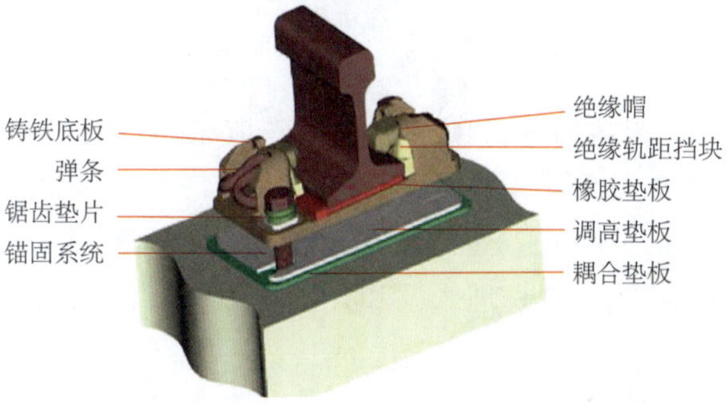

（b）错列式

图 1-1-12 SFC 型扣件系统组成

三、轨　　枕

轨枕是轨道结构的重要部件，承受来自钢轨的各种作用力，并将作用力传布于道床，同时有效地保持轨距、方向和位置。

轨枕按其使用目的，分为用于一般区间的普通轨枕[图 1-1-13(a)]、用于道岔上的岔枕[图 1-1-13(b)]、用于桥梁上的桥枕[图 1-1-13(c)]等。

（a）普通轨枕

（b）岔枕

（c）桥枕

图 1-1-13　轨枕

四、无砟道床

我国高速铁路无砟道床结构分为预制板式无砟道床和现浇混凝土式无砟道床两大类，其中预制板式无砟道床分为 CRTSⅠ、CRTSⅡ、CRTSⅢ型和道岔区板式无砟轨道四种；现浇混凝土式无砟道床分为 CRTS 双块式和道岔区轨枕埋入式无砟轨道两种。普速铁路无砟道床结构分为双块式、轨枕埋入式和弹性支撑块式无砟道床。以下主要介绍高速铁路无砟道床结构。

（一）CRTSⅠ型板式无砟道床

1. 组　　成

CRTSⅠ型板式无砟道床在路基、桥梁和隧道内的结构组成相同，由轨道板、水泥乳化沥青砂浆充填层、底座、凸形挡台及其周围填充树脂等组成，如图 1-1-14 所示。

2. CRTSⅠ型板式无砟道床主要技术特点

（1）轨道板竖向约束较小，与袋装水泥乳化沥青砂浆充填层易分离，施工、维修方便，可修复性好。

（2）采用具有缓冲作用的低弹模水泥乳化沥青砂浆，并可调整施工偏差。

（3）道床结构单元分段，其受力受整体温度变化的影响较小。

（4）轨道板采用双向预应力混凝土结构，耐久性较好。

（5）梁端位置的凸形挡台为半圆形，限位能力较弱，与温度跨度较大的桥梁适应性不强。

（6）受温差引起的温度梯度影响，轨道板易翘曲变形。

（7）轨道结构所用高分子材料较多（水泥乳化沥青、凸形挡台周围树脂、底座间伸缩缝、填充材料等），影响其环境适应性和经济性。

（8）寒冷地区轨道板可增加混凝土保护层厚度、增设承轨台。

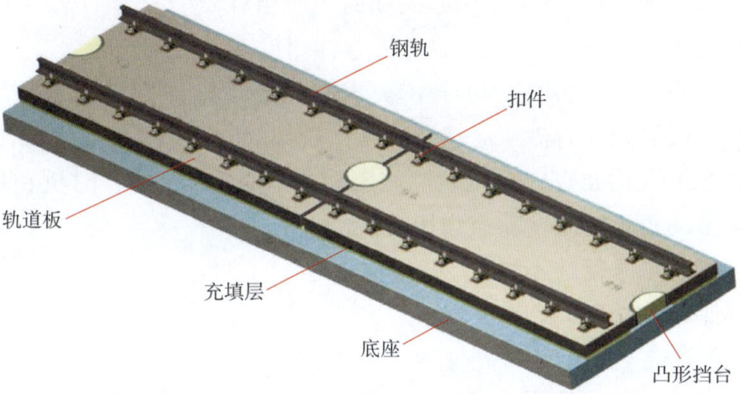

图 1-1-14　CRTSⅠ型板式无砟轨道

（二）CRTSⅡ型板式无砟道床

1. 组　　成

路基和隧道地段 CRTSⅡ型板式无砟道床结构组成相同，由轨道板、水泥乳化沥青砂浆充填层、支承层等组成，如图 1-1-15(a)所示。

桥梁地段道床结构由轨道板、水泥乳化沥青砂浆充填层、底座板、滑动层、高强度挤塑板、侧向挡块及弹性限位板等部分组成，如图 1-1-15(b)所示。桥台后路基设置锚固结构（包括摩擦板、土工布、端刺）及过渡板。

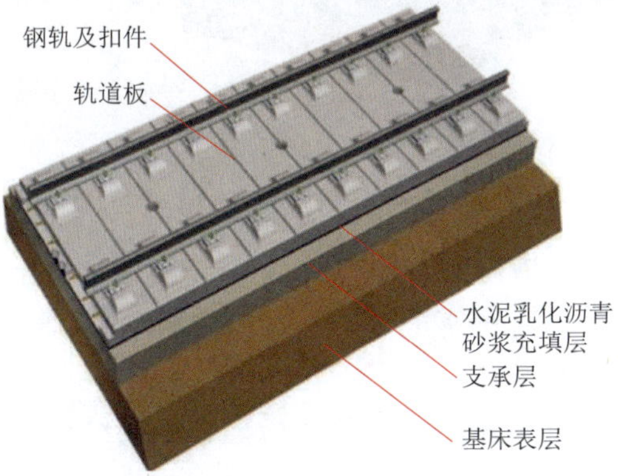

（a）路基和隧道地段

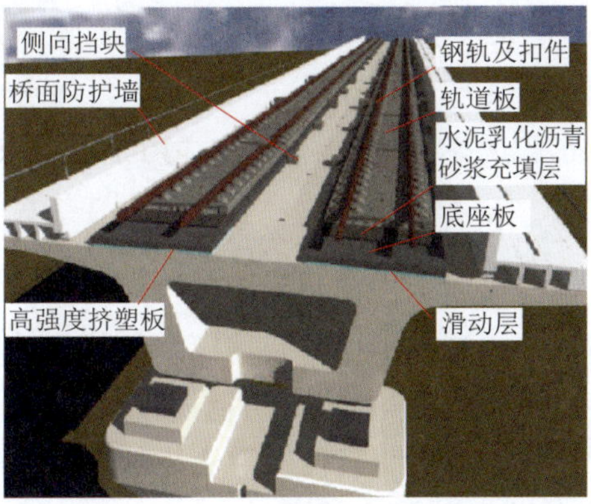

（b）桥梁地段

图 1-1-15　CRTSⅡ型板式无砟轨道

2. CRTSⅡ型板式无砟道床主要技术特点

(1)桥梁地段轨道结构通过梁面设置“两布一膜”滑动层,实现跨梁缝连续铺设,同时减小梁轨之间的相互作用,对于温度跨度较大的桥梁,可避免设置调节器。桥梁台后路基设置由端刺、摩擦板等组成的纵向锚固结构。

(2)采用高弹模水泥乳化沥青砂浆,使轨道板与支承层/底座板形成整体。

(3)路基、隧道地段采用不配筋的支承层结构,经济性较好。

(4)支承层/底座板纵向连续,避免伸缩缝的设置,纵向刚度均匀性较好。

(5)轨道板间纵向连接,受温差引起的翘曲变形相对较小。

(6)轨道结构纵向连续,结构内力受环境整体温度变化的影响较大。

(7)轨道结构对施工、运营管理的技术要求高。受环境温度、材料性能和施工质量等影响,轨道板与水泥乳化沥青砂浆充填层间易出现离缝、渗浆;受轨道板纵连锁定温度不当、宽窄接缝及水泥乳化沥青砂浆充填层施工质量不良、离缝修补时机和材料不当等因素影响,高温季节轨道板受温度荷载作用可能产生上拱。

(8)轨道系统的可修复性不强。

(三)CRTSⅢ型板式无砟道床

1. 组　　成

CRTSⅢ型板式无砟道床在路基、桥梁和隧道内的结构组成相同,由轨道板、自密实混凝土层、隔离层、预设凹槽的底座及凹槽侧立面的弹性垫层等部分组成,如图 1-1-16 所示。

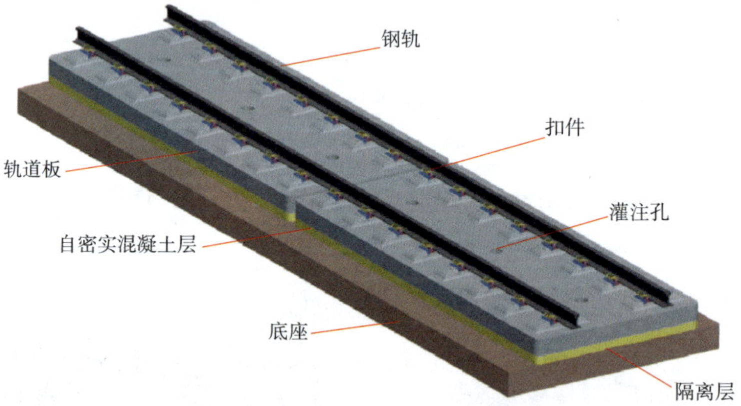

图 1-1-16　CRTSⅢ型板式无砟轨道

2. CRTSⅢ型板式无砟道床主要技术特点

(1)道床结构单元分段,整体温度变化结构受力影响较小。

(2)轨道板采用双向预应力混凝土结构,采用自密实混凝土作为充填材料,无砟道床主体均为钢筋混凝土结构,耐久性和环境适应性较好。

(3)轨道板与自密实混凝土形成复合板,底座设置凹槽与复合板形成凹凸结构,其提供的水平限位能力较强。

(4)底座顶面设置隔离层,可减少层间离缝,可修复性较好。

(5)受温差引起的温度梯度影响,复合板出现一定翘曲变形。

(四)CRTS 双块式无砟道床

1. 组　　成

路基地段 CRTS 双块式无砟道床由双块式轨枕、道床板、支承层/底座等组成，如图 1-1-17 所示。道床板、支承层一般为纵向连续结构。

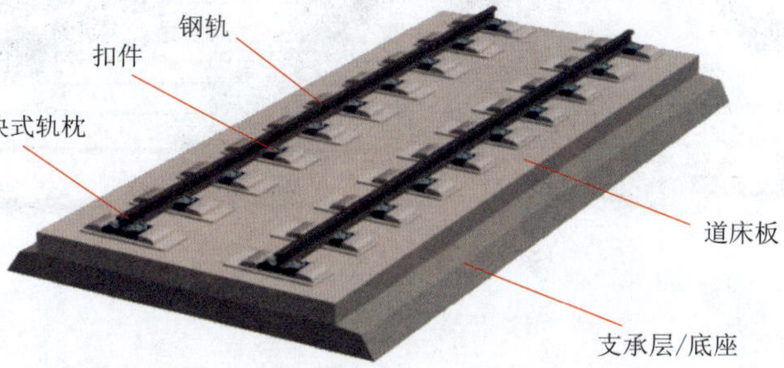

图 1-1-17　路基地段 CRTS 双块式无砟轨道

桥梁地段 CRTS 双块式无砟道床由双块式轨枕、道床板、隔离层、底座及凹槽侧立面的弹性垫层等组成。道床板、底座均为单元分段结构。

隧道地段 CRTS 双块式无砟道床由双块式轨枕、道床板等组成。道床板一般为纵向连续结构。

2. CRTS 双块式无砟道床主要技术特点

(1)道床板现场一次浇筑成型，结构整体性较好。

(2)道床施工简便，无水泥乳化沥青砂浆充填层，路基地段采用纵向连续的支承层和道床板，隧道地段道床板直接在隧底结构上构筑，经济性较好。

(3)桥梁地段底座设置凹槽与道床板形成凹凸结构，其提供的水平限位能力较强。底座顶面设置隔离层，具有一定的可修复性。

(4)道床板混凝土现场浇筑，受施工和环境因素影响，易产生裂缝、表面粉化等影响结构耐久性的伤损，应用区域受到一定限制。

(5)道床板现场浇筑、路基和隧道地段道床纵向连续，特殊情况下的可修复性不强。

(五)道岔区板式无砟道床

1. 组　　成

路基地段道岔区板式无砟道床由预制混凝土道岔板、底座(自密实混凝土层)、找平层等组成。路基上铺设道岔板时在找平层上精调道岔板状态，在道岔板和找平层之间灌注自密实混凝土，道岔板底面预留的门形钢筋与底座相连，通过道岔板底面和底座混凝土的粘结力、摩擦力，以及门形桁架钢筋的抗剪作用，实现轨道结构的纵横向限位。

桥梁地段道岔区板式无砟轨道如图 1-1-18 所示，由预制混凝土道岔板、水泥乳化沥青砂浆充填层、底座板、滑动层、侧向挡块等组成。桥上使用时，梁面铺设“两布一膜”滑动层，施工混凝土底座板，铺设道岔板并进行状态精调，在道岔板和底座板之间灌注水泥乳化沥青砂浆，道岔板和底座钻孔植入销钉，底座板两侧设置侧向挡块，实现轨道结构的纵横向限位。

图 1-1-18　桥梁地段道岔区板式无砟轨道

2. 道岔区板式无砟道床主要技术特点

(1)采用自下而上的施工方法,可在道岔钢轨件未到达现场前,进行道床施工,道床混凝土现浇量少,便于施工组织。

(2)道岔板制造和铺设定位的精度要求较高。

(3)道岔板结构上应用套管预埋技术,结构稳定性好、保持能力强,可配套使用客运专线无砟道岔上成熟的扣件系统,通用性强。

(4)路基地段岔区板式无砟轨道结构用门形钢筋连接道岔板与底座,桥梁地段用销钉与侧向挡块进行道岔板的纵横向限位。

(六)道岔区轨枕埋入式无砟道床

1. 组　　成

路基地段道岔区轨枕埋入式无砟道床由岔枕、道床板及混凝土支承层等部分组成。混凝土支承层直接铺设在路基基床表层上。

桥梁地段道岔区轨枕埋入式无砟道床由岔枕、道床板、隔离层及混凝土底座等部分组成,如图 1-1-19 所示。

图 1-1-19　桥梁地段道岔区轨枕埋入式无砟轨道

2. 道岔区轨枕埋入式无砟道床主要技术特点

(1)道床板现场一次浇筑成型,结构整体性较好。

(2)道床施工简便,无水泥乳化沥青砂浆充填层,相比道岔区板式无砟轨道,施工性、耐久性和经济性较好。

(3)为满足道床板施工阶段的承载和变形要求,无砟岔枕采用预应力混凝土桁架结构(图 1-1-20)。为提高道岔区道床板结构的整体性,岔枕通过枕底的桁架钢筋、端部伸出钢筋,以及转辙机位置岔枕侧面伸出锚固钢筋等方式,与道床板混凝土连接。

(4)为保证道岔区道床结构的稳定性,路基地段在下部支承基础(支承层或底座)表面进行拉毛处理,预设门形连接钢筋与道床板连接;桥梁地段在底座顶面设隔离层、纵向凸台,提供道床板的水平限位。

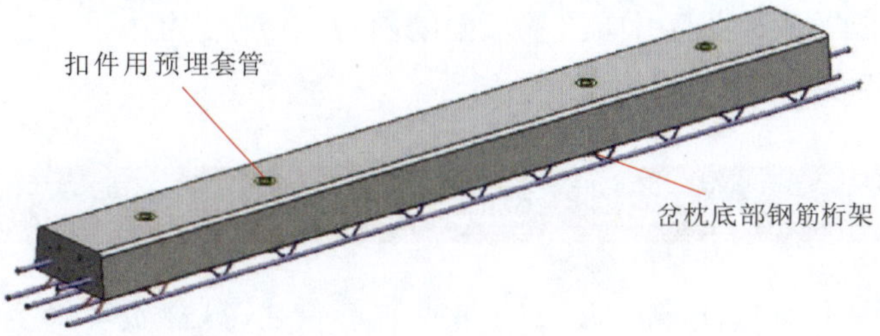

图 1-1-20 预应力混凝土桁架式岔枕示意

五、有砟道床

道床直接承受轨枕传来的压力,并把这个压力扩散,均匀地传布于路基面,对路基面起到保护作用,阻止轨道框架在列车作用下发生纵横向位移,保持轨道稳定,便于排水,使路基面和轨道保持干燥。

有砟道床是由一定粒径级配的碎石,按照设计几何横断面要求填筑、碾压密实的散粒体结构;在其上按规定的间隔布置一定数量的轨枕,用以提供轨道的弹性和纵横向阻力,并便于排水和校正轨道的平面和纵断面。

(一)道 砟

碎石道砟根据其材质性能和粒径级配,分为特级道砟和一级道砟两大类。

(二)道床的横断面

道床断面包括道床厚度、顶面宽度及边坡坡度三个主要特征。直线地段道床断面如图 1-1-21 所示。

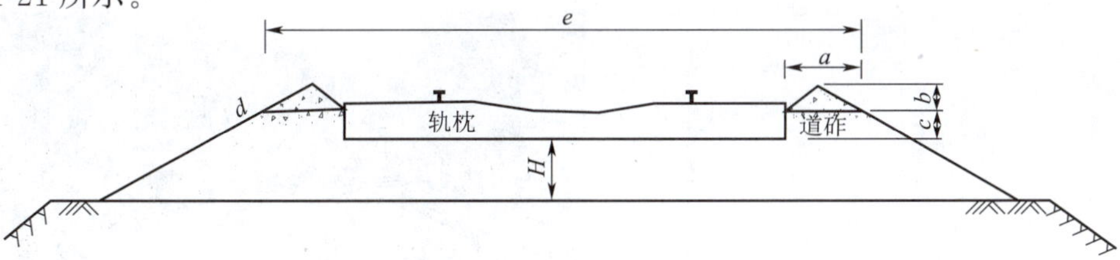

a—肩宽;*b*—堆高;*c*—埋深;*d*—边坡坡度;*e*—道床顶面宽度;*H*—道床厚度。

图 1-1-21 直线地段道床断面

1. 道床厚度

道床厚度是指直线上钢轨或曲线上内轨中轴线下轨枕底面至路基顶面的距离。道床应有足够的厚度,使由钢轨、轨枕传下来的车轮压力经道床的扩散而大大减小,以延缓轨道永久变形。

2. 道床顶面宽度

道床顶面宽度是指轨枕长度与两侧道床肩宽的总和。道床肩宽是影响道床横向阻力和无缝线路稳定性的主要因素。适当的道床肩宽可以提供一定的横向阻力，无缝线路地段道床肩宽一般为 450～500 mm。堆高砟肩，横向阻力一般能增加 20%左右，故同时要求无缝线路的道床两侧砟肩堆高 150 mm，以进一步提高道床的横向阻力。

3. 道床边坡坡度

道床边坡是指自道床顶面引向路基顶面的斜边，其坡度大小是保证道床坚固稳定的重要因素，正线区间边坡坡度均为 1∶1.75。

第二节　线路平面及纵断面

线路平、纵断面设计应重视线路空间曲线的平顺性，符合旅客乘坐舒适度要求。线路平面设计标准应与路段设计速度相匹配，正线曲线半径应结合工程条件、设计速度及养护维修等因素，由大到小合理选用。限制坡度应根据铁路等级、设计速度、地形条件、牵引种类、机车类型、牵引质量、运输需求和工程投资比选确定，并应考虑与邻接铁路的限制坡度相协调。

一、线路平面

线路平面是指线路中心线在水平面上的投影，由直线和曲线组成。曲线一般又分为圆曲线和缓和曲线。

(一)直　　线

列车在直线上运行时条件最好，在同样的坡度下，列车运行阻力最小，行车最平稳。因此，线路平面应尽量多采用长直线。

(二)曲线的基本要素

铁路线路在平面上由一个方向转向另一个方向时，中间必须用曲线来连接，这种曲线通称平面曲线，如图 1-1-22 所示。

图 1-1-22　平面曲线

曲线的组成如图 1-1-23 所示，图中虚线为无缓和曲线时的情况，实线为有缓和曲线时的情况。其中，圆曲线是指线路平面走向改变方向时所设置的曲率不变的圆弧形曲线；缓和曲线是指设置在直线与圆曲线或圆曲线与圆曲线之间的曲率连续变化的曲线；竖曲线是指线路变坡处设置的竖向曲线。

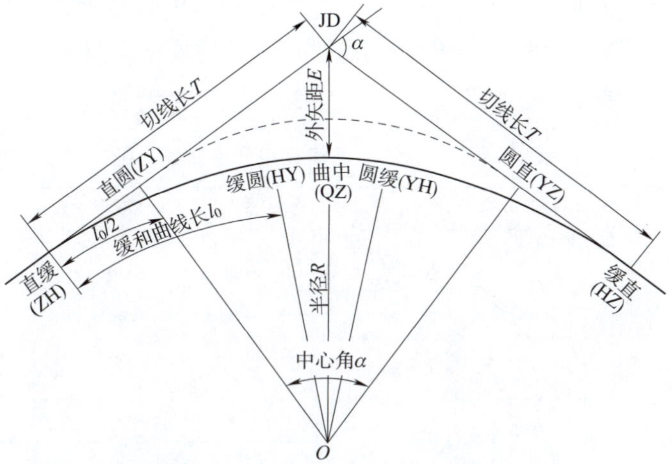

ZY—单圆曲线始点（直圆点）；YZ—单圆曲线终点（圆直点）；
ZH—缓和曲线始点（直缓点）；HZ—缓和曲线终点（缓直点）；
HY—缓和曲线接圆曲线之交点（缓圆点）；YH—圆曲线接缓和曲线之交点（圆缓点）；QZ—整个曲线的中央点（曲中）。

图 1-1-23　曲线的组成

曲线的基本要素有：

(1)曲线的中心角(α)，与曲线转角相等。

(2)曲线半径(R)。

(3)曲线切线长(T)。

(4)曲线外矢距(E)。

(5)缓和曲线长(l_0)。

(三)曲线超高

列车由直线进入曲线时所产生的离心力的大小，取决于列车前进的速度和曲线半径。速度越高，半径越小，则离心力就越大，作用在外轨的力也越大，外轨磨耗加剧。为了克服离心力对车辆的影响，应该有一个与离心力相反、大小相等的向心力。这就需要将曲线外轨抬高（即设置超高），使车体内倾产生一个向心力，来平衡这个离心力，如图 1-1-24 所示。

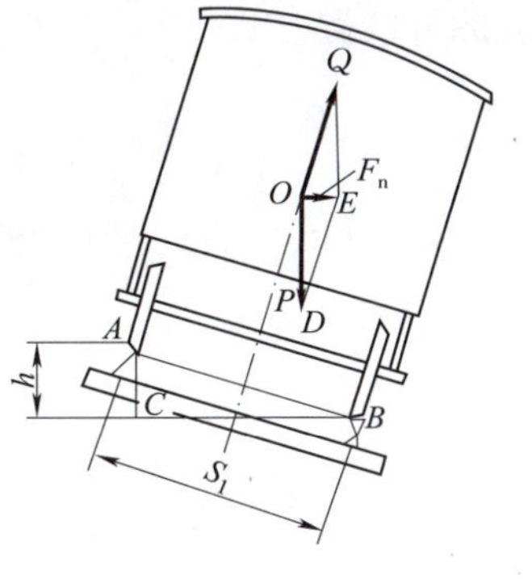

P—车体的重力；Q—轨道反力；F_n—向心力；S_1—两轨头中心线距离；h—所需的外轨超高。

图 1-1-24　外轨超高

实设最大超高，高速铁路无砟轨道 175 mm，有砟轨道一般情况下 150 mm，客货共线铁路单线 125 mm。所规定的是实际设置超高的最大限度，不包括水平误差在内。

两线路中心距离在 5 m 以下的曲线地段，内侧曲线的超高不得小于外侧曲线超高的一半，否则，必须根据计算加宽两线的中心距离。

(四)曲线半径

高速铁路区间线路最小曲线半径规定，见表 1-1-4。当曲线半径大到一定程度后，正矢值将很小，测设和检测精度均难于保证极小的正矢值的精准性，可能反而成为轨道不平顺的因素。因此，宜对圆曲线最大半径加以限制，规定最大曲线半径为 12 000 m。

表 1-1-4　高速铁路区间线路最小曲线半径

路段设计行车速度/(km/h)		最小曲线半径/m	
200	客运专线	一般	2 200
		困难	2 000
250	有砟轨道	一般	3 500
		困难	3 000
	无砟轨道	一般	3 200
		困难	2 800
300	有砟轨道	一般	5 000
		困难	4 500
	无砟轨道	一般	5 000
		困难	4 000
350	有砟轨道	一般	7 000
		困难	6 000
	无砟轨道	一般	7 000
		困难	5 500

限速地段曲线半径应符合有关设计规范的规定。

二、线路纵断面

线路纵断面是指线路中心线展开后在纵向垂直面上的投影，它由许多平直线段、斜直线段和坡段连接处所设竖曲线组成。线路纵断面图上标有线路坡度、坡长及相邻坡段的连接。

(一)坡　　度

纵断面各相邻直线段起终点的标高差与其水平距离之比，就叫该直线的坡度。我国铁路纵断面的坡度用千分数表示，其坡度值为 i，如图 1-1-25 所示。

$$i=\frac{H_2-H_1}{L}\times 1\ 000 \tag{1-1-1}$$

式中　i——坡度(‰)；

H_1，H_2——两变坡点的标高；

L——两变坡点的水平距离。

上坡用(+)，下坡用(−)，平坡用(0)表示。

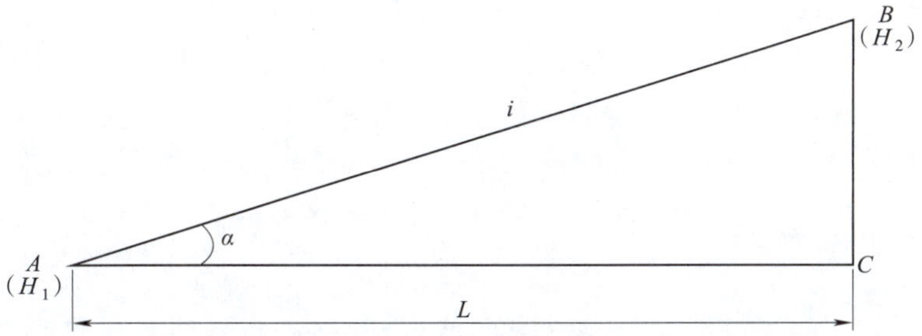

图 1-1-25 线路纵断面示意

(二)限制坡度

限制坡度是限制列车牵引定数的坡度,其数值根据铁路等级、地形条件、牵引种类和运输要求比选确定,并应考虑和邻接铁路牵引定数相协调。

高速铁路、城际铁路区间正线最大坡度不宜大于 20‰,困难条件下不应大于 30‰;线路所的正线坡度不宜大于 15‰,困难条件下不应大于 20‰,特殊困难条件下,经技术经济论证后确定。普速铁路Ⅰ、Ⅱ级铁路区间线路最大限制坡度,见表 1-1-5。

表 1-1-5 普速铁路区间线路最大限制坡度 单位:‰

铁路等级		Ⅰ级		Ⅱ级	
		一般	困难	一般	困难
牵引种类	电力	6.0	15.0	6.0	20.0
	内燃	6.0	12.0	6.0	15.0

(三)坡段长度

线路纵断面宜设计为较长的坡段,为了列车的平稳运行和车钩附加力不致过大,一列列车不能同时跨越两个以上的变坡点,即一个坡段长度不应小于远期货物列车长度的一半。

高速铁路最小坡段长度一般条件下不应小于 900 m,且不宜连续使用;困难条件下不应小于 600 m,且不应连续使用;列车全部停站的车站两端坡段长度不应小于 400 m。城际铁路最小坡段长度一般条件下不应小于 400 m;困难条件下不应小于 200 m,且不宜连续使用。

普速铁路允许速度大于 160 km/h 的线路最小坡段长度不应小于 600 m,特别困难条件下最小坡段长度不应小于 400 m;其他线路坡段长度不应小于该区段到发线有效长度的一半,个别困难地段也不应小于 200 m。

(四)相邻坡段的连接

(1)高速铁路正线相邻坡段坡度差大于或等于 1‰时,采用圆曲线型竖曲线连接。

(2)城际铁路,设计速度 160 km/h 及以上的线路,相邻坡段的坡度差大于或等于 1‰时,采用圆曲线型竖曲线连接;设计速度 160 km/h 以下的线路,相邻坡段的坡度差大于或等于 3‰时,采用圆曲线型竖曲线连接。

(3)普速铁路,允许速度大于 160 km/h 的线路,坡度差大于或等于 1‰时,应设置圆曲线型竖曲线。允许速度不大于 160 km/h 的线路，采用抛物线型竖曲线时，若相邻坡段的坡度差大于 2‰，应设置竖曲线；20 m 范围内竖曲线的变坡率，凸形不应大于 1‰，凹形不应大于 0.5‰；采用圆曲线型竖曲线时，若相邻坡段的坡度差大于 3‰，应设置竖曲线。

(4)竖曲线(或变坡点)与竖曲线、缓和曲线、正线道岔、调节器、明桥面桥均不得重叠设置。

(5)高速铁路、城际铁路的竖曲线(或变坡点)起终点与平面曲线起终点间的最小距离不宜小于 20 m。

(6)竖曲线与平面圆曲线不宜重叠设置，困难条件下重叠设置时，最小曲线半径应符合规定。

第三节　道岔及钢轨伸缩调节器

道岔是机车车辆从一股轨道转入或越过另一股轨道的连接或交叉的设备，是铁路轨道的一个重要组成部分，如图 1-1-26 所示。铁路道岔设备包括道岔、交叉、道岔与交叉的组合等。

图 1-1-26　道岔

一、道岔分类

道岔分为单开道岔、单式对称道岔、对称三开道岔等。

(1)单开道岔：主线为直线，侧线向主线的左侧或右侧分支的道岔，如图 1-1-27 所示。站在道岔前端，面向尖轨，侧线向左分支的道岔称为左开道岔，侧线向右分支的道岔称为右开道岔。

(2)单式对称道岔(又称对称双开道岔)：把直线轨道分为左右对称的两条轨道的道岔，如图 1-1-28 所示。

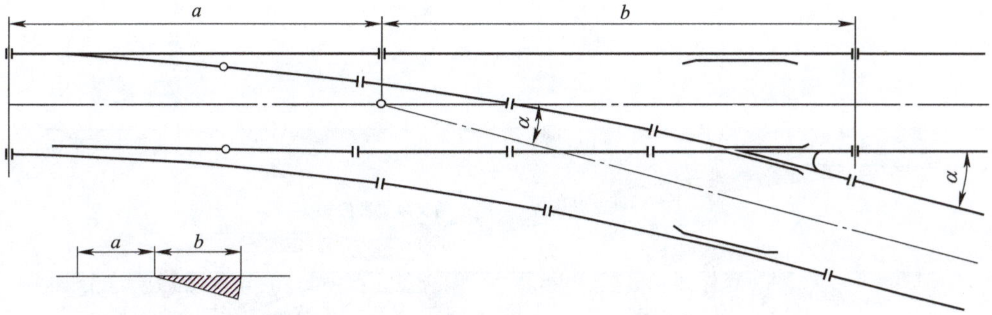

图 1-1-27　单开道岔示意

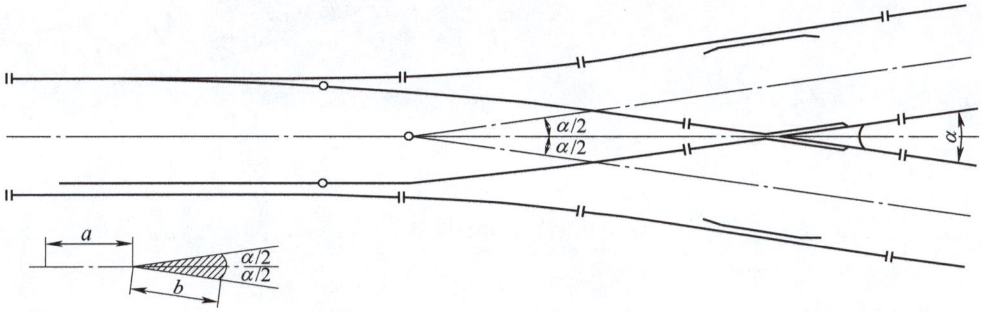

图 1-1-28　单式对称道岔示意

(3)对称三开道岔：主线为直线，用同一部位的两组转辙器将一条轨道分为三条轨道，两侧对称分支的道岔，如图 1-1-29 所示。

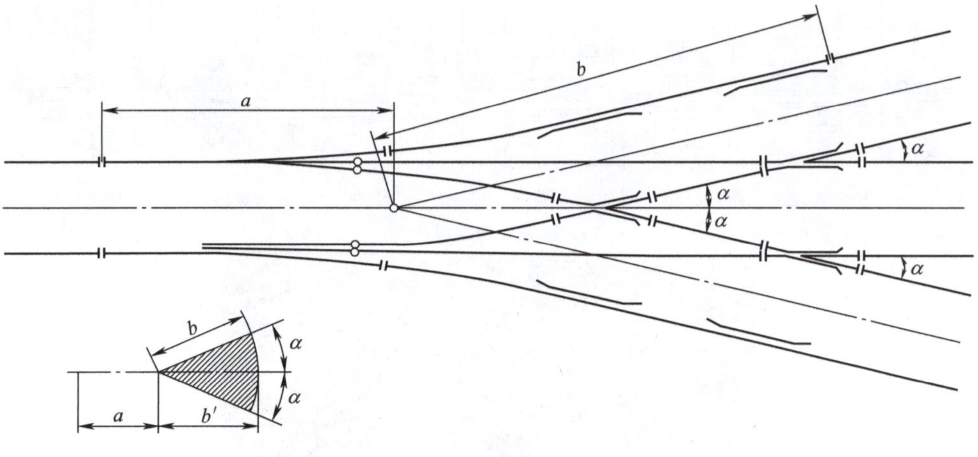

图 1-1-29　对称三开道岔示意

以下对单开道岔进行介绍。单开道岔由转辙器、连接部分、辙叉及护轨组成。可动心轨单开道岔如图 1-1-30 所示。

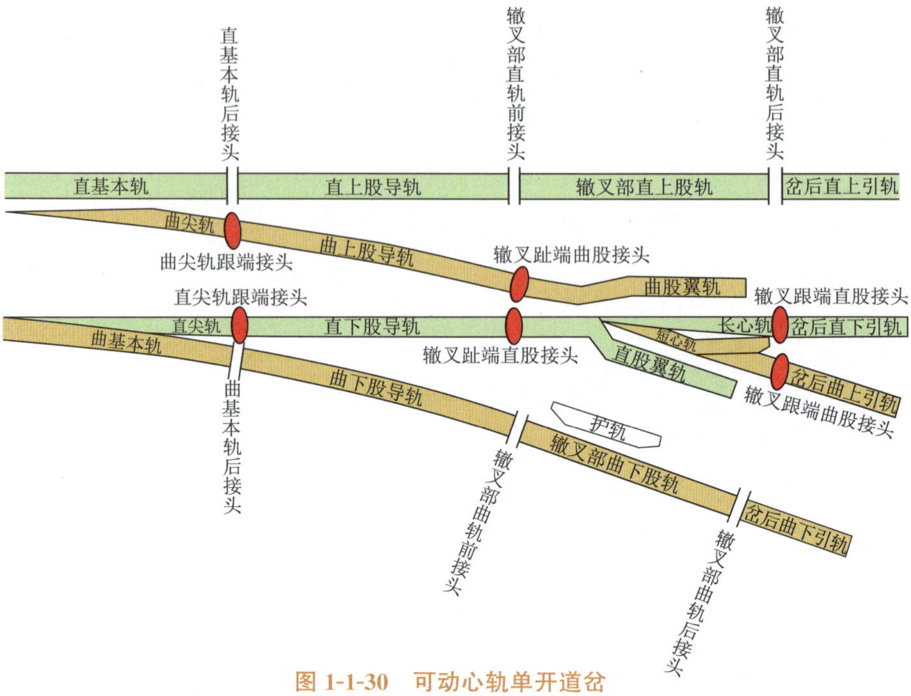

图 1-1-30 可动心轨单开道岔

(一)转辙器的组成

可动心轨单开道岔转辙器由两根基本轨、两根尖轨及各种联结零件组成,其作用是引导车轮从一线进入另一线,如图 1-1-31 所示。

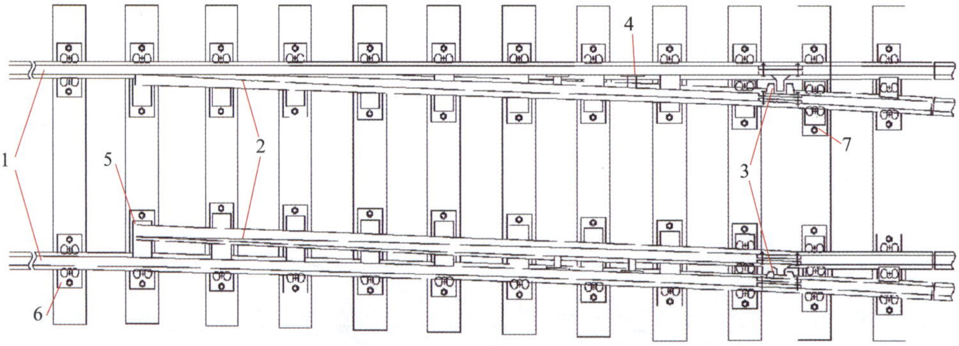

1—基本轨;2—尖轨;3—限位器或间隔铁;4—顶铁;5—滑床板;6—辙前垫板;7—辙后垫板。

(a) 转辙器组成示意

(b) 尖轨转辙部分

图 1-1-31 转辙器

1. 滑床板

滑床板是承垫基本轨并供尖轨滑动，或承垫翼轨并供可动心轨滑动的垫板。

2. 辊轮系统

为顺利完成道岔的转向，尖轨部分设置辊轮，如图 1-1-32 所示。

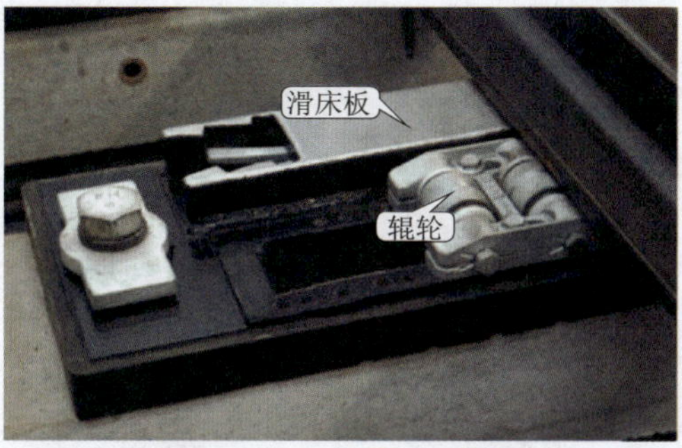

图 1-1-32　滑床板及辊轮

3. 防跳装置

为了防止尖心轨在列车通过时跳动，设置尖心轨防跳限位结构，主要包含防跳轮、防跳顶铁、防跳卡铁、防跳间隔铁等，如图 1-1-33 所示。

（a）防跳轮　（b）防跳卡铁

图 1-1-33　尖心轨防跳装置

4. 道岔绝缘接头

绝缘接头两侧采用绝缘轨距块，弹条配有绝缘帽，如图 1-1-34 所示。

图 1-1-34　胶接绝缘接头

(二)连接部分

连接前端转辙器与后端辙叉及护轨部分的线路称为道岔连接部分,如图 1-1-35 所示。

图 1-1-35　道岔连接部分

(三)辙叉及护轨部分

辙叉是使车轮由一股钢轨越过另一股钢轨的轨线平面交叉设备。可动心轨辙叉由翼轨、长心轨、短心轨、叉跟尖轨及其他联结零件等组成,如图 1-1-36 所示。对于大号码道岔,心轨一般采用双肢弹性可弯结构,即取消叉跟尖轨,将短心轨直接延长至辙叉跟端。

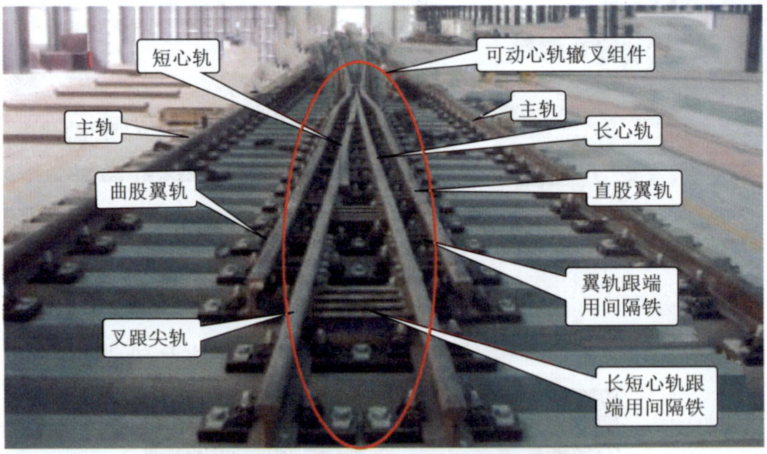

图 1-1-36　辙叉及护轨

(四)道岔扣件系统

客运专线系列道岔采用分开式Ⅱ型弹条扣件,用轨距块与缓冲调距块组合方式调整轨距,可实现轨距−8～+4 mm 的调整,道岔扣件系统组成如图 1-1-37 所示。

所有垫板均采用整体硫化形式(图 1-1-38),通过使用不同刚度的“弹性基板”,达到合理匹配岔区刚度的目的,提高旅客乘坐的舒适度。

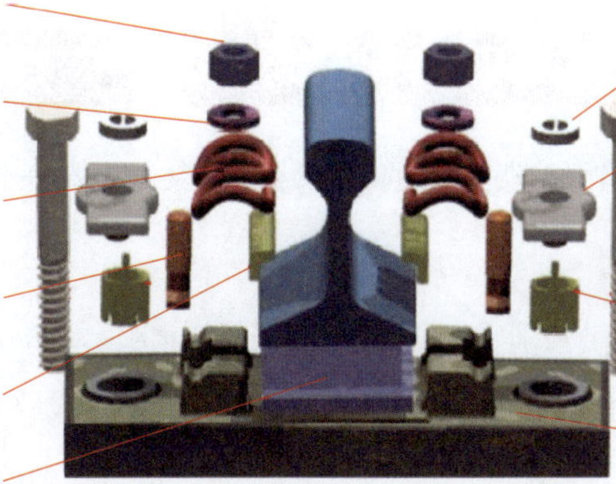

图 1-1-37 道岔扣件系统组成

图 1-1-38 道岔垫板

二、调 节 器

铁路长大连续梁上铺设无缝线路时，为减少桥梁与无缝线路纵向相互作用力，通常需设置调节器，用于协调长大桥梁因梁体温差引起的梁端伸缩位移和长钢轨的伸缩位移，从而减小轨道及墩身所承受的无缝线路纵向力。

调节器由基本轨、尖轨、扣件系统、轨枕等部件组成，通过基本轨与尖轨之间的纵向相对位移，大幅减少桥梁与无缝线路纵向相互作用力，如图 1-1-39 所示。

图 1-1-39 调节器

第四节　无缝线路

无缝线路是把定尺长钢轨焊连而成的长钢轨线路，又称焊接长钢轨线路。

一、无缝线路结构形式

无缝线路根据处理钢轨内部温度应力方式的不同，可分为温度应力式和放散温度应力式两种，世界各国主要采用温度应力式无缝线路。我国无缝线路发展经历了普通无缝线路、区间无缝线路和跨区间无缝线路三个过程。

普通无缝线路一般由缓冲区、伸缩区和固定区组成，缓冲区一般采用 2～4 根标准轨，如图 1-1-40 所示。区间无缝线路为不跨越车站只跨越闭塞分区的无缝线路。跨区间无缝线路是指轨条长度跨越区间且轨条与道岔直接焊连的无缝线路，如图 1-1-41 所示。

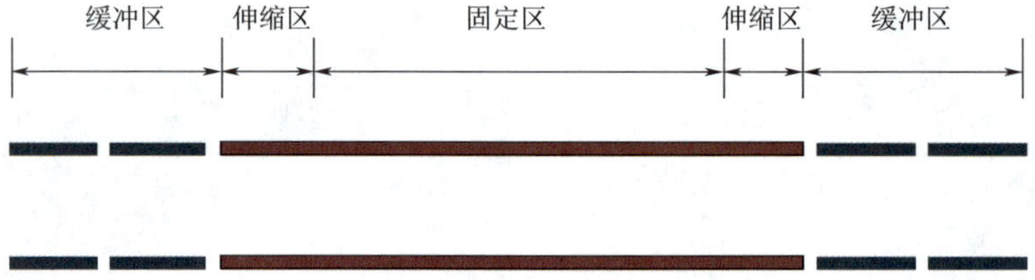

图 1-1-40　普通无缝线路示意

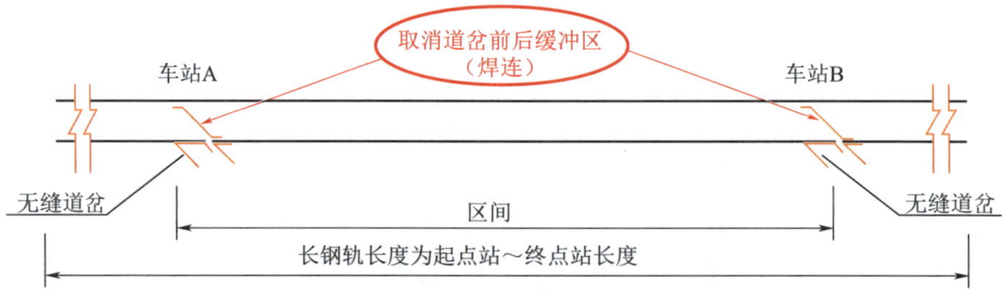

图 1-1-41　跨区间无缝线路结构

我国铁路钢轨焊接，主要采用闪光焊接、铝热焊接、气压焊接三种方式。钢轨的工厂焊接，是在焊轨工厂采用固定式闪光焊接方式将定尺长钢轨（或短尺轨）焊接成长钢轨，焊接长钢轨的长度一般为 500 m。钢轨现场焊接是指在铁路线路上将基地焊接的长钢轨焊接成为长轨条或无缝线路。

区间钢轨位移观测桩按单元轨节等距离设置，且桩间距离不应大于 500 m。

无缝道岔在岔头、限位器（或间隔铁）、岔尾（含直、曲股）以及无缝道岔管理单元（一般车站咽喉区分为四个单元）两端道岔外方 50 m、200 m 处设置钢轨位移观测桩。调节器在尖轨尖端、基本轨两端设置钢轨位移观测桩。钢轨位移观测桩应预先埋设牢固，均匀布置，桥梁地段应在固定支座上方设置。

二、无缝线路锁定轨温

无缝线路的锁定轨温是指长轨条温度应力状态为零时的轨温(又称零应力轨温)。无缝线路设计锁定轨温,应根据当地最高轨温、最低轨温及无缝线路的允许温升、允许温降计算确定,并考虑一定的修正量。最高气温和最低气温为国家气象信息中心各地有历史记录以来的气温资料。最高轨温为最高气温加 20 ℃,最低轨温与最低气温相同。特殊情况下,应对当地气温资料做补充调查,统计分析后确定合理值。

(一)设计锁定轨温计算

设计锁定轨温计算应符合下列规定:

(1)有砟轨道设计锁定轨温,宜按式(1-1-2)计算。

$$T_e=\frac{T_{max}+T_{min}}{2}+\frac{[\Delta T_d]-[\Delta T_u]}{2}\pm\Delta T_k \tag{1-1-2}$$

(2)无砟轨道设计锁定轨温,宜按式(1-1-3)计算。

$$T_e=\frac{T_{max}+T_{min}}{2}\pm\Delta T_k \tag{1-1-3}$$

式中 T_e——设计锁定轨温(℃);

$[\Delta T_d]$——允许温降(℃);

$[\Delta T_u]$——允许温升(℃);

ΔT_k——设计锁定轨温修正值(℃),一般取 0~5 ℃;

T_{max}——最高轨温(℃),取历年最高气温加 20 ℃;

T_{min}——最低轨温(℃),取历年最低气温。

无砟轨道稳定性比有砟轨道要好,无砟轨道重点是防止断轨,有砟轨道重点是防止胀轨,因此无砟轨道设计锁定轨温比有砟轨道取值要低,且设计锁定轨温修正值宜取下限。

(二)设计锁定轨温锁定范围

设计锁定轨温锁定范围宜为±5 ℃,困难条件下可取±3 ℃。

设计锁定轨温锁定上限为

$$T_u=T_e+(3\sim5)\ ℃ \tag{1-1-4}$$

设计锁定轨温锁定下限为

$$T_d=T_e-(3\sim5)\ ℃ \tag{1-1-5}$$

设计锁定轨温锁定上、下限应满足:

最大升温幅度

$$\Delta T_{u,max}=T_{max}-T_d\leqslant[\Delta T_u] \tag{1-1-6}$$

最大降温幅度

$$\Delta T_{d,max}=T_u-T_{min}\leqslant[\Delta T_d] \tag{1-1-7}$$

(三)锁定轨温要求

无缝线路相邻单元轨节之间的锁定轨温之差不应大于 5 ℃,同一区间内单元轨节的最高与最低锁定轨温之差不应大于 10 ℃；左右股钢轨锁定轨温之差，设计速度 160 km/h 及以下铁路不应大于 5 ℃，设计速度 160 km/h 以上铁路不应大于 3 ℃。

三、无缝线路的稳定性

无缝线路的最大特点是在夏季高温季节钢轨内部存在巨大的温度压力，容易引起轨道横向变形。在列车动力或人工作业等干扰下，轨道弯曲变形有时会突然增大，这一现象常称为胀轨跑道，在理论上称为丧失稳定，这将严重危及行车安全。

稳定的因素主要有道床横向阻力、轨道框架刚度。

丧失稳定的因素主要有温度力、轨道原始弯曲、外力偏心作用。

无缝线路丧失稳定大多是由于维修作业不当，降低了道床横向阻力而发生。

第五节　限界及标志标识

为了确保机车车辆在铁路线路上运行的安全，防止机车车辆撞击邻近线路的建筑物和设备，而对机车车辆和接近线路的建筑物、设备所规定的不允许超越的轮廓尺寸线，称为限界。铁路限界可分为机车车辆限界和建筑限界两种。

一、机车车辆限界及建筑限界

(一)机车车辆限界

机车车辆限界是指与线路中心线垂直的，限制机车车辆外形尺寸的极限横断面轮廓。

客运专线铁路机车车辆上部限界如图 1-1-42 所示。

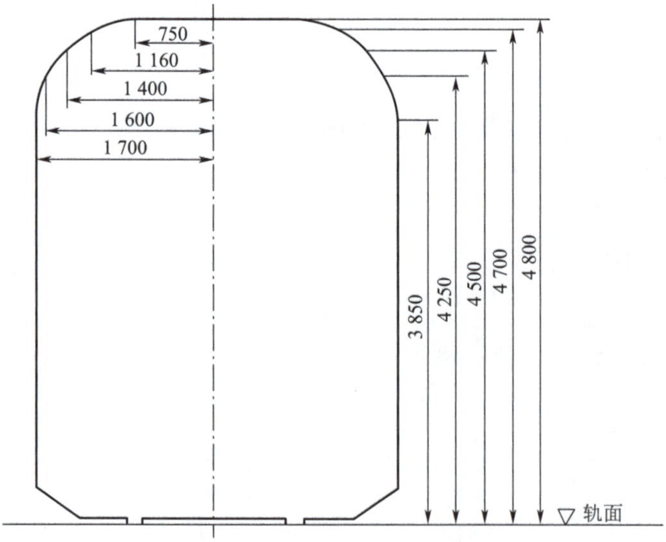

图 1-1-42　客运专线铁路机车车辆上部限界(单位：mm)

客运专线铁路机车车辆下部限界如图 1-1-43 所示。

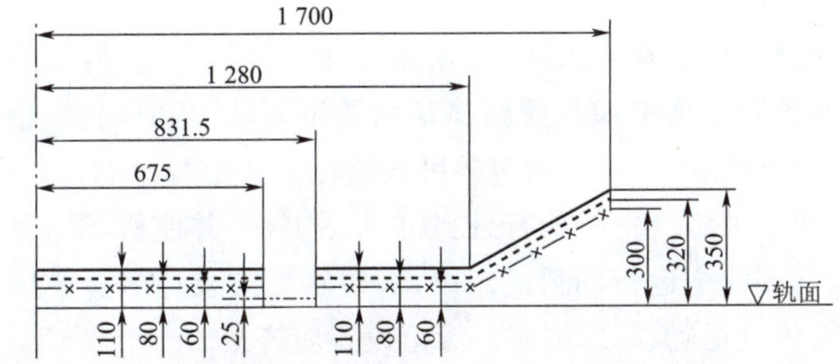

图 1-1-43　客运专线铁路机车车辆下部限界(单位:mm)

客运专线铁路的机车车辆在客货共线铁路运用时,还应符合客货共线铁路机车车辆限界要求。

(二)建筑限界

建筑限界是指与线路中心线垂直的极限横断面轮廓。此轮廓内,除机车车辆和与机车车辆有相互作用及相关的设备(车辆减速器、接触线、吊弦、定位器等)外,其他设备或建筑物均不得侵入,客运专线铁路建筑限界如图 1-1-44 所示。

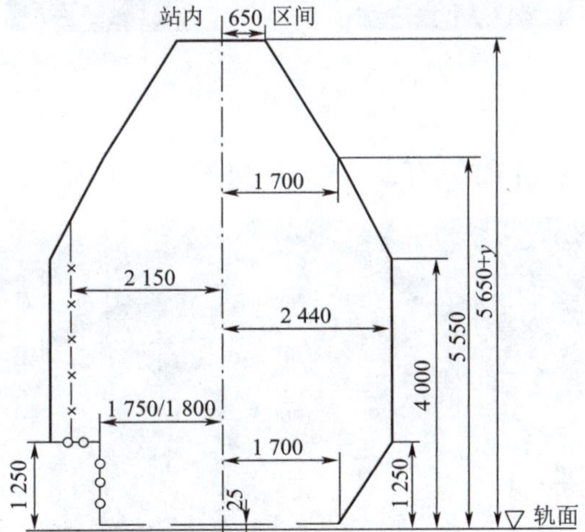

—×—×—×- 信号机、高架候车室结构柱和接触网、跨线桥、天桥、电力照明、雨棚等杆柱的建筑限界(正线不适用)。

-o-o-o-o-o- ①站台建筑限界(侧线站台为 1 750 mm;正线站台,无列车通过或列车通过速度不大于 80 km/h 时为 1 750 mm,列车通过速度大于 80 km/h 时为 1 800 mm)。

②站内反方向运行矮型出站信号机的限界为 1 800 mm。

——— 各种建(构)筑物的基本限界,也适用于桥梁和隧道。

y 为接触网结构高度。

图 1-1-44　客运专线铁路建筑限界(单位:mm)

二、标志标识

根据行车和线路养护维修的需要，在铁路线路上设置有各种线路标志和信号标志。线路标志用以表明铁路线路里程及铁路建筑物的设备状态和位置。信号标志是对机车车辆操作人员起指示作用的标志。通过各种线路标志和信号标志，可使铁路工作人员明了线路状态，便于线路维修、检查、执行任务和联系工作，并使机车乘务员依据各种标志的要求进行操作，达到安全运行的目的。因此，线路标志及信号标志的式样应符合有关规定，并保持完整、位置正确、标志鲜明。标记设置应齐全、正确、清晰。以下主要介绍高速铁路标志标识设置要求。

（1）线路标志包括公里标、半公里标，如图 1-1-45 所示。

（a）公里标

（b）半公里标

图 1-1-45　线路标志

（2）信号标志（与工务相关的）有警冲标等，如图 1-1-46 所示。

图 1-1-46　警冲标

（3）线路、信号标志应设在其内侧距线路中心不小于 3.1 m 处（警冲标除外）。

（4）线路标志按计算公里方向设在线路左侧。双线区段须另设线路标志时，应设在列车运行方向左侧。

（5）桥梁、隧道、曲线中点、圆曲线及缓和曲线始终点、涵渠、变坡点、坡度标和铁路局集团公司、段管界等均不设标志，但应做出标识。标识可标注在钢轨轨腰、轨枕、无砟道床、防护墙、隧道边墙、站台侧面等位置上；标识位置应正确。

(6)里程射频标签布设每 5 km 不少于 1 对(单线 1 个)，长大隧道、桥梁、曲线、分相区、进站信号机以及长短链、长期重点监测处所应就近布设。

三、安全警示标志

为加强铁路运输安全管理，保障铁路运输安全和畅通，保护人身安全、财产安全及其他合法权益，根据《铁路安全管理条例》规定，设置铁路线路安全保护区标桩和警示、保护标志。

铁路线路安全保护区的范围按《铁路安全管理条例》的规定执行。线路安全保护区标桩分为 A 型(图 1-1-47)、B 型(图 1-1-48)两种。

图 1-1-47　A 型标桩

图 1-1-48　B 型标桩

A 型标桩为基本型，沿铁路线路安全保护区边界每 200 m 左右设置一个，特殊地段可增加或减少设置数量，人烟稀少地区可不设置。

B 型标桩为辅助型，适于在人员活动频繁地段的道口、桥隧两端、公路立交桥附近醒目地点、居民区附近和人身伤害事故多发地段的铁路线路安全保护区边界设置。

标桩在铁路线路两侧规定距离设置时，应与线路另一侧标桩相错埋设。

第六节　精密测量控制网

高速铁路应建立统一的精密测量控制网(简称精测网)，作为勘察设计、工程施工和运营维护统一的测量基准。

平面控制网在框架平面控制网(CP0)的基础上分三级布设。第一级为基础平面控制网(CPⅠ)，主要为勘测、施工和运营维护提供坐标基准；第二级为线路平面控制网(CPⅡ)，主要为勘测和施工提供控制基准；第三级为轨道控制网(CPⅢ)，主要为轨道铺设和运营维护提供控制基准，如图 1-1-49 所示。

精测网日常检查和维护由使用单位负责，并设专人建立管理台账。桩点缺失或桩位变化不能满足测量精度要求时，应结合复测进行补桩和测设。

高程控制网分两级布设，第一级为线路水准基点控制网(基岩点、深埋水准点和普通水准点)，第二级为轨道控制网(CPⅢ)。CPⅢ控制桩样式如图 1-1-50 所示。

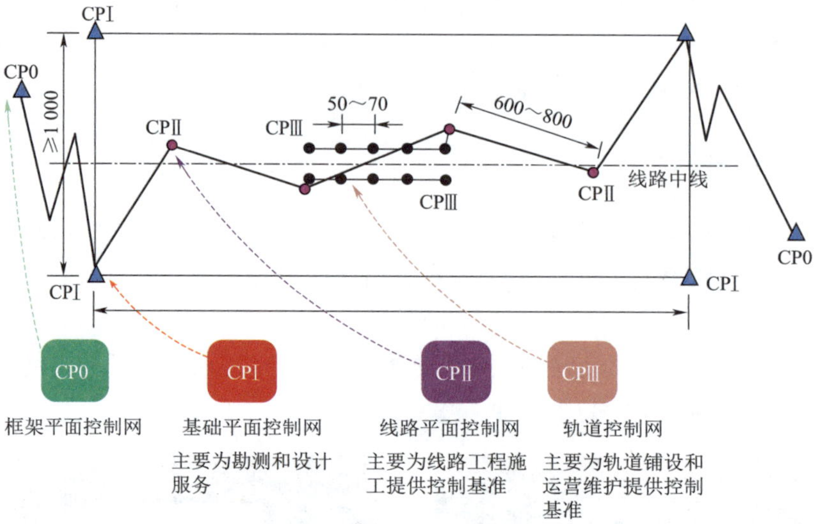

图 1-1-49　平面控制网(单位:m)

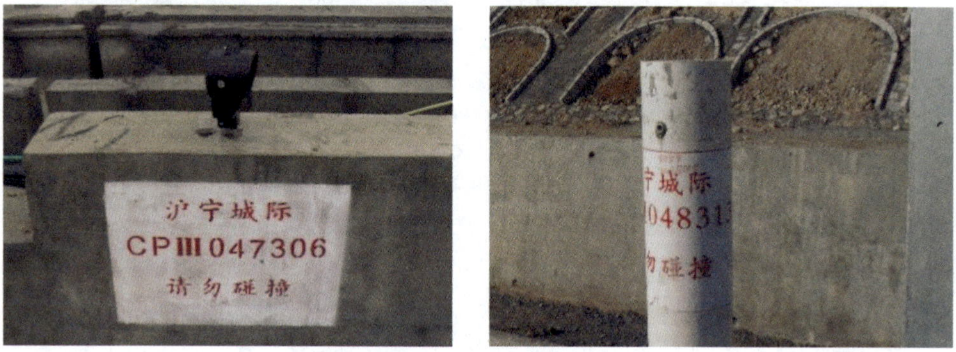

图 1-1-50　CPⅢ控制桩

第七节　铁路线路技术发展展望

铁路线路技术将全面贯彻新发展理念,坚持“线桥结构现代化、施工作业机械化、企业管理科学化”目标,充分发挥“科技创新第一动力”引领和“人才是第一资源”支撑两大作用,统筹高质量发展和高水平安全,不断提高工务设备修理的科学性、可靠性和经济性,为加快建设世界一流铁路企业提供坚实保障。

一、加快构建空天地车一体化的基础设施检测监测体系

按照“动态检查为主,动静态检查与监测相结合”的原则,建立健全检测技术先进、检测项目齐全、检测准确高效的基础设施检测监测体系。加快轨道几何、光学、地质雷达、卫星定位等多种检测技术的集成,实现综合检测、自动采集以及基于多源数据的线路状态自动诊断功能,进一步提升检测监测技术水平、效率和质量。

二、积极推进工务运维智能化

以推动新一代信息技术与铁路深度融合赋能赋智为牵引，加速构建大数据应用平台，建立服役状态数据库，采用大数据、深度学习、故障预测与健康管理等技术，实现线路设备运行及维护状态的自动分析、评价和可视化展示，全面推进预测性维护，不断提高维护的科学性和经济性。

三、坚持科技创新引领新质生产力发展

深入研究高速铁路故障机理和变化规律，开展钢轨斜裂纹、连续型无砟轨道病害机理及防治技术研究。推进钢轨擦伤智能识别算法升级，开展基于巡检数据的钢轨磨耗管理和打磨建议算法研究。深化无人机技术在铁路沿线环境、重点设备状态巡检等方面应用研究，利用无人机建立铁路沿线三维地图。推进高速铁路大修配套设施和工装研究，形成高速铁路大修成套技术。

四、深化全寿命周期成本管理

以全寿命周期成本最优为原则，采取科学合理的维修策略，优化维修项目、时机，提高工务设备维护质量，延长设备使用寿命。推进技术装备标准化、简统化及技术创新，优化设备结构，使结构组成更合理、部件性能更佳、型号更统一、与铁路等级和运营条件更匹配，不断提升设备可靠性和运行品质。

复习思考题

1. 铁路轨道由哪几部分组成？
2. 简述我国 50 kg/m、60N 钢轨标准截面几何尺寸。
3. 有砟轨道和无砟轨道扣件包含哪些？
4. 高速铁路无砟道床结构形式包含哪些？
5. 简述铁路曲线的基本要素。
6. 简述单开道岔的结构组成。
7. 什么是机车车辆限界？什么是建筑限界？
8. 高速铁路精密测量控制网的作用是什么？

第二章

铁路路基、桥隧建筑物及安全防护设施

路基、桥隧建筑物及安全防护设施是铁路线路的重要组成部分。本章主要介绍铁路路基、桥隧建筑物及安全防护设施的基本概念、结构、组成与功能；同时也介绍声屏障的功能及分类。

学习目标

1. 知识目标

(1)了解铁路路基、桥涵、隧道及安全防护设施的作用。

(2)掌握铁路路基、桥涵、隧道及安全防护设施的分类及组成。

(3)了解声屏障的功能及分类。

2. 素质目标

(1)通过对铁路路基、桥隧建筑物及安全防护设施知识的学习，具备在工作中辨识相应设备及用途的能力。

(2)提高安全意识，树立安全第一的思想，养成严谨的工作态度和高度的责任心。

(3)增强团队合作精神和沟通协调能力，能够在铁路基础设施维护作业中发挥作用。

(4)培养持续学习的习惯，跟踪铁路路桥技术的发展动态。

第一节　铁路路基

铁路路基是轨道的基础，也叫线路下部结构，是经开挖或填筑而形成的直接支承轨道结构的土工结构物。铁路路基承受并传递轨道重力及列车动荷载作用，并将荷载向地基深处传递扩散，是重要的行车设备。

一、铁路路基组成

铁路路基为线路提供一个平顺、稳定的基础。在纵断面上，路基须保证轨顶需要的标高；在平面上，路基与桥梁、隧道连接组成完整贯通的铁路线路。

铁路路基主要包括路基本体、防护和加固设备、路基排水设备等。

(1)路基本体。路基本体包括用土、石填筑的路堤和自地面向下开挖的路堑，是路基的主体。

(2)防护和加固设备。防护和加固设备指为防止坡面受到风沙、雨雪等自然因素的破坏作用，支撑加固路基保证其状态稳定而修建的设备。

(3)路基排水设备。路基排水设备是为了排除路基本体及其附近的地面水和地下水，保证路基经常处于干燥状态，避免因排水不良而造成路基沉陷、边坡坍滑、翻浆冒泥和寒冷地区的路基冻害等病害的产生。

二、路基本体

(一)路基本体组成

路基本体由路基面、路肩、基床、边坡和基底组成，如图 1-2-1 所示。

(1)路基面。路基面是指路基顶面，包括铺设轨道的部分。

(2)路肩。路基面两侧未被道砟覆盖的部分为路肩。

(3)基床。基床是指路肩高程以下、受列车荷载作用影响显著的路基上部结构。

(4)边坡。路基横断面两侧与地面连接的斜面称为路基边坡。

(5)基底。基底指路堤与地面接触的部分。

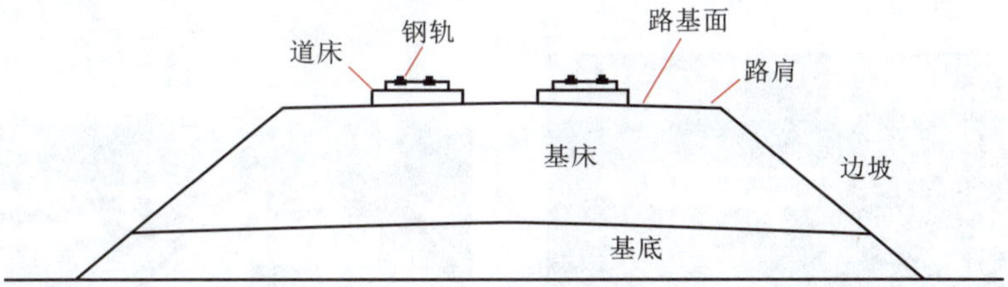

图 1-2-1　路基本体组成

(二)路基横断面形式

路基横断面是指垂直于线路中心线截取的断面，主要有路堤、路堑两种基本形式，如图 1-2-2 和图 1-2-3 所示。

图 1-2-2　路堤

图 1-2-3　路堑

依托所处的地形条件不同，路基横断面除了路堤和路堑之外，还有半路堤、半路堑、半路堤半路堑、不填不挖等形式，如图 1-2-4 所示。

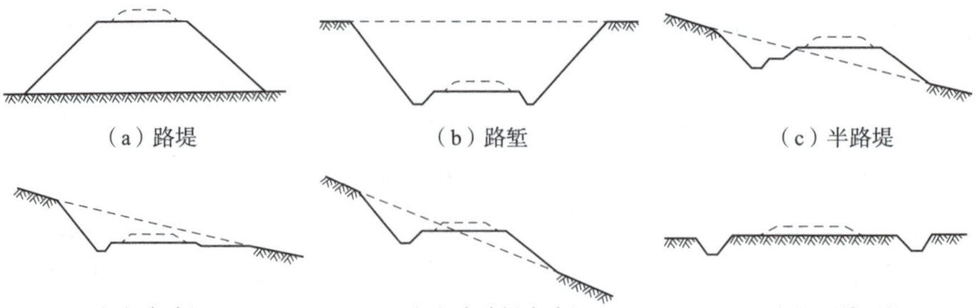

图 1-2-4　路基横断面形式

三、防护与加固设备

路基防护与加固主要包括坡面防护、河岸防护及挡土墙防护等。

(一)坡面防护

路基坡面防护是为防止路基坡面溜坍等病害发生所采取的防护加固措施。

路基坡面防护可分为植被防护、骨架防护、封闭式防护(圬工防护)和其他防护。

1. 植被防护

植被防护主要类型有藤蔓植物、植草、植草皮、植树等。常见的藤蔓植物防护、植草防护如图 1-2-5 和图 1-2-6 所示。

图 1-2-5　藤蔓植物防护

图 1-2-6　植草防护

2. 骨架防护

骨架防护常用的主要类型有浆砌片石(混凝土)骨架防护、锚杆框架梁防护等，如图 1-2-7 和图 1-2-8 所示。

图 1-2-7　浆砌片石(混凝土)骨架防护

图 1-2-8　锚杆框架梁防护

3. 封闭式防护

封闭式防护主要有干砌片石防护、浆砌片石防护、喷浆防护、水泥砂浆抹面防护等，如图 1-2-9 所示。

（a）干砌片石防护

（b）浆砌片石防护

（c）喷浆防护

（d）水泥砂浆抹面防护

图 1-2-9　封闭式防护

4. 其他防护

其他路基坡面防护主要有主动网防护、被动网防护等，如图 1-2-10 所示。

（a）主动网防护

（b）被动网防护

图 1-2-10　主动网防护及被动网防护

(二)河岸防护

河流的天然演变使得河岸和河床经常或周期性地受到水流的冲刷作用。在河滩或岸边修建铁路路基后，干扰了水流的性质，增大了水流的冲刷作用。因此，必须采取有效的冲刷防护措施，以保证路基的稳固。

河岸防护分为直接防护、间接防护和改河工程，如图 1-2-11 所示。

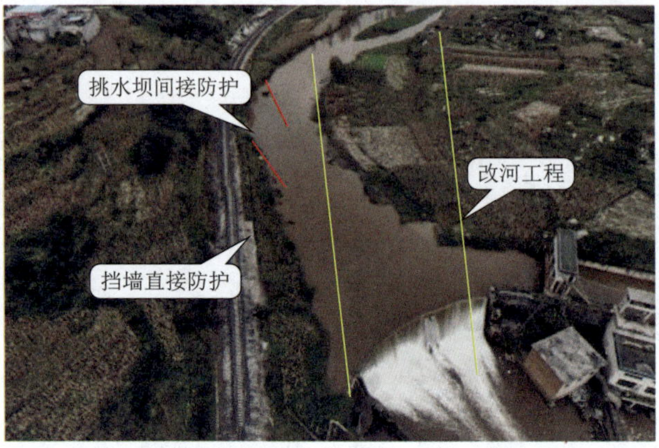

红线—挑水坝；黄线—改河后的河岸。

图 1-2-11　河岸防护

(三)挡土墙

挡土墙是用来支撑天然山坡或填土路基边坡以防止山体或土坡坍滑，保持土体稳定的建筑物。

挡土墙按墙身所用材料可分为浆砌片石、片石混凝土、素混凝土和钢筋混凝土挡土墙等。常见的浆砌片石挡土墙、素混凝土挡土墙如图 1-2-12 和图 1-2-13 所示。

图 1-2-12　浆砌片石挡土墙

图 1-2-13　素混凝土挡土墙

四、路基排水

路基排水主要有地面排水、地下排水、站场排水等。

(一)地面排水

地面排水系统用于拦截路基范围外的、汇集路基范围内的地面径流并使其通畅排出路基范围，防止地表水对路基的侵蚀。地面排水系统根据不同的位置及作用分为天沟、截水沟、吊沟、侧沟等，如图 1-2-14 所示。

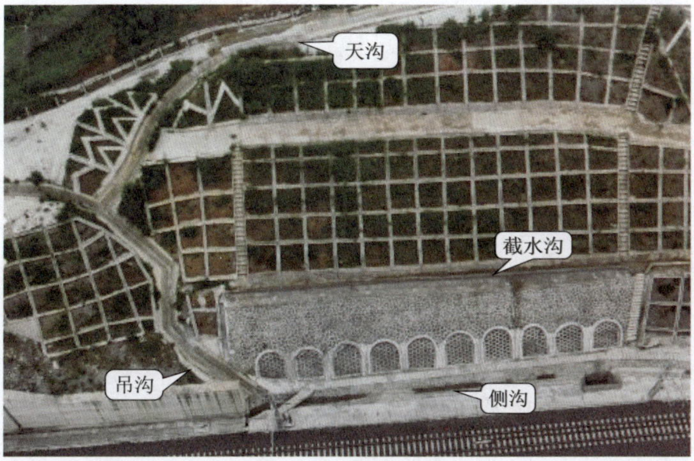

图 1-2-14 地面排水

(二)地下排水

地下排水系统用于降低埋藏在地面以下的自由水的水位,保证路基的坚固与稳定。地下排水设备一般有明沟、排水槽、边坡渗沟(含引水、截水渗沟)、支撑渗沟、渗水暗沟、渗井、渗管、检查井等。常见的浆砌片石明沟、排水槽如图 1-2-15 和图 1-2-16 所示。

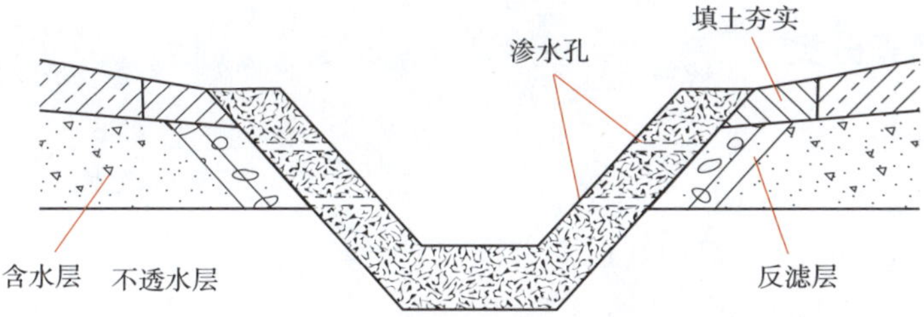

图 1-2-15 浆砌片石明沟

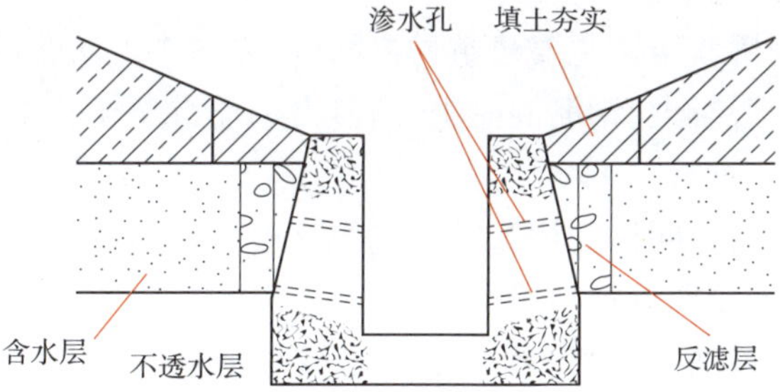

图 1-2-16 浆砌片石排水槽

(三)站场排水

按照设置的位置和作用,站场排水设备可分为纵向排水设备、横向排水设备和公路排水设备三大类,如图 1-2-17 所示。

图 1-2-17　站场排水设备

第二节　铁路桥涵

铁路桥涵是指铁路桥梁和涵渠。铁路桥梁是铁路跨越天然障碍物或人工设施的架空建筑物。涵渠是主要用于排洪、灌溉或作为交通通道穿过铁路的渠道。

一、铁路桥梁分类

(一)按桥梁长度分类

特大桥:桥长 500 m 以上。

大桥:桥长 100 m 以上至 500 m。

中桥:桥长 20 m 以上至 100 m。

小桥:桥长 20 m 及以下。

(二)按梁拱材质分类

钢桥:以钢材作为桥跨结构主要建筑材料的桥,如图 1-2-18(a)所示。

圬工桥:以石、砖、混凝土、钢筋混凝土、预应力钢筋混凝土作为桥跨结构主要建筑材料的桥,如图 1-2-18(b)所示。

混合桥:以多种材料共同作为桥跨结构建筑材料的桥,如图 1-2-18(c)所示。

(三)按桥跨结构承受荷载的特征分类

梁桥:用梁作为桥跨结构的桥,承重结构是以它的抗弯能力来承受荷载的。有简支梁桥、连续梁桥、悬臂梁桥,如图 1-2-19(a)所示。

拱桥:用拱圈或拱肋作为桥跨结构的桥,主要承重结构是拱肋(或拱箱),以承压为主,如图 1-2-19(b)所示。

刚构桥:桥跨结构与桥墩或桥台刚性连接的桥,它是由受弯的上部梁(或板)结构与承压的柱(或墩)整体结合在一起的结构,如图 1-2-19(c)所示。

框架桥：桥梁为整体箱形框架的桥，如图 1-2-19(d)所示。

悬索桥：用桥塔支撑锚于两岸(端)的缆索，借助挂于缆索上的吊杆悬吊桥面和梁形成桥跨结构的桥，以悬索为主要承重结构，如图 1-2-19(e)所示。

斜拉桥：以斜拉索连接索塔和主梁作为桥跨结构的桥，它是由承压的塔、受拉的索与承弯的梁体组合起来的一种结构体系，如图 1-2-19(f)所示。

复合体系桥：桥跨同时有几个体系特征结构，相互联系结合而成，如图 1-2-19(g)所示。

(四)按梁的截面形式分类

板形梁：适用于低高度梁，当桥梁高度受到限制时，采用此种形式。

钢板梁：是由钢板或型钢组成工字形截面主梁，并由纵、横联结系连接的梁。

Π型梁：指横截面形式为Π型的梁，属于肋式梁，与 T 形梁受力相近，下部两个梁肋与上盖板形成整体。

T 形梁：混凝土 T 梁是横截面为 T 形的混凝土梁。

箱形梁：钢箱梁是由纵、横向加劲肋加强的钢板所组成的单室或多室箱形截面梁。混凝土箱梁是横截面呈一个或几个封闭箱形的混凝土梁。

常见的 T 形梁、箱形梁如图 1-2-20 和图 1-2-21 所示。

(a) 钢桥

(b) 圬工桥

(c) 混合桥

图 1-2-18　不同梁拱材质的桥梁

（a）梁桥

（b）拱桥

（c）刚构桥

（d）框架桥

（e）悬索桥

（f）斜拉桥

（g）复合体系桥

图 1-2-19　不同桥跨结构承受荷载的桥梁

图 1-2-20　T 形梁

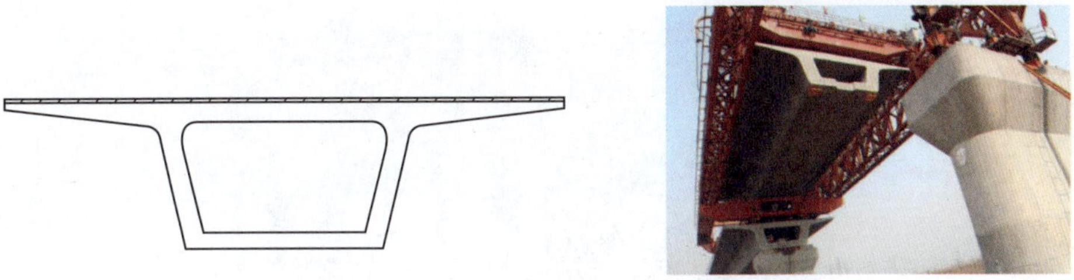

图 1-2-21　箱形梁

二、铁路桥梁组成

铁路桥梁由上部结构、下部结构、防护设备及调节河流建筑物组成，如图 1-2-22 所示。

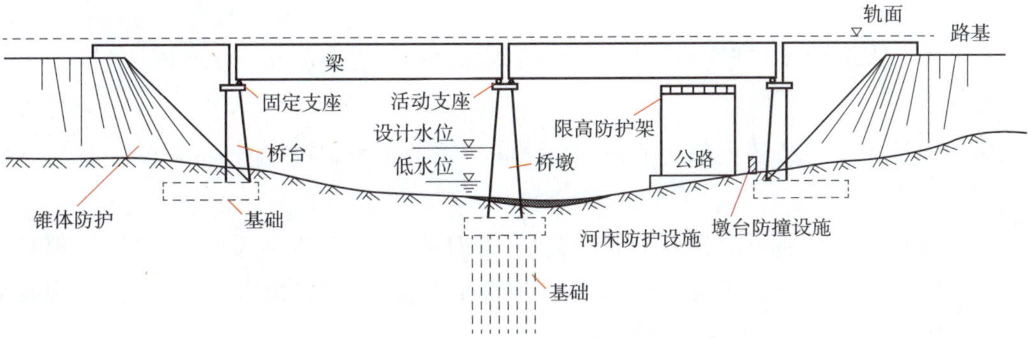

图 1-2-22　铁路桥梁组成示意

上部结构包括桥面、桥跨结构（梁拱）、支座；下部结构包括桥墩、桥台及基础；防护设备及调节河流建筑物包括限高防护架、墩台防撞设施、护锥、护岸、护基、导流堤、丁坝、梨形堤等。

(一)上部结构

1. 桥　　面

桥面可分为道砟桥面、无砟桥面及明桥面，如图 1-2-23 所示。

（a）道砟桥面

（b）无砟桥面

（c）明桥面

图 1-2-23　桥面

2. 桥跨结构

桥跨结构是桥梁承力结构，按材质分为钢梁桥、圬工桥和钢混组合梁桥。

3. 支　　座

桥梁支座是设在桥梁上部与下部结构之间的传力装置，其应能使上部结构具有必要的活动性。

桥梁支座根据材质可分为铸钢平板支座、铸钢弧形支座、铸钢摇轴支座、铸钢辊轴支座、球型支座、圆柱面钢支座（柱面钢支座）、双曲面钢支座、铰轴滑板钢支座、板式橡胶支座、盆式橡胶支座等。常见的支座如图 1-2-24 所示。

（二）下部结构

1. 桥　　墩

桥墩是支撑相邻桥跨结构，并将其荷载传给基础的建筑物。

2. 桥　　台

桥台是连接桥跨结构和路基的支挡建筑物。

3. 基　　础

桥梁基础是桥梁下部结构与地基接触的部分。下部结构如图 1-2-25 所示。

（a）铸钢摇轴支座

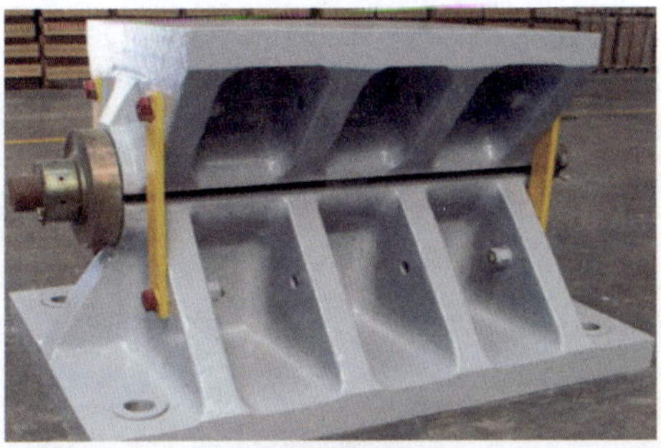

（b）铸钢辊轴支座

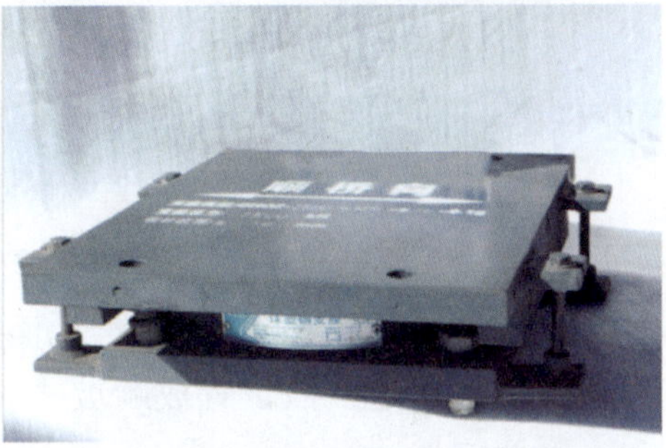

（c）球型支座

（d）圆柱面钢支座

（e）板式橡胶支座

（f）盆式橡胶支座

图 1-2-24　桥梁支座

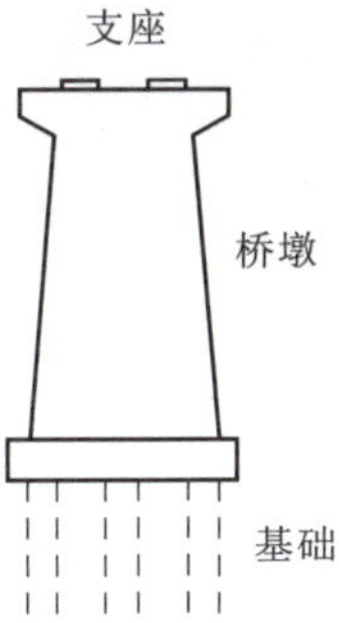

图 1-2-25　下部结构

(三)防护设备及调节河流建筑物

防护设备及调节河流建筑物常见的有桥梁护锥、导流堤等，如图 1-2-26 和图 1-2-27 所示。

图 1-2-26　桥梁护锥

图 1-2-27　导流堤

三、桥梁救援疏散通道

桥梁救援疏散通道主要作用是当发生地震、火灾等自然灾害或桥上列车出现紧急情况时用来快速疏散旅客，并兼顾部分养护维修功能。桥长超过 3 km 时，应结合地面道路条件，左右交错设置可上下桥的救援疏散通道。救援疏散通道一般设置成顺坡式、折向式、螺旋式，如图 1-2-28 所示。

（a）顺坡式

（b）折向式

（c）螺旋式

图 1-2-28　长大桥梁救援疏散通道

四、涵　　渠

涵渠包括涵洞、明渠、倒虹吸管等。

1. 涵　　洞

铁路涵洞是指横穿铁路路基,用以排洪、灌溉或作为交通通道的建筑物。涵洞由洞身、基础、进出口建筑物(即端墙、翼墙等)以及附属设备组成,如图 1-2-29 所示。

2. 明　　渠

明渠是一种具有自由表面水流的渠道,如图 1-2-29 所示。

图 1-2-29　涵洞及明渠

3. 倒虹吸管

倒虹吸管是通过箱涵或隧洞把水流从铁路一侧输送到另一侧,让水流以有压力的方式通过自身,如图 1-2-30 所示。

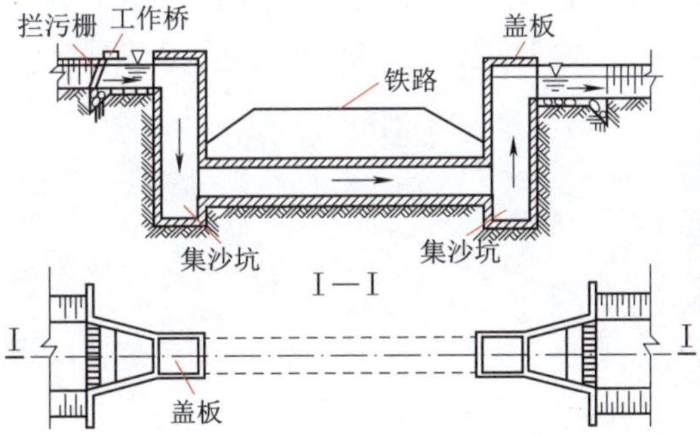

图 1-2-30　倒虹吸管

五、其他构筑物

其他构筑物包括渡槽、地道等。铁路渡槽指输送渠道水流跨越铁路的架空水槽,如图 1-2-31 所示。铁路地道是采用地下隧道方式跨越站线的一种车站“跨线设备”,主要用于旅客集散,如图 1-2-32 所示。

图 1-2-31　铁路渡槽

图 1-2-32　铁路地道

第三节　铁路隧道

铁路隧道是修建在地下或水下并铺设铁路供机车车辆通行的建筑物。

一、铁路隧道分类

按照隧道长度分类：

(1)特长隧道：全长 10 000 m 以上。

(2)长隧道：全长 3 000 m 以上至 10 000 m。

(3)中隧道：全长 500 m 以上至 3 000 m。

(4)短隧道：全长 500 m 及以下。

二、铁路隧道组成

铁路隧道包括主体建筑物和附属设备两部分。主体建筑物由洞身和洞门组成；附属设备包括洞室和排水设施，如图 1-2-33 所示。长大隧道还有专门的通风、照明设备及应急救援疏散设施。

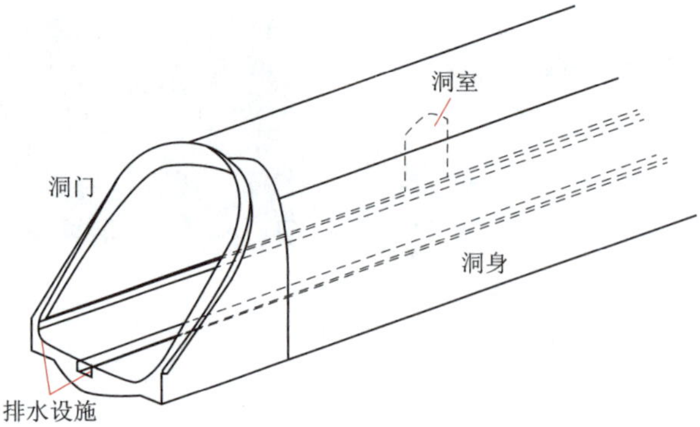

图 1-2-33　铁路隧道示意

(一)主体建筑物

1. 隧道洞门

隧道洞门是在隧道进出口用混凝土或砌体灌注而成的门式建筑物。洞门的作用是用来维持山体的稳定，主要是支挡洞口正面仰坡和路堑边坡，拦截仰坡落石与掉块，并将仰坡、洞顶汇集的水排出洞口以外，以稳定洞口，保证隧道正常使用和行车安全。隧道洞门有斜切式、端墙式、柱式、翼墙式、耳墙式、台阶式等形式洞门，如图 1-2-34 所示。

（a）斜切式洞门

（b）端墙式洞门

（c）柱式洞门

（d）翼墙式洞门

（e）耳墙式洞门

（f）台阶式洞门

图 1-2-34　铁路隧道洞门

2. 隧道洞身

隧道洞身又指隧道衬砌，是指支持和维护隧道的长期稳定和耐久性的永久结构物。其作用是支持和维护隧道的稳定、保持列车运行所需要的空间、防止围岩的风化、解除地下水的影响等。隧道衬砌主要由拱圈、边墙、仰拱和底板几部分构成。隧道衬砌可分为整体式衬砌、喷锚衬砌、复合式衬砌、装配式衬砌和连拱衬砌，如图 1-2-35～图 1-2-39 所示。隧道边墙有直墙式和曲墙式，如图 1-2-40 所示。

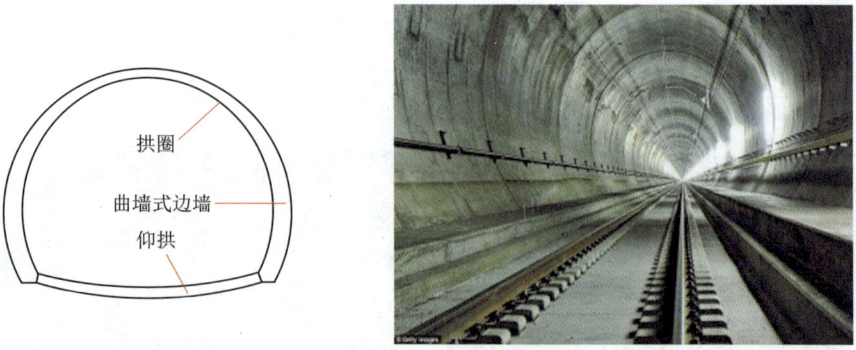

图 1-2-35　整体式衬砌

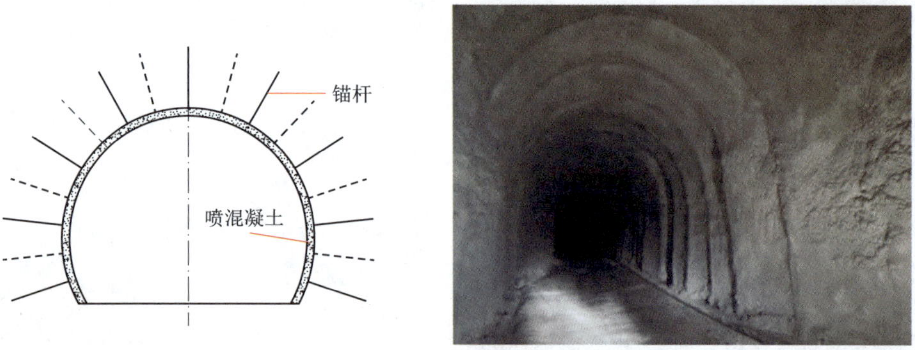

图 1-2-36　喷锚衬砌

图 1-2-37　复合式衬砌

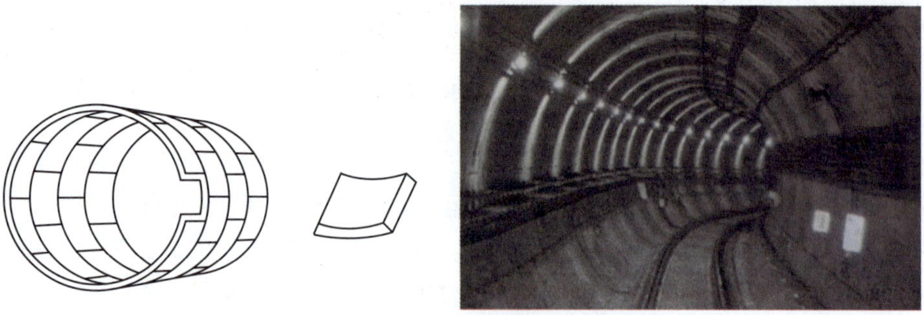

图 1-2-38　装配式衬砌

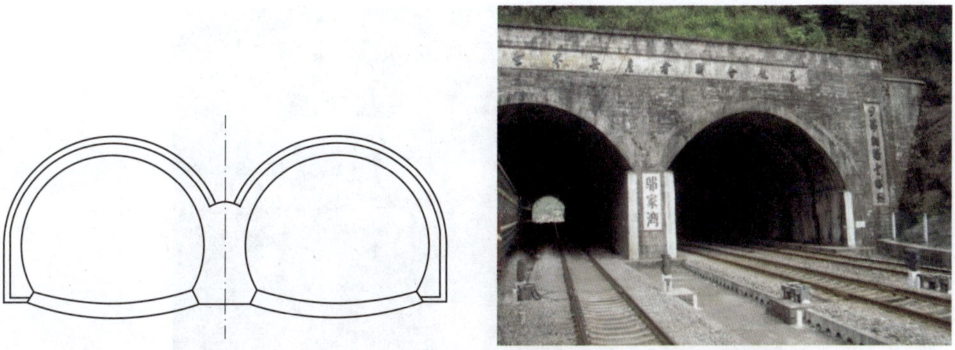

图 1-2-39　连拱衬砌

（a）直墙式边墙　　（b）曲墙式边墙

图 1-2-40　隧道边墙

(二)附属设备

1. 洞　　室

洞室按使用功能主要分为避车洞和综合洞室，如图 1-2-41 所示。

（a）避车洞　　（b）综合洞室

图 1-2-41　洞室

2. 排水设施

隧道排水体系由衬砌外排水系统和隧道内排水系统两大部分组成，如图 1-2-42 所示。

图 1-2-42　隧道排水设施

三、隧道疏散救援通道

列车在隧道内发生火灾时，应控制列车驶出隧道进行疏散，当列车不能驶出隧道，应控制列车停靠在隧道防灾疏散救援设施附近进行疏散和救援。长度大于或等于 5 km 且小于 10 km 的单洞隧道，宜结合施工辅助坑道，在隧道洞身段设置 1 处紧急出口或避难所；长度 10 km 及以上的单洞隧道，应在洞身段设置不少于 1 处紧急出口或避难所；长度 20 km 及以上的隧道或隧道群应设置紧急救援站，紧急救援站之间的距离不应大于 20 km。

隧道疏散救援设施主要包括疏散通道、横通道、紧急出口、避难所、紧急救援站等，如图 1-2-43 所示。

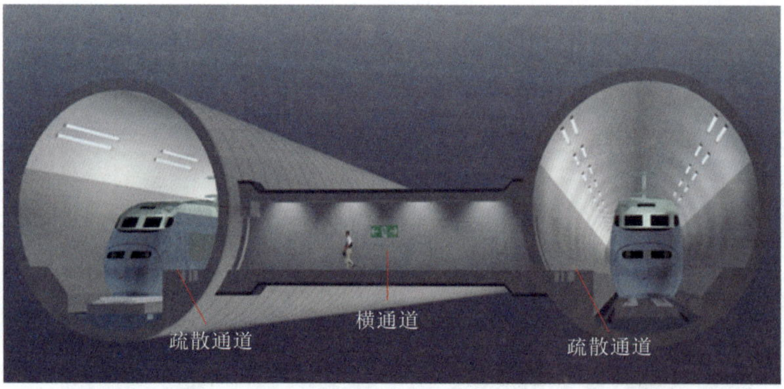

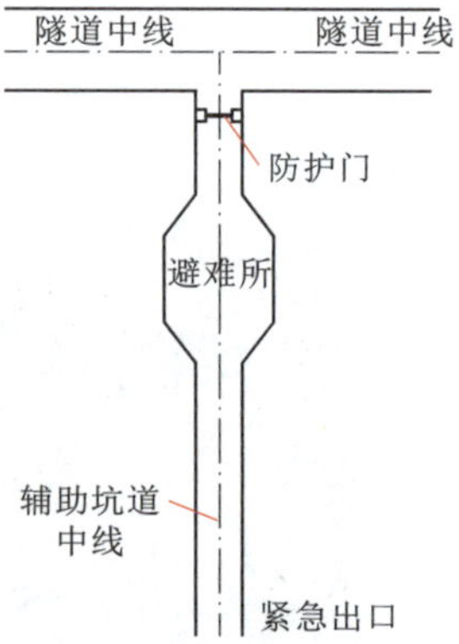

图 1-2-43　隧道疏散救援通道

第四节　铁路安全防护设施

铁路安全防护设施常见的有限高防护架、防护栅栏、公铁并行护栏、桥梁防护网、防撞设施及碰撞监测报警设施。

一、限高防护架

为保护铁路桥梁不受机动车辆的撞击，铁路上跨公路立交桥涵，其净空不足 5 m 的，应设置限高防护架。限高防护架设置净高(横梁底至路面)在任何情况下都应低于桥下净高 2～10 cm，并与“限高”警示标志一致。限高防护架要按规定涂刷黄黑相间警示条纹，如图 1-2-44 所示。

图 1-2-44　限高防护架

二、防护栅栏

铁路线路防护栅栏是重要的铁路行车设备，是铁路行车安全的重要屏障。凡铁路线路允许速度 $v \geq 120$ km/h 的既有铁路和客运专线，均须设置栅栏进行封闭。

防护栅栏种类主要有：钢筋混凝土防护栅栏、钢板网防护栅栏、金属网片防护栅栏、钢矩管防护栅栏等，如图 1-2-45 所示。

(a) 钢筋混凝土防护栅栏　(b) 钢板网防护栅栏

(c) 金属网片防护栅栏　(d) 钢矩管防护栅栏

图 1-2-45　防护栅栏

三、公铁并行护栏

为了防止公路上行驶的汽车失控闯入铁路，需在公铁并行区段设置公铁并行护栏，其结构形式包括混凝土护栏、波形梁护栏等，如图 1-2-46 和图 1-2-47 所示。

图 1-2-46　混凝土护栏

图 1-2-47　波形梁护栏

四、桥梁防护网

桥梁防护网是设置于桥面两侧，防止桥上小型异物坠落或抛落的网状防护设施。主要安设在铁路跨越公(道)路、公(道)路跨越铁路、铁路跨越铁路、人行天桥跨越铁路的桥梁上，如图 1-2-48 所示。

(a) 铁路跨越公（道）路防护网

(b) 公（道）路跨越铁路防护网

(c) 铁路跨越铁路防护网

(d) 人行天桥跨越铁路防护网

图 1-2-48　桥梁防护网

五、防撞设施

(一)公跨铁桥面防撞设施

上跨铁路公路跨线桥应在桥面两侧设置护栏,防止公路车辆掉落线路,如图 1-2-49(a)所示。

(二)铁跨公墩台防撞设施

铁路上跨公路地段铁路桥梁,在桥墩邻近公路一侧应设置防撞设施,如图 1-2-49(b)所示。

(三)通航桥墩防撞设施

通航航道桥墩为避免通行船舶直接撞击,在墩周一般设置防撞浮筒(混凝土防撞岛、墩或防撞护舷)等防撞设施,如图 1-2-49(c)所示。

(a) 公跨铁桥面防撞护栏

(b) 铁跨公墩台防撞护栏

(c) 通航桥墩防撞设施

图 1-2-49　防撞设施

六、碰撞监测报警设施

(一)通航桥梁碰撞监测报警设施

对于位于通航航道上的铁路桥梁梁体、桥墩,为避免被超高重载的船舶撞击,在桥墩或梁上安装激光扫描传感器,实现有效识别监控范围内船舶航迹,并通过声光、VHF(甚高频,一种无线电沟通频道)无线通信对危险船舶进行预警、报警和自动抓拍图片和记录视频,如图 1-2-50 所示。

图 1-2-50 通航桥梁碰撞监测报警设施

(二)铁跨公桥梁碰撞监测报警设施

设计速度大于 160 km/h 区段内上跨铁路的道路桥梁处应设置异物侵限现场采集设备。当监测到发生异物侵限时,系统能够根据侵限实际情况发出预警或报警信息,通知相关维修部门或立即对列车运行进行管制,系统同时向运营调度中心发出报警信息,如图 1-2-51 所示。

图 1-2-51 铁跨公桥梁碰撞监测报警设施

第五节 声 屏 障

声屏障是用以降低列车运行噪声对声环境产生影响的构筑物。根据其所处位置分为路基声屏障和桥梁声屏障。声屏障主要由钢结构立柱和吸隔声屏板两部分组成。按原材料分类可分为金属声屏障(金属百叶、金属筛网孔)、混凝土声屏障(轻质混凝土、高强混凝土)、PC 声屏障、玻璃钢声屏障等。常见的金属声屏障、混凝土声屏障如图 1-2-52 所示。

（a）金属声屏障　　（b）混凝土声屏障

图 1-2-52　声屏障

第六节　铁路路桥技术发展展望

铁路路桥技术随着现场运维的需要在不断改进，未来在智能化监测与检查、维护技术、维护理念、协同管理等方面不断取得进步与突破。

一、智能化监测与检查

(一)传感器技术的广泛应用

未来的铁路、路基、桥梁、隧道将布满各类先进的传感器，实时监测路基、桥梁、隧道结构的变形、应力、温度、湿度等关键参数。这些传感器将具备更高的精度和可靠性，能够及时发现微小的变化，为维护决策提供准确的数据支持。例如，光纤光栅传感器可以精确测量结构的应变，通过对数据的分析，能够提前预测衬砌裂缝的产生和发展，以便及时采取维护措施。

(二)智能化的检查手段

通过使用无人机开展影像采集与分析，对桥隧、路基设施及周边环境进行日常分析与对比，提升检查效率；借助高清视频监控系统，实现对重点设备、病害的管控，通过数据算法，对自然灾害隐患处所进行监控，实现异物侵入识别报警，提升自动化监测水平。

(三)大数据与人工智能分析

随着监测数据的不断积累，大数据分析和人工智能技术将在路基、桥梁、隧道维护中发挥重要作用。通过对大量数据的挖掘和分析，可以建立结构健康状况的预测模型，提前发现潜在的问题，并制订相应的维护计划。

二、先进的维护技术

(一)机械化设备整治

为了减少对铁路运营的干扰，运用机械化提升作业效率。例如，使用隧道检测机器人进行病害检测和修复作业，提高维护效率和安全性；使用多功能钻机，实现机械在轨道行走，开展隧道钻孔、注浆、喷射混凝土机械化作业。

（二）新型修复材料的使用

未来将出现更多高性能的修复材料，用于结构的修复和加固。这些材料具有更高的强度、更好的耐久性和更快的固化速度，能够在不影响铁路运营的情况下进行快速修复。例如，纳米材料和聚合物复合材料可以有效地修复隧道衬砌的裂缝和破损，提高隧道的结构强度和防水性能。

三、可持续维护理念

（一）环保维护材料的应用

在未来的设备维护中，将更加注重环保和可持续发展。环保维护材料将得到广泛应用，这些材料具有低能耗、可回收利用等特点，减少对环境的影响。例如，使用环保型的防水材料和涂料，降低有害物质的排放，保护桥隧周边的生态环境。

（二）寿命周期成本管理

未来的设备维护将更加注重寿命周期成本管理，综合考虑设备的建设成本、维护成本和运营效益。通过科学的维护规划和决策，延长设备的使用寿命，降低总体成本。维护人员将根据隧道的实际状况和使用需求，制订合理的维护策略，在保证安全的前提下，实现经济效益和社会效益的最大化。

四、协同维护与管理

（一）多领域协作和信息共享

铁路设备维护将涉及多个部门和领域，未来将加强各部门之间的协作与沟通。包括铁路运营部门、工程建设部门、科研机构等，共同制定维护计划和方案，确保设备的安全运行。例如，建立跨部门的信息共享平台，实现监测数据、维护经验和技术成果的共享，提高维护工作的效率和质量。

（二）自然灾害协同应对

面对极端恶劣天气，与地方气象部门共享气象信息，更加精准开展铁路气象预报；面对自然灾害多部门联动，开展灾害监测数据共享，联合应对与处置。

总之，未来的铁路路桥维护将朝着智能化、先进化、可持续化和协同化的方向发展。通过不断创新和进步，确保铁路的安全、可靠和高效运行，为铁路运输的发展提供坚实的保障。

复习思考题

1. 简述铁路路基的组成。
2. 路基横断面形式有哪些？
3. 路基地面排水设施有哪些？
4. 按桥梁长度和梁拱材质分别简述铁路桥梁分类。
5. 简述铁路桥梁结构组成。
6. 按隧道长度描述隧道分类。
7. 简述铁路隧道各组成部分。
8. 常见的铁路安全防护设施有哪些？

第三章
铁 路 信 号

铁路信号系统是铁路核心系统之一，是控制列车运行、保证行车安全、提高运输效率、改善行车组织方式、实现行车自动化的关键设施。本章介绍铁路信号主要设备的基本知识，包括计算机联锁、列控、自动闭塞设备，以及道岔转辙设备、轨道电路、信号机、电缆及标识、室外 LEU 及应答器等的基本结构及作用。

学习目标

1. 知识目标

(1)掌握转辙机的类型、组成。

(2)熟悉轨道电路的应用场所，掌握其作用及工作原理。

(3)熟悉主要信号机的设置及灯光配列。

(4)掌握信号传输线路的分类、安装要求。

(5)掌握列控地面设备、计算机联锁设备、自动闭塞设备的组成。

2. 素质目标

(1)通过对铁路信号主要设备知识的学习，具备在工作中辨识相应设备及用途的能力。

(2)提高安全意识，树立安全第一的思想，养成严谨的工作态度和高度的责任心。

(3)增强团队合作精神和沟通协调能力，能够在铁路基础设施维护作业中发挥作用。

(4)培养持续学习的习惯，跟踪铁路信号技术的发展动态。

第一节　道岔转辙设备

道岔是导引机车车辆从一股道转入另一股道的线路连接设备。道岔转换与锁闭装置是保证道岔的正常转换、可靠锁闭和正确表示的设备，主要由转辙机、锁闭装置、安装装置和密贴检查器等组成。道岔融雪设备是道岔转辙设备的辅助装置，当发生降雪时，启动道岔融雪设备，保证道岔在冰雪天气正常转换。

一、转辙机

转辙机可分为电动转辙机和电液转辙机。电动转辙机由电动机提供动力，采用机械传动的方式转换道岔，目前常用的电动转辙机是ZD6系列、ZD(J)9系列和S700K[ZD(J)10]型；电液转辙机由电动机提供动力，采用液力传动的方式转换道岔，目前常用的电液转辙机是ZY(J)7系列。

（一）ZD(J)9系列电动转辙机

ZD(J)9系列电动转辙机有安全可靠分动锁闭（表示）杆和联动锁闭（表示）杆，既适用于内锁闭道岔，又适用于分动外锁闭道岔；既适用于单点牵引，又适用于多点牵引，其外观如图1-3-1所示。

ZD(J)9系列电动转辙机主要由电动机、减速器、摩擦联结器、滚珠丝杠、推板套、动作板、安全开关、自动开闭器、接线端子、动作杆、检测（表示）杆等零部件组成，采用模块化设计的结构，便于维护和维修，如图1-3-2所示。

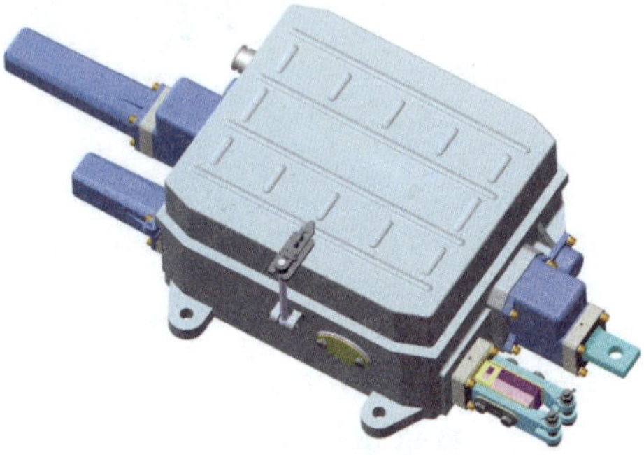

图1-3-1　ZD(J)9系列电动转辙机外观

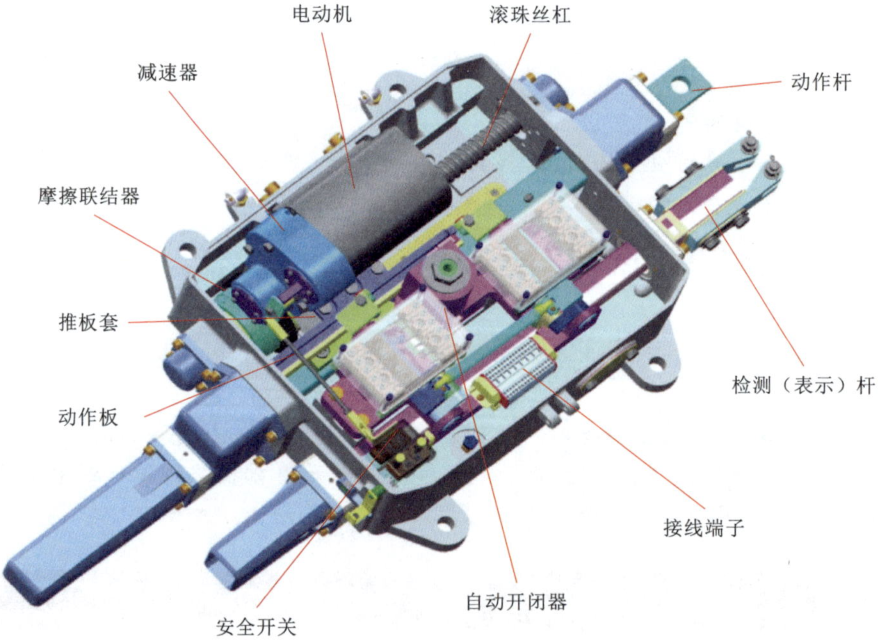

图1-3-2　ZD(J)9系列电动转辙机内部结构

（二）ZYJ7型电液转辙机

电液转辙机既可使用全主机转换，也可与SH6型转换锁闭器配套使用。当与SH6型转换锁闭器配套使用时，两者间用油管连接。ZYJ7型电液转辙机外观如图1-3-3所示。

ZYJ7型电液转辙机主要由电动机、溢流阀、油泵、油标、动作板、油缸、遮断器组、动作杆等组成，如图1-3-4所示。

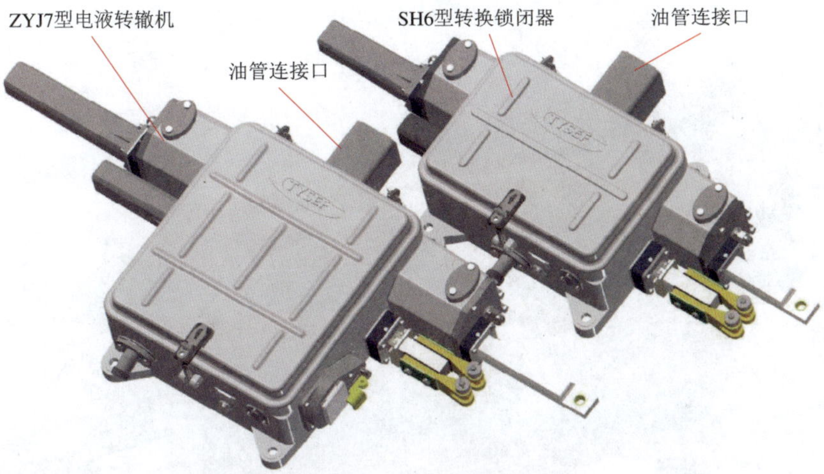

图 1-3-3　ZYJ7 型电液转辙机外观

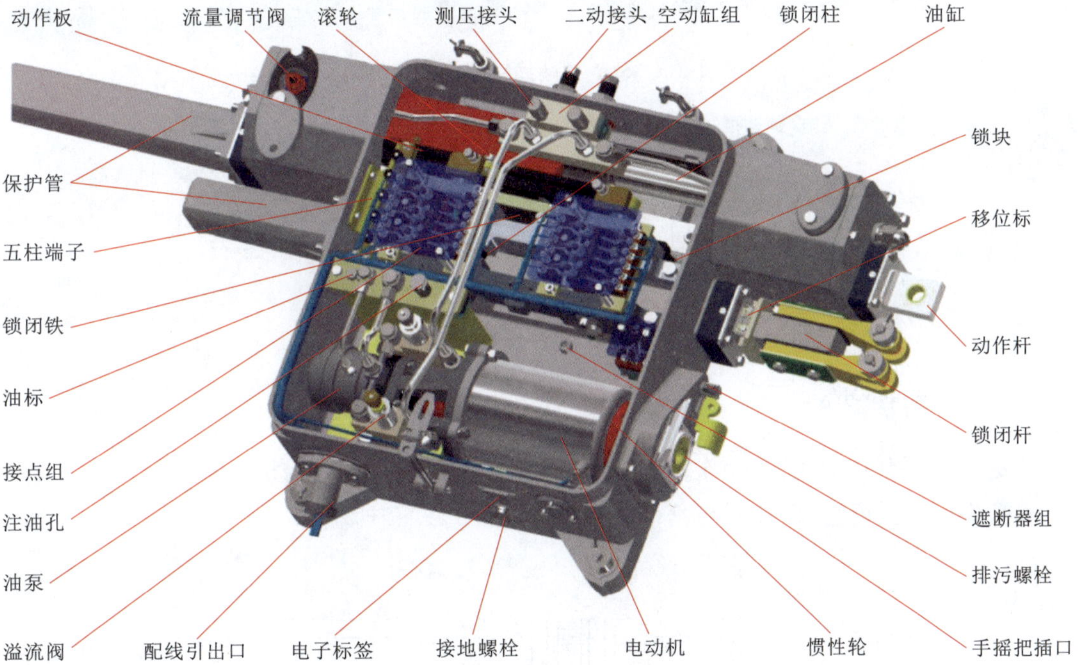

图 1-3-4　ZYJ7 型电液转辙机内部结构

SH6 型转换锁闭器主要由油缸、动作杆、表示杆、接点组、动作板等组成，如图 1-3-5 所示。

二、外锁闭装置

外锁闭装置是通过转辙机转换并直接把尖轨锁闭于基本轨、心轨锁闭于翼轨的机械装置。钩型外锁闭装置主要由锁钩、锁闭铁、锁闭框和锁闭杆等组成，其中，锁钩用于锁定道岔尖轨、心轨；锁闭铁用于固定和支撑锁钩；锁闭框用于提供锁闭结构的基础框架；锁闭杆用于实现道岔的锁闭和解锁功能，如图 1-3-6 所示。

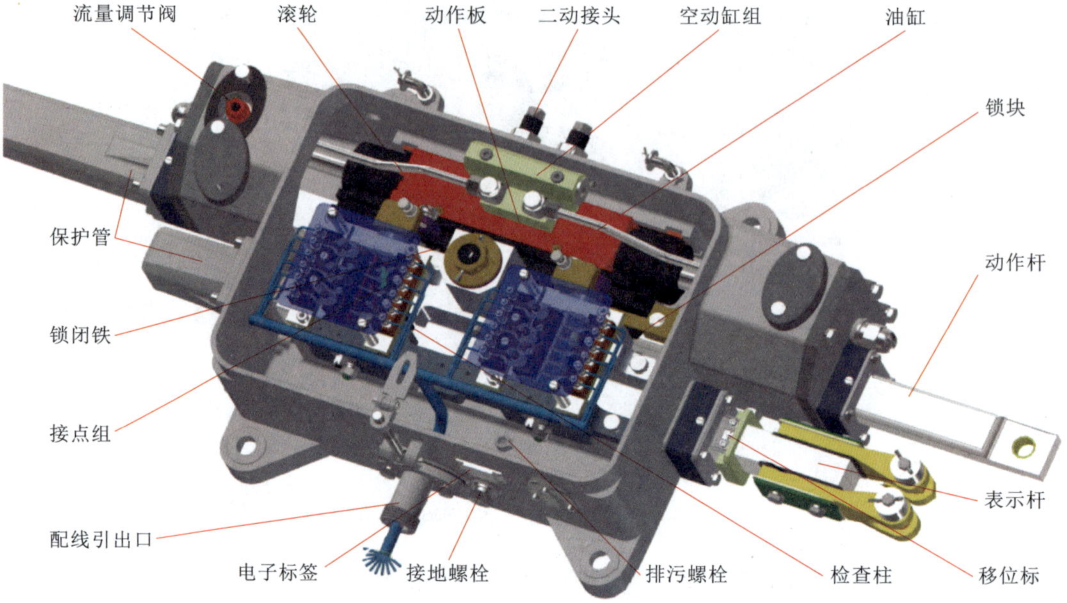

图 1-3-5　SH6 型转换锁闭器内部结构

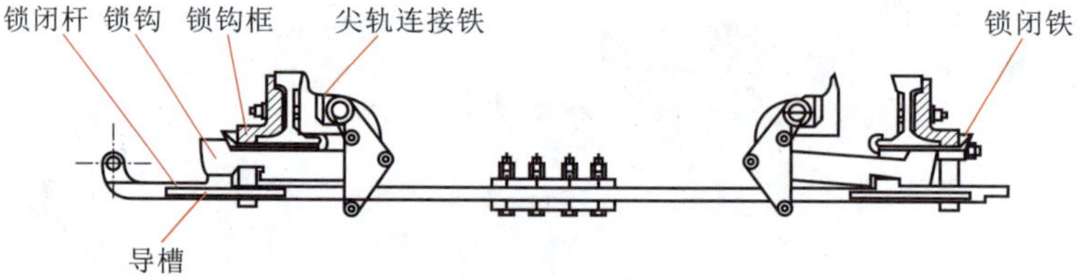

图 1-3-6　外锁闭装置结构

三、安装装置

安装装置由基础托板、动作杆、表示杆等组成。基础托板应与道岔直股基本轨垂直，转辙机垫板与托板垂直，托板与岔枕联结牢固，如图 1-3-7 所示。

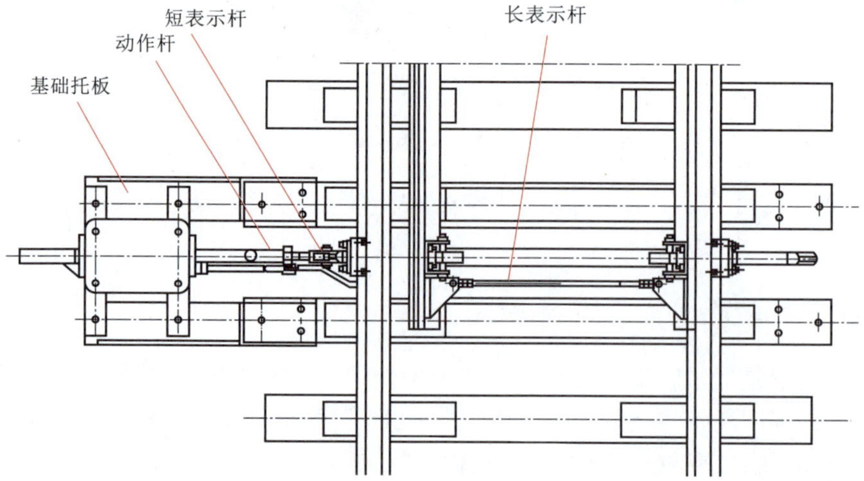

图 1-3-7　安装装置示意

四、道岔密贴检查装置

道岔密贴检查装置用于检测道岔牵引点间尖轨的密贴和斥离状态。在密贴检查处，尖轨与基本轨之间的间隙大于或等于规定值时，安装于两牵引点之间的密贴检查装置不得接通道岔表示。设计直向列车通过速度 160 km/h 及以上的道岔应设置密贴检查器，常用的有 JM-A、JM-A1、JM2-L、JM2-L2、JM2-LZ 型密贴检查器等。下面以 JM-A 型、JM2-L 型密贴检查器为例做介绍。

(一)JM-A 型密贴检查器

JM-A 型密贴检查器用于检查尖轨的密贴状态和道岔挤岔时的切断表示，现在主要用于直向列车通过速度在 160 km/h 及以上牵引的道岔。JM-A 型密贴检查器安装在线路两侧，如图 1-3-8 所示。

(a) 实物

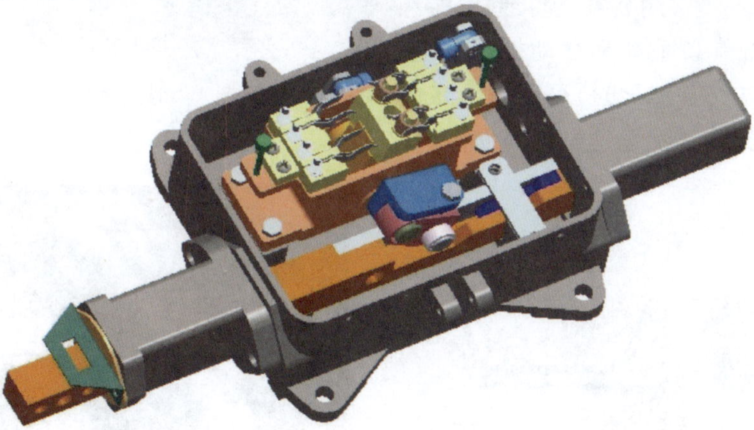

(b) 内部结构

图 1-3-8　JM-A 型密贴检查器

(二)JM2-L 型密贴检查器

JM2-L 型密贴检查器安装在线路两侧，每个检查点设置两台，分别检查各自尖轨的密贴和斥离状态，由底壳、机盖、接点组、表示杆等组成，如图 1-3-9 所示。

每台 JM2-L 型密贴检查器有一根表示杆及两组接点，包含一对密贴检查接点和一个斥离检查接点。

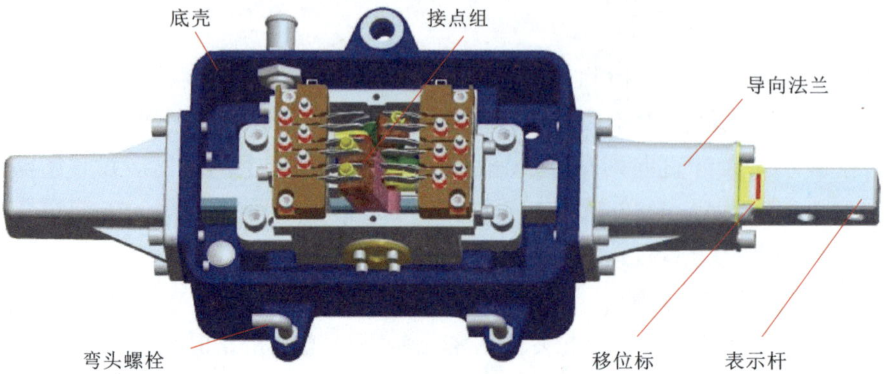

图 1-3-9 JM2-L 型密贴检查器

五、道岔融雪设备

在我国部分区域，冬季若不能及时清除道岔积雪，将直接导致道岔不能正常使用。为了防止降雪对道岔的影响，在道岔上安装道岔融雪设备。

道岔融雪设备由电气控制柜(图 1-3-10)、隔离变压器(图 1-3-11)、电加热元件(图 1-3-12)、环境检测装置、连接线缆等组成。融雪设备具备手动和自动控制功能，当发生降雪或气温变化时，可通过人工手动、自动或应急方式启动道岔融雪设备。

图 1-3-10 电气控制柜

图 1-3-11 隔离变压器

图 1-3-12 电加热元件

第二节　轨道电路

轨道电路是以铁路线路的两根钢轨作为导体，两端加以机械绝缘（或电气绝缘），并连接送电和受电设备，实现区段空闲、占用检查及传递信息的电路系统。轨道电路示意如图 1-3-13 所示。

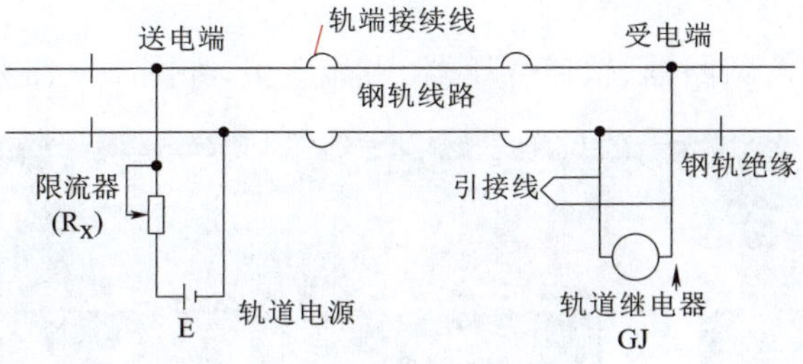

图 1-3-13　轨道电路示意

我国铁路常用的轨道电路制式为 25 Hz 相敏轨道电路和 ZPW-2000 系列轨道电路。

一、25 Hz 相敏轨道电路

以 97 型微电子 25 Hz 相敏轨道电路为例，25 Hz 相敏轨道电路主要由轨道电源、微电子接收器、轨道变压器、断路器、限流电阻、扼流变压器、引接线、接续线及钢轨绝缘等组成，其原理如图 1-3-14 所示。

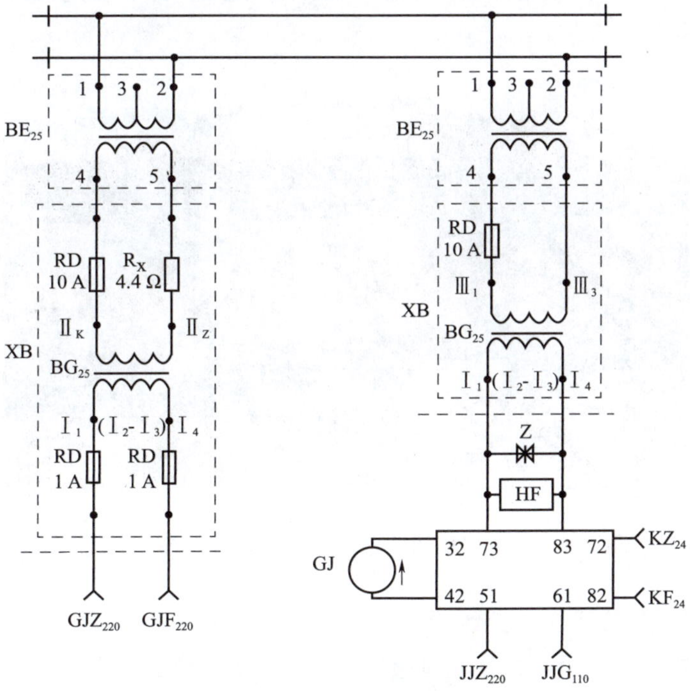

图 1-3-14　25 Hz 相敏轨道电路原理

(一)25 Hz 电源

25 Hz 电源分为 220 V/25 Hz 的轨道电源和 110 V/25 Hz 的局部电源。

(二)微电子接收器

25 Hz 相敏轨道电路的接收器一般采用微电子接收器驱动轨道继电器(GJ),用于表示轨道电路的状态,吸起表示轨道电路处于调整状态,落下表示轨道电路处于分路或故障状态。

(三)轨道变压器箱

轨道变压器箱包含断路器、轨道变压器、限流电阻,如图 1-3-15 所示。

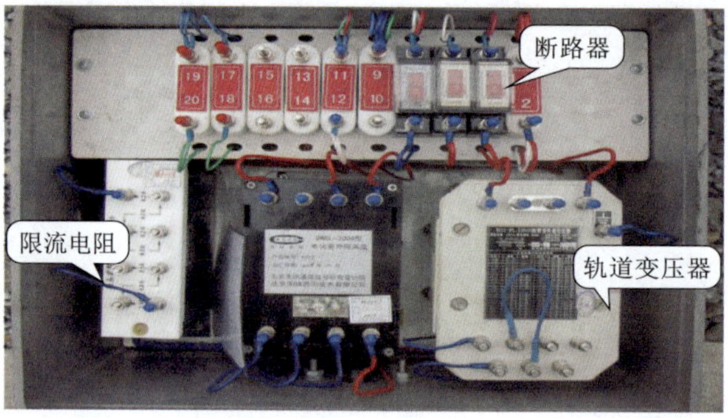

图 1-3-15　25 Hz 相敏轨道电路轨道变压器箱内部

(四)扼流变压器

扼流变压器安装于轨道电路送、受电端,用于构通、平衡牵引电流并传递信号信息,如图 1-3-16 所示。

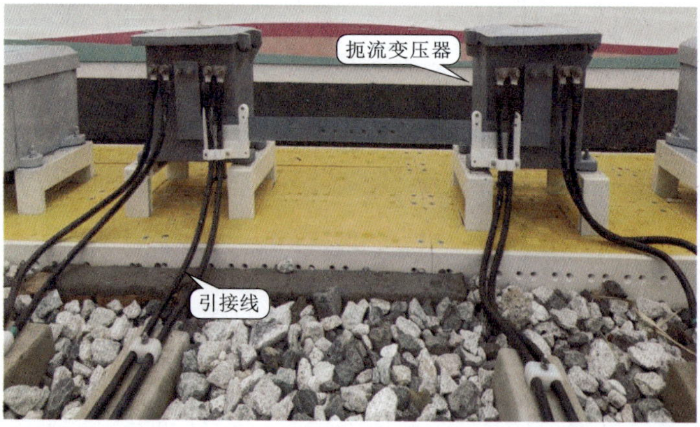

图 1-3-16　25 Hz 相敏轨道电路扼流变压器及引接线

(五)轨道电路引接线和接续线

轨道电路引接线和接续线用于构通轨道电路。引接线如图 1-3-16 所示,接续线如图 1-3-17 所示。

图 1-3-17 接续线

(六)钢轨绝缘

轨道电路绝缘用于实现相邻区段轨道电路的分割。钢轨绝缘分为胶接绝缘和普通绝缘。胶接绝缘如图 1-3-18 所示。

图 1-3-18 胶接绝缘

二、ZPW-2000A 型无绝缘轨道电路

ZPW-2000A 型无绝缘轨道电路由主轨道电路和调谐区(小轨道电路)两部分组成,具有监测和故障报警等功能,主要包括移频机柜(含发送器、衰耗冗余控制器、接收器)、轨道继电器、防雷模拟网络盘、调谐匹配单元、空芯线圈及补偿电容等,其原理如图 1-3-19 所示。

两个调谐匹配单元间设置空芯线圈构成电气调谐区。电气调谐区又称电气绝缘节,用以取代传统的机械绝缘节,实现相邻轨道电路的电气隔离。

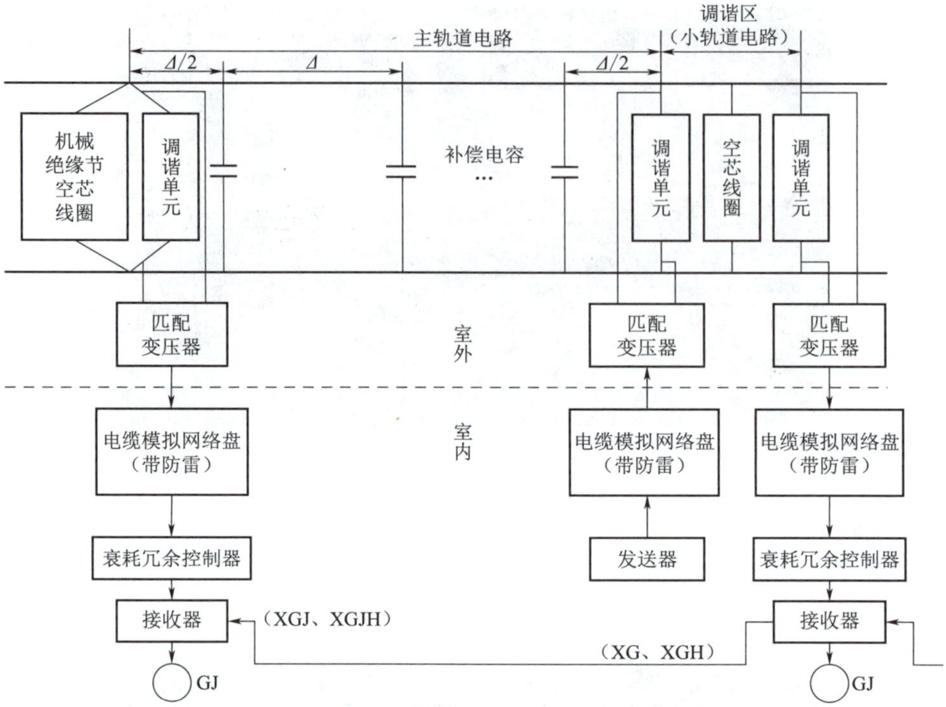

图 1-3-19　ZPW-2000A 型无绝缘轨道电路原理

(一)移频机柜

移频机柜安装在机械室内，发送器、衰耗冗余控制器及接收器安装在其中，如图 1-3-20 所示。发送器用于输出高精度、高稳定的移频信号；衰耗冗余控制器用于调整轨道电路电平，给出发送、接收使用电源电压等；接收器用于对轨道电路输入移频信号的解调，动作轨道继电器(GJ)。

图 1-3-20　移频机柜

(二)匹配变压器

匹配变压器安装在轨旁双体防护盒内，用于钢轨阻抗与电缆阻抗的匹配连接，其箱盒安装如图 1-3-21 所示，内部匹配单元如图 1-3-22 所示。

图 1-3-21　匹配变压器箱盒安装

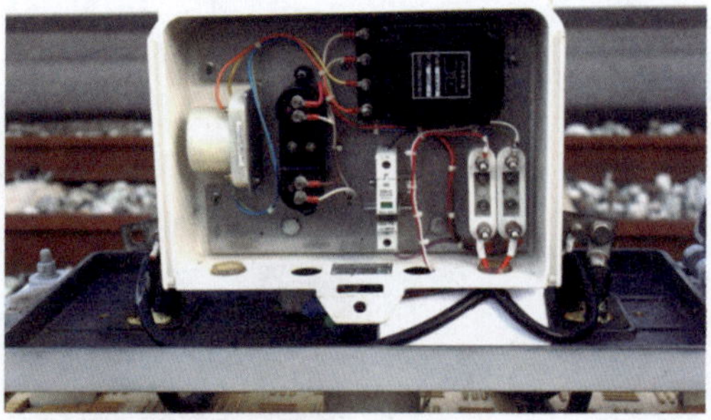

图 1-3-22　ZPW-2000A 型无绝缘轨道电路内部匹配单元

(三)调谐单元

调谐单元安装在轨旁双体防护盒内，用于实现两相邻轨道电路间的电气隔离，如图 1-3-23 所示。

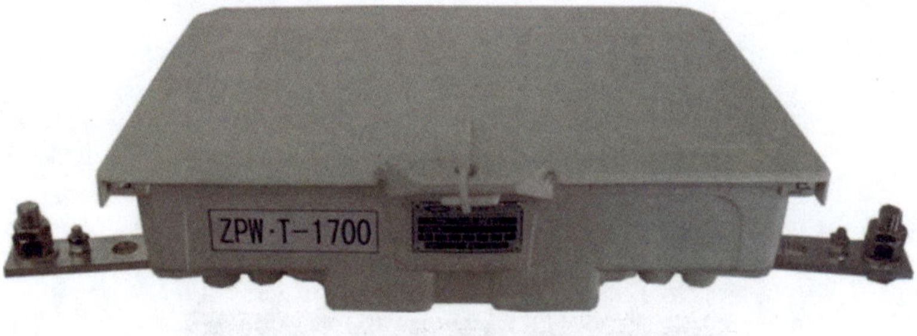

图 1-3-23　ZPW-2000A 型无绝缘轨道电路调谐单元

(四)防雷模拟网络盘

防雷模拟网络盘用于对通过传输电缆引入室内的雷电冲击进行横向、纵向防护，补偿实际信号电缆，模拟电缆传输特性，如图 1-3-24 所示。

图 1-3-24　防雷模拟网络盘

(五)空芯线圈

空芯线圈安装在轨旁双体防护盒内,用于平衡牵引电流回流、稳定调谐区阻抗,其内部如图 1-3-25 所示。

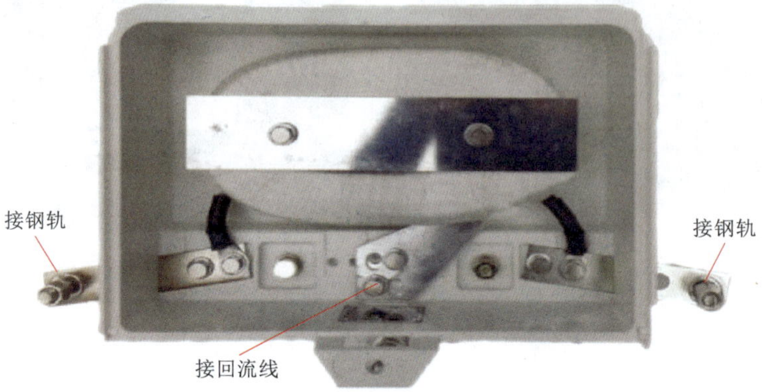

图 1-3-25　空芯线圈内部

(六)补偿电容

补偿电容用于补偿钢轨感抗产生的无功功率损耗,改善轨道电路传输特性,如图 1-3-26 所示。

图 1-3-26　补偿电容

(七)轨道电路调谐区标志

轨道电路调谐区标志标明了调谐区的长度值,提示机车乘务员禁止停留。

Ⅰ型为反方向区间停车位置标,涂有白底色、黑框、黑“停”字、斜红道,是标明调谐区长度的反光方形板标志,如图 1-3-27(a)所示。Ⅲ型用于反方向运行合并轨道区段之间的调谐区或因轨道电路超过允许长度而设立分隔点的调谐区,为涂有蓝底色、白“停”字、斜红道,标明调谐区长度的反光方形板标志,如图 1-3-27(b)所示。

（a）Ⅰ型

（b）Ⅲ型

图 1-3-27　轨道电路调谐区标志

第三节　铁路信号机

铁路信号机（含信号表示器）是通过不同的灯光显示，用于指示列车运行及调车作业的固定信号。

一、色灯信号机

色灯信号机主要由点灯单元、灯座、信号机构等组成，可分为高柱和矮型两种。高柱信号机如图 1-3-28 所示，矮型信号机如图 1-3-29 所示。

图 1-3-28　高柱信号机

图 1-3-29　矮型信号机

色灯信号机主要有进站信号机、出站信号机、调车信号机、通过信号机等类型。常见信号机的机构设置及灯光配列见表 1-3-1。

表 1-3-1　常见信号机的机构设置及灯光配列

序　号	名称及用途	机构设置及灯光配列	说　　明
1	进站信号机： 防护车站，指示列车能否由区间进入车站及站内的运行条件	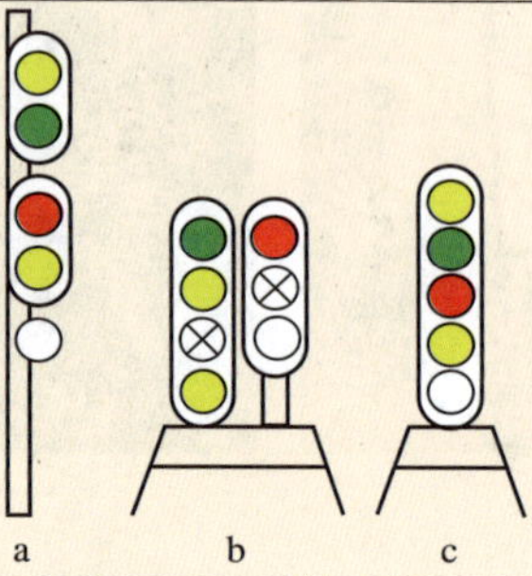	1. 带引导信号机构。 2. 作为线路所通过信号机时，如无引导信号显示，封月白灯。 3. c 型用于桥梁、隧道地段
2	出站信号机： 指示列车能否由车站向区间发车，指示调车车列能否调车		1. 常态点灯时： (1)可用于非自动闭塞区段。 (2)带调车信号。 2. 常态灭灯时： (1)用于以车载信号为列车行车凭证的线路。 (2)带引导信号机构。 (3)带调车信号。 (4)a 型不适用
3	调车信号机： 指示调车车列能否调车	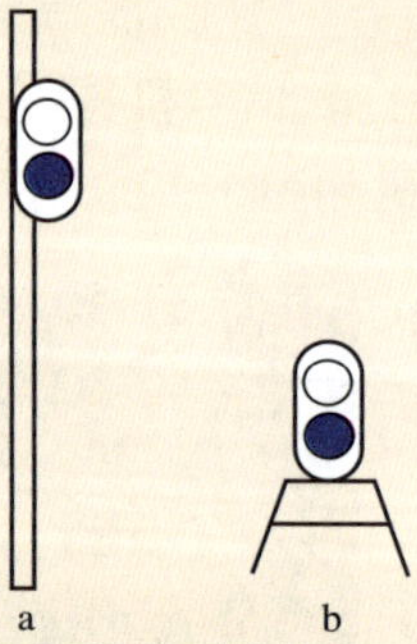	常态点灯
4	通过信号机： 防护区间闭塞分区，指示列车运行前方的运行条件		1. 常态点灯。 2. 用于自动闭塞区段。 3. b 型用于桥隧。 4. 线路所通过信号机、兼作遮断信号机的通过信号机不适用

进站信号机应设在距进站最外方道岔尖轨尖端(顺向为警冲标)不小于 50 m 的地点，根据需要可适当延长。出站信号机应在每条发车线上线路警冲标内方的适当地点单独设置。调车信号机通常设在调车作业繁忙的线路上(如到发线、咽喉道岔区)，以及从

非联锁区到联锁区的入口处。进站、出站、调车信号机布置如图 1-3-30 所示。通过信号机设在闭塞分区或所间区间的分界处，如图 1-3-31 所示。

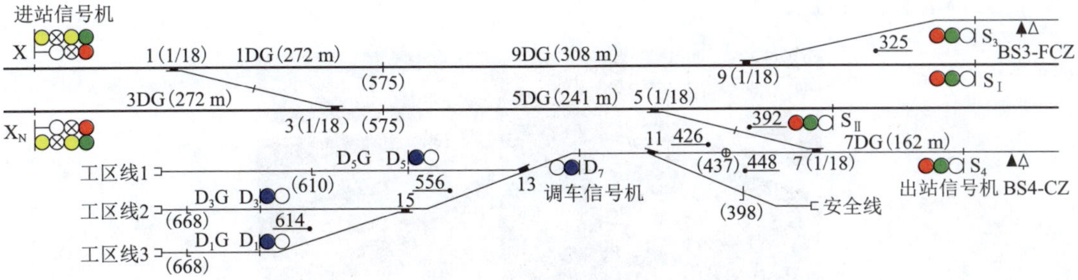

图 1-3-30　进站、出站、调车信号机布置

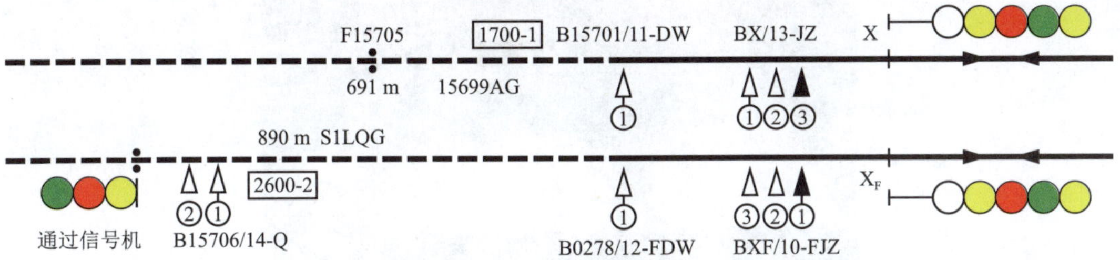

图 1-3-31　通过信号机布置

(一)进站信号机

进站信号机是指示列车进入或通过铁路车站的信号机，用于对车站进行安全防护，其连续显示距离不得少于 1 000 m。

(二)出站信号机

出站信号机用来防护区间，指示列车可否由车站开往区间，以及开往区间的有关条件，其连续显示距离中高柱信号机不得少于 800 m，矮型信号机不得少于 200 m。

常态点灯的出站信号机，有两个及以上的发车方向而信号显示不能分别表示进路方向时，宜设置进路表示器；常态灭灯的出站信号机不宜设置进路表示器。进路表示器如图 1-3-32 所示。

图 1-3-32　进路表示器

(三)调车信号机

调车信号机是用来指示调车车列在车站内进行作业的信号机,其连续显示距离不得少于 200 m,如图 1-3-33 所示。

图 1-3-33 调车信号机

(四)通过信号机

通过信号机的作用是防护自动闭塞区段的闭塞分区或非自动闭塞区段的所间区间,指示列车可否进入它所防护的闭塞分区或所间区间,其连续显示距离不得少于 1 000 m。

以车载信号为列车行车凭证的自动闭塞区间,未设置通过信号机时,区间闭塞分区分界处应设置闭塞分区信号标志牌,如图 1-3-34 所示。闭塞分区信号标志牌表面采用蓝色反光膜、黄色三角图案,蓝底色与黄色三角形图案间填充白色图样,其对应的号码牌表面采用黑色反光膜、黄色边框、黄色字样,如图 1-3-35 所示。

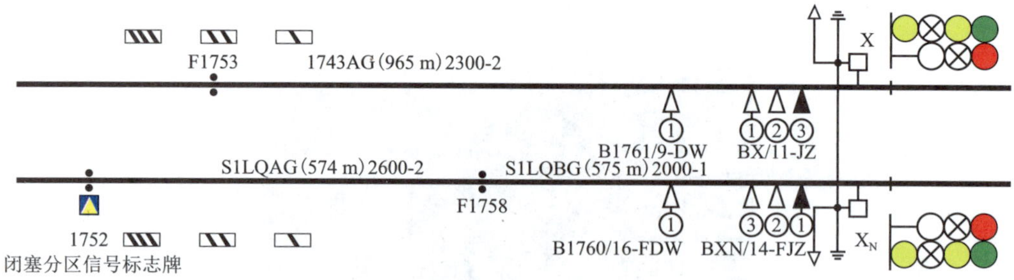

图 1-3-34 闭塞分区信号标志牌布置

二、级间转换标

级间转换标是提示不同级间进行转换的标志,其设置于 CTCS-0/CTCS-2 级、CTCS-2/

CTCS-3级转换边界一定距离前方的级间转换应答器组对应的线路左侧。该标志采用涂有白底色、黑框、写有黑“C0”“C2”或“C3”标记的反光菱形板，如图1-3-36所示。

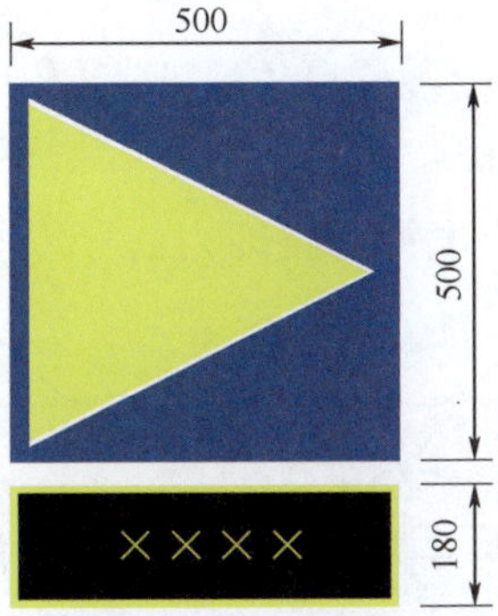

图1-3-35　闭塞分区信号标志牌(单位:mm)

(a) CTCS-0级　(b) CTCS-2级　(c) CTCS-3级

图1-3-36　级间转换标

三、预告标

当进站信号机或线路所通过信号机外方无预告信号机、接近信号机或同方向的通过信号机时，需要设预告标。预告标是预先告知机车乘务员车站位置的标志。

预告标设在进站信号机及线路所通过信号机外方900 m、1 000 m及1 100 m处，如图1-3-37所示。

图1-3-37　预告标(单位:m)

第四节　信号传输线路

信号传输线路是室内外信号设备信息传输的通道，用于室内设备对室外设备发出控制命令，以及室外设备位置、状态向室内设备反馈。信号电缆从室内引出至室外设备，经过方向电缆盒、终端电缆盒等整个电缆径路即为信号传输线路，如图 1-3-38 所示。

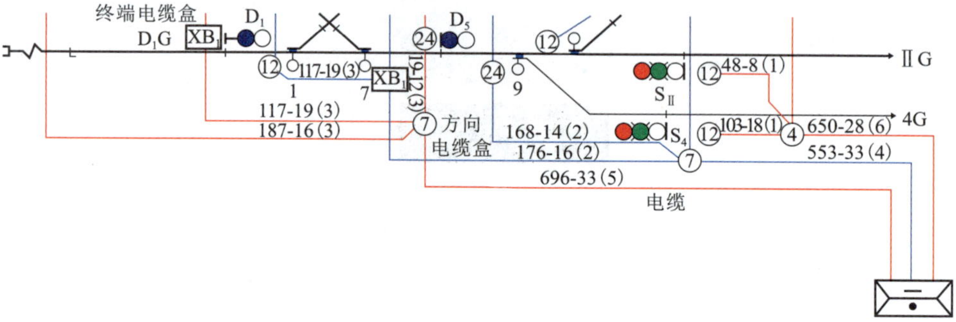

图 1-3-38　电缆径路

一、信号电缆

信号电缆主要分为铁路数字信号电缆、内屏蔽铁路数字信号电缆、铁路计轴信号电缆、铁路应答器数据传输电缆。按照护套类型，分为塑料护套、综合护套、铝护套信号电缆。

室外信号电缆采用综合护套信号电缆或铝护套信号电缆。ZPW-2000 系列轨道电路及电码化的电缆采用铁路数字信号电缆。

二、电 缆 盒

电缆盒分为方向电缆盒和终端电缆盒。

方向电缆盒安装于铁路信号干线分支处，用于连接不同电缆，其示意如图 1-3-39 所示。常用的方向电缆盒有 HF-7 型和 HF-4 型两种，分别如图 1-3-40(a)和图 1-3-40(b)所示。

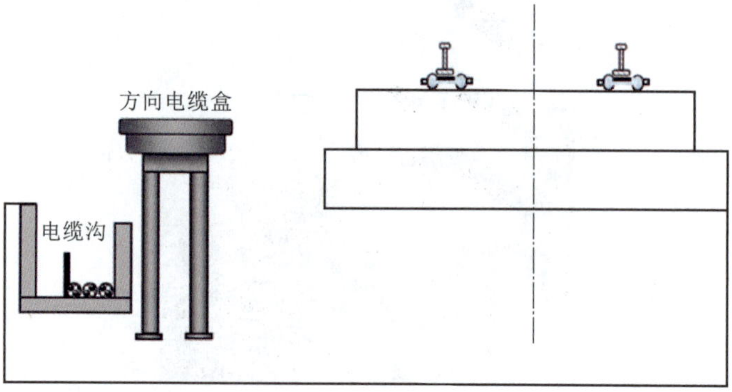

图 1-3-39　方向电缆盒示意

（a）HF-7型方向电缆盒

（b）HF-4型方向电缆盒

图 1-3-40 方向电缆盒

终端电缆盒安装于转辙机、信号机等信号设备处，用于实现电缆与转辙机、信号机等信号设备的连接，其示意如图 1-3-41 所示，其实物如图 1-3-42 所示。

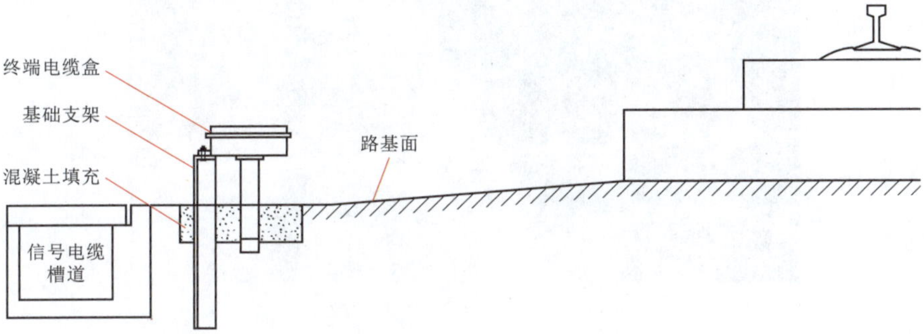

图 1-3-41 终端电缆盒示意

图 1-3-42 终端电缆盒实物

三、电缆沟（槽）

电缆铺设在预置电缆沟、外挂式电缆槽内，电缆槽底部应平整无杂物。

电缆沟(槽)盖板与盖板之间不得有缝隙,如图 1-3-43 所示。

图 1-3-43 电缆沟(槽)

桥上外挂式电缆槽采用 SMC 复合材质,需固定良好,如图 1-3-44 所示。

图 1-3-44 桥上外挂式电缆槽

四、电缆径路标识

电缆径路需设置电缆标桩,用于指示电缆走向。标桩上标识"信号电缆"字样,如图 1-3-45 所示。

图 1-3-45 电缆标桩

第五节 列控地面设备

列车运行控制系统(以下简称列控系统)是根据列车在铁路线路上运行环境和实际情况,对列车运行速度及制动方式等状态进行监督、控制和调整的技术装备。它利用地面设备向运行中的列车传送各种信息,使机车乘务员了解地面线路状态并控制列车速度。

根据线路条件、列车特性、运行速度等运输需求,中国高速铁路主要采用 CTCS-2 级列控系统和 CTCS-3 级列控系统。

CTCS-2 级列控系统是基于轨道电路和应答器传输行车许可信息的列控系统。CTCS-2 级列控系统采用车—地一体化设计,地面可不设通过信号机,机车乘务员凭车载信号行车,其结构如图 1-3-46 所示。

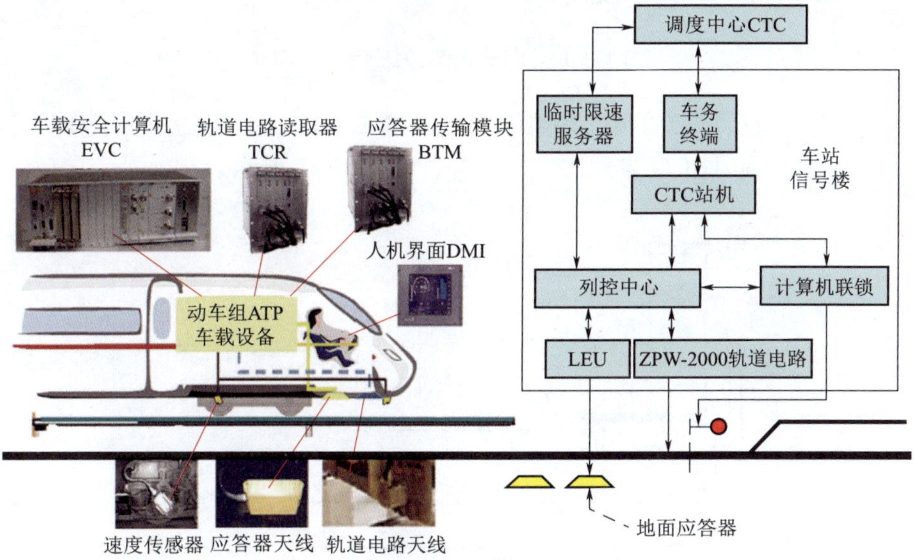

图 1-3-46 CTCS-2 级列控系统结构

CTCS-3 级列控系统是在 CTCS-2 级列控系统的基础上基于无线传输信息并采用轨道电路等方式检查列车占用的列控系统。CTCS-3 级列控系统地面不设通过信号机,机车乘务员凭车载信号行车,其结构如图 1-3-47 所示。

列控系统主要包括列控车载设备和列控地面设备,地面设备又分轨旁和室内设备两部分。本节重点介绍地面设备中的地面电子单元(LEU)和应答器。

一、地面电子单元(LEU)

地面电子单元(LEU)是一种能接收列控中心发送的报文并连续向有源应答器转发,与有源应答器之间接口的设备,用于向有源应答器传输可变信号数据,满足应答器数据传输的需要。当输入通道故障或 LEU 内部有故障时,向应答器发送预先存储的默认报文。一台 LEU 可以同时向 4 台有源应答器发送报文。

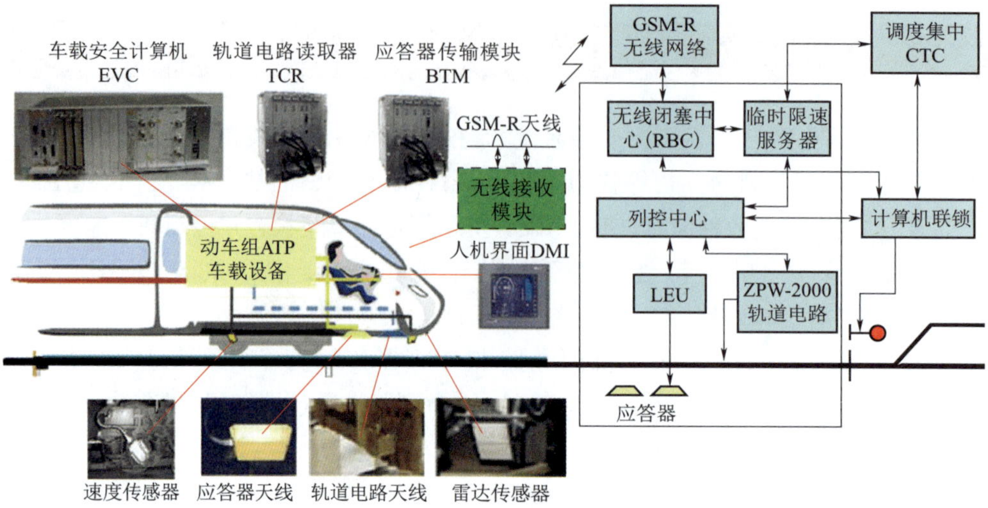

图 1-3-47　CTCS-3 级列控系统结构

当 LEU 与室外有源应答器连接电缆长度超过 2.5 km 时，需通过室外 LEU 实现应答器报文的安全传输。LEU 室外安装于轨旁，如图 1-3-48 所示。

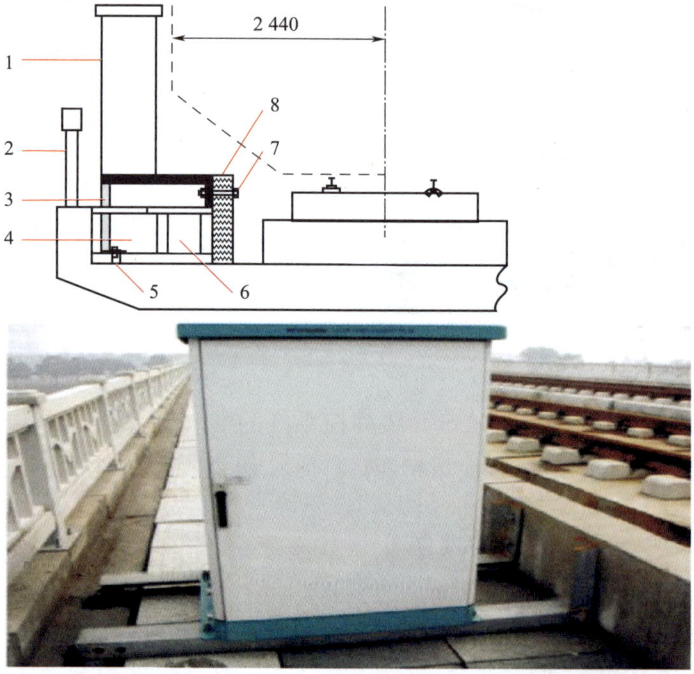

1—室外电子单元设备等；2—护栏；3—基础支架；4—电力电缆槽；
5—化学锚栓；6—通信信号电缆槽；7—螺栓；8—防护墙。

图 1-3-48　室外 LEU 设备箱安装示意(单位：mm)

室外 LEU 设备箱门应远离线路侧，最凸出边缘距所属线路中心不得小于 2 800 mm，特殊地段不得小于 2 440 mm。

二、应答器

随着列车运行速度的不断提高，仅依靠轨道电路发送闭塞信息，在信息量方面已经不能满足列车安全高速行驶的要求，需增加应答器向列控车载设备提供大量固定信息和可变信息。

应答器作为CTCS-2级和CTCS-3级列控系统中车—地信息传输的主要设备，是一种采用电磁感应原理构成的高速点式数据传输设备，用于在特定地点实现地面与列车间的相互通信。当列车经过地面应答器上方时，应答器接收到车载设备接收天线发送的电磁能量后，将能量转换为工作电源，启动电子电路工作，把预先存储或LEU传送的报文循环发送出去，直至电能消失。

（一）应答器的分类

应答器分为无源应答器和有源应答器，如图1-3-49所示。

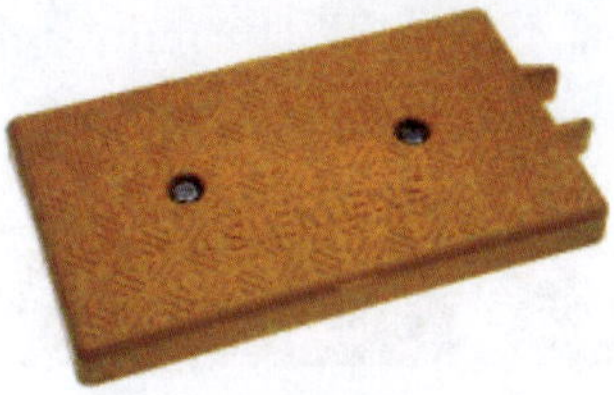

（a）无源应答器

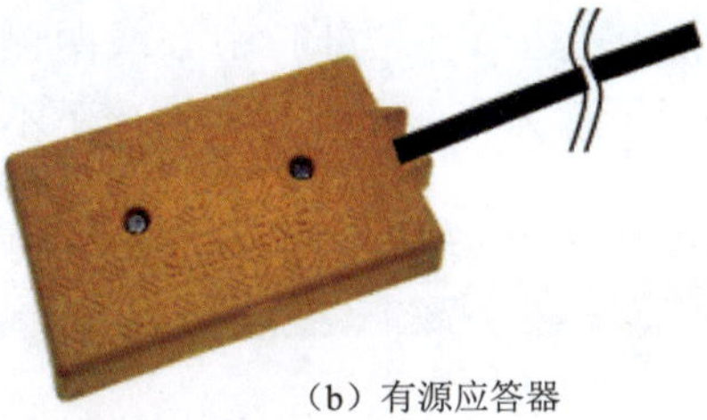

（b）有源应答器

图1-3-49 应答器

1. 无源应答器

无源应答器设于闭塞分区入口和车站进、出站信号机处，为列车提供线路数据、固定限速、分相区、定位、级间转换、公里标、无线闭塞中心切换等固定信息。

2. 有源应答器

有源应答器设置于车站进、出站信号机外方，通过电缆与地面电子单元（LEU）连接，根据LEU传送的报文变化地向列车传送应答器报文信息，主要是进路信息和临时限速信息。当与LEU通信故障时，有源应答器发送自身存储的默认报文。

（二）应答器安装标准

应答器应安装在轨道中间，如图1-3-50所示，其周围无金属体空间位置应符合要求，如图1-3-51所示。

图1-3-50 应答器组安装示意

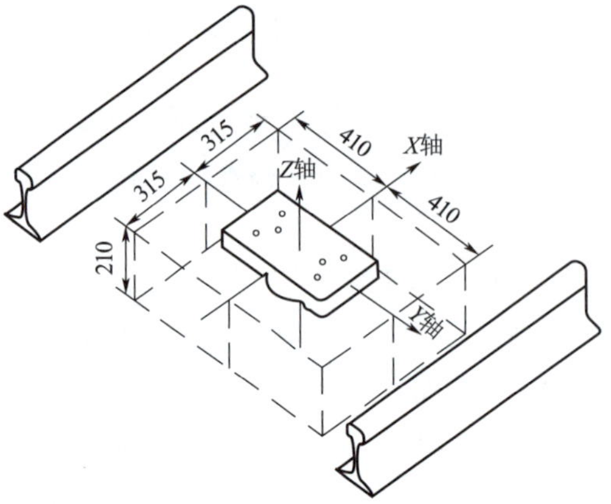

图 1-3-51　应答器安装空间要求(单位:mm)

以应答器参考点为基准,平行于长边(X 轴方向)的中心线两侧无金属距离不应小于 315 mm;平行于短边(Y 轴方向)中心线两侧无金属距离不应小于 410 mm;基准标记点(Z 轴方向)至下部无金属距离正常情况下不应小于 210 mm。

第六节　计算机联锁设备

联锁是指通过技术方法,使信号、道岔和进路必须按照一定程序并满足一定条件,才能动作或建立起来的相互关系。实现联锁关系的设备,称为联锁设备。联锁设备分为集中联锁(计算机联锁和继电联锁)和非集中联锁设备。

计算机联锁是以计算机为主要技术手段实现车站联锁的信号系统。计算机联锁应实现当进路建立后,该进路上的道岔不能转换;当道岔区段有车占用时,该区段的道岔不能转换;列车进路向占用线路上开通时,有关信号机不能开放(引导信号除外)。

安全冗余计算机联锁设备主要包括 DS6-K5B、TYJL-ADX、EI32-JD、iLOCK 等型号。

一、计算机联锁系统基本结构

各种型号的计算机联锁设备其基本结构有一定的差异,但基本原理相同。一般由人机对话层、联锁运算层和执行表示层组成,如图 1-3-52 所示。

(一)人机对话层

人机对话层接收车站值班员或维修人员的操作指令,向联锁运算层传输操作信息,接收联锁运算层输出的反映设备工作状态和行车作业情况的表示信息,其控制台人机对话界面如图 1-3-53 所示。

(二)联锁运算层

联锁运算层是车站计算机联锁系统的核心,它的功能是实现联锁运算。联锁运算层除接收来自人机对话层的操作信息外,还接收来自执行表示层的反映转辙机、信号机和轨道电路等设备状态的信息,然后根据联锁条件,对输入的操作信息和状态信息,以及联锁计算机的当前内部信息进行处理，产生相应的输出信息，即信号控制命令，并由执行表示层的继电接口电路予以执行，最终实现室外设备的动作。

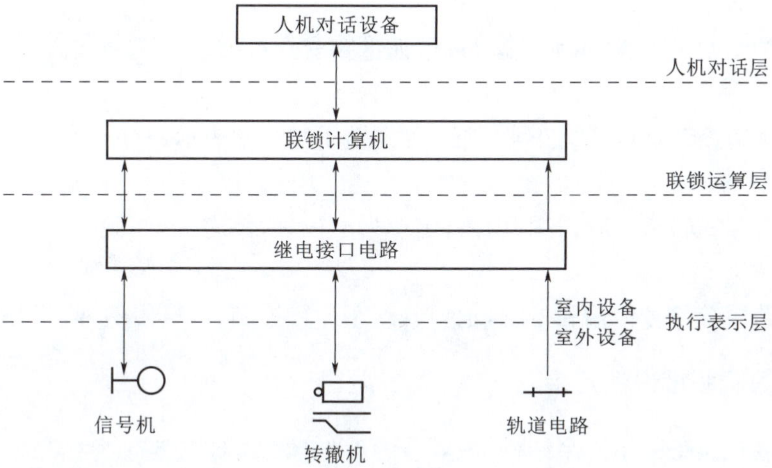

图 1-3-52　计算机联锁设备具体结构

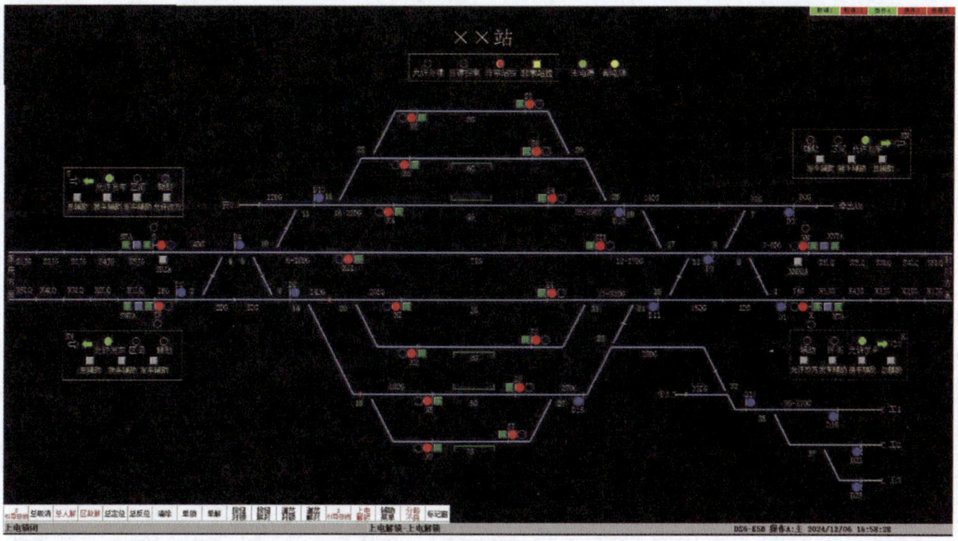

图 1-3-53　计算机联锁系统控制台人机对话界面

(三)执行表示层

执行表示层是联锁运算层与各个监控对象之间的控制电路层，主要接收来自联锁运算层的控制命令，驱动道岔转换，改变信号显示；接收 CTC 设备的操作指令和列控信息，并传递给联锁运算层；向联锁运算层传输信号设备人工操作命令等信息；与操作人员进行人机交互，显示信号机、轨道电路、道岔等设备状态及报警信息，提供各类操作按钮，便于进行单独操纵、进路排列、上电解锁、模式转换等设备操作功能；其他的道岔电流显示、计数器等辅助功能。

(四)室外设备

室外设备主要包含信号机、转辙机、轨道电路、信号传输线路等。

1. 信 号 机

用于防护车站进路、指示列车运行、保证进路安全可靠。

2. 转 辙 机

用于实现道岔转辙设备的正常转换、可靠锁闭和正常表示。

3. 轨道电路

用于监督检查轨道区段占用、出清,定位列车位置,传递行车信息。

4. 信号传输线路

用于铁路系统信号传输和控制,承担着列车运行控制、信号传递、监测等作用。

二、计算机联锁设备冗余

计算机联锁设备采用冗余结构,主要分为 2×2 取 2、双机热备等型式。

(一)2×2 取 2 型计算机联锁设备

2×2 取 2 型计算机联锁设备结构如图 1-3-54 所示,其采用安全冗余结构,共利用了 4 个 CPU,双系处于热备状态,以主从方式并行运行。两系之间通过并行接口建立高速通道交换信息,实现双系的同步和切换。

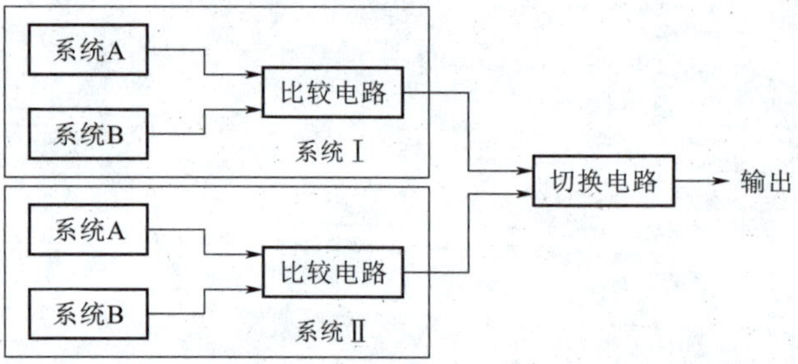

图 1-3-54　2×2 取 2 型计算机联锁设备结构

每台计算机由双 CPU 分别运算,结果比较一致后,才作为该计算机的输出。运行期间,一套联锁机作为主机运行,另一套则作为备机运行。两套联锁机同时接收上位机发送来的控制命令及两套采集电路所采集的站场设备状态,并进行联锁运算,产生相应的控制命令。两套驱动电路接收联锁机的控制命令,但最终根据主用联锁机的控制命令控制自己的动态驱动电路产生输出,进而控制继电器动作。

当主机故障时,处于同步状态的备机应自动升为主机,继续工作,并将所产生的有效运算结果对外输出。

(二)双机热备型计算机联锁设备

双机热备型计算机联锁设备结构如图 1-3-55 所示,其主、备机输入相同的信息,两机同时独立运行相同的程序,定期同步,主机经输出口输出。两台联锁机互为主、备机,可以人工或自动方式相互切换。

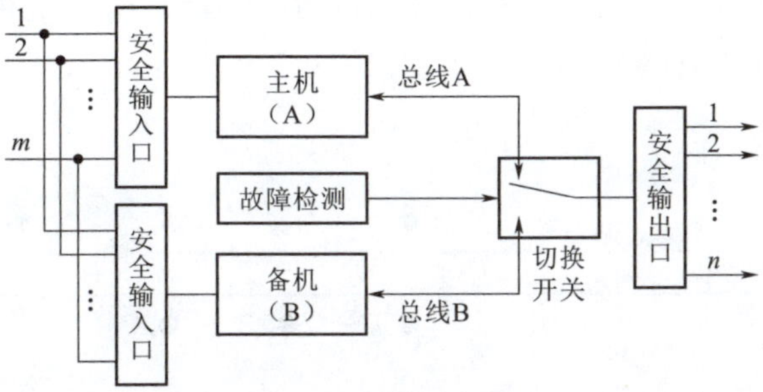

图 1-3-55 双机热备型计算机联锁设备结构

设备正常工作时，切换手柄（复位按钮）应处在"自动"位置，备机与主机处于同步工作状态。在主机自动切换至备机的过程中，不应影响系统的正常工作。

第七节 闭塞设备

区间是指两个车站（或线路所）之间的铁路线路。根据区间线路的数目，分为单线区间、双线区间及多线区间。为了保证行车安全和提高运输效率，站间区间或所间区间按轨道电路区段间的绝缘节（电气绝缘或机械绝缘节）划分为若干个小区间，称为闭塞分区。

车站向区间发车时，必须确认区间（闭塞分区）无车，在单线区间还必须防止两站同时向一个区间发车。按照一定的技术方法组织列车在区间的运行，一般称为行车闭塞法，简称闭塞。用以完成闭塞作用的设备称为闭塞设备。

目前，我国铁路采用的行车闭塞法主要有半自动闭塞、自动站间闭塞和自动闭塞。一般在单线区段采用半自动闭塞，双线区段采用自动闭塞、自动站间闭塞。

半自动闭塞由人工办理闭塞手续，列车凭出站信号机的允许信号显示出发，出站信号机在列车出发后自动关闭，列车到达接车站经人工确认整列到达后办理到达复原，解除闭塞。

自动站间闭塞是在随着发车进路的建立自动构成站间闭塞状态，列车凭出站信号显示进入发车进路及区间，待列车出清区间后自动解除闭塞的闭塞方式。

自动闭塞是在列车运行过程中自动完成闭塞作用的自动控制设备。在闭塞分区的入口处装设通过信号机（闭塞分区信号标志牌），用以防护该闭塞分区。闭塞分区内装设轨道电路，根据列车运行及有关闭塞分区的状态控制列车运行。

本节主要介绍自动闭塞及其设备。

一、自动闭塞

根据技术上的特征，从区间信号机显示制式方面，自动闭塞可分为三显示自动闭塞和四显示自动闭塞，目前主要应用的是四显示自动闭塞。

三显示自动闭塞的通过信号机具有三种显示，能预告列车运行前方两个闭塞分区的状态，其示意如图 1-3-56 所示（1、3、5、7、9 和 2、4、6、8、10 信号机均为通过信号机）。当通过信号机所防护的闭塞分区被列车占用时，显示红灯；运行前方仅有一个闭塞分区空闲时，显示黄灯；运行前方有两个及以上的闭塞分区空闲时，显示绿灯。

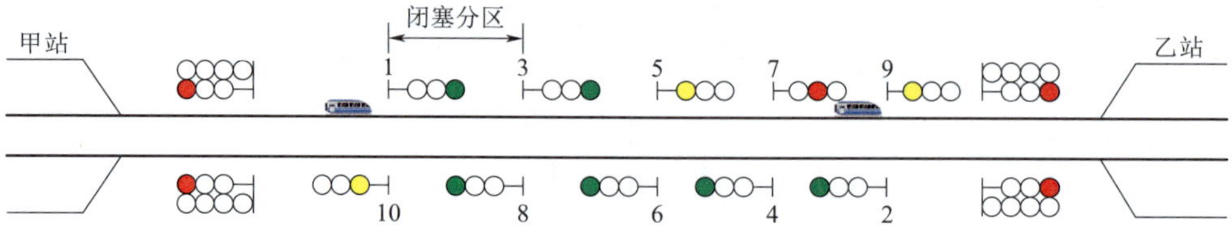

图 1-3-56　三显示自动闭塞示意

四显示自动闭塞是在三显示自动闭塞的基础上增加了一种绿黄显示，如图 1-3-57 所示。

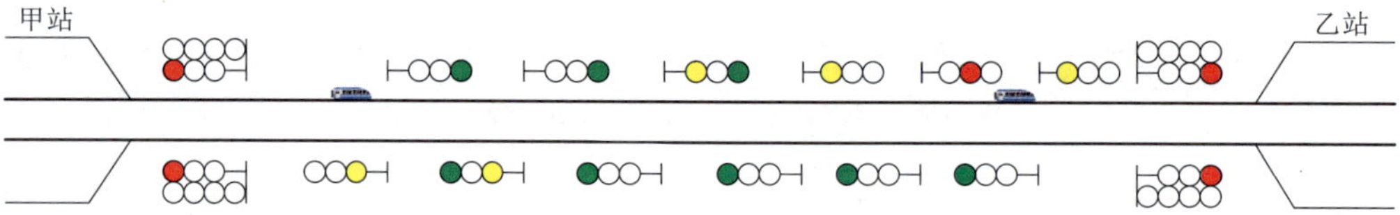

图 1-3-57　四显示自动闭塞示意

四显示自动闭塞能预告列车运行前方三个闭塞分区的状态。当通过信号机所防护的闭塞分区被列车占用时，显示红灯；运行前方仅有一个闭塞分区空闲时，显示黄灯；运行前方有两个闭塞分区空闲时，显示绿黄灯；运行前方有三个及以上的闭塞分区空闲时，显示绿灯。

二、自动闭塞设备

移频自动闭塞用钢轨作为传输通道，以移频信号的形式传送低频控制信息，使相应的通过信号机或机车信号显示不同的信号，指示列车运行。

目前我国铁路使用最多的是 ZPW-2000 系列移频自动闭塞。ZPW-2000 系列无绝缘移频自动闭塞采用较高频率的载频，根据我国国情，将每种载频区分为-1、-2 两种类型，防止相邻轨道电路及上下行轨道电路间的相互干扰，其载频配置情况为：上行线按 2000-1、2600-1、2000-2、2600-2、2000-1 交替配置，下行线按 1700-1、2300-1、1700-2、2300-2、1700-1 交替配置，其频偏均为 11 Hz，如图 1-3-58 所示。为满足列车速度控制多信息的需要，其调制低频共配置 18 种，使用含义见表 1-3-2。

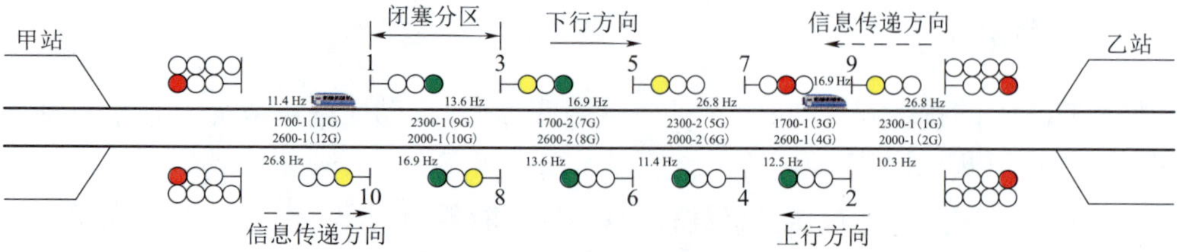

图 1-3-58　ZPW-2000 系列无绝缘移频载频配置示意

表 1-3-2　ZPW-2000 低频信息含义

序　号	1	2	3	4	5	6	7	8	9
频率/Hz	10.3	11.4	12.5	13.6	14.7	15.8	16.9	18.0	19.1
信息名称	L3 码	L 码	L2 码	LU 码	U2 码	预留	U 码	UU 码	UUS 码
机车信号显示	L	L	L	LU	U2	—	U	UU	UUS
序　号	10	11	12	13	14	15	16	17	18
频率/Hz	20.2	21.3	22.4	23.5	24.6	25.7	26.8	27.9	29.0
信息名称	U2S 码	L5 码	预留	L4 码	HB 码	SP 码	HU 码	JC 码	H 码
机车信号显示	U2S	L	—	L	HUS	—	HU	B 或 H	H

第八节　铁路信号技术发展展望

铁路信号技术呈现多维度的发展态势，涵盖技术创新、功能提升、智能化发展，以及与其他系统的协同融合等方面，旨在适应铁路运输不断增长的需求，保障铁路运营的高效、安全与可靠。

一、智能监测与诊断

(1)实时数据采集。通过在信号设备关键部位安装大量高精度传感器，如温度传感器、振动传感器、电流传感器等，实时采集设备的运行状态数据。例如，轨道电路的电压、电流变化，信号机的发光强度和闪烁频率等数据都能被及时获取，为后续的分析和诊断提供数据基础。

(2)智能分析与预警。利用大数据分析和人工智能技术，对采集到的海量数据进行深度分析。建立设备运行的模型和算法，能够自动识别数据中的异常模式和趋势，预测设备可能出现的故障。当检测到异常时，系统会立即发出预警信息，通知维护人员及时处理，避免故障的发生或扩大，提高设备的运行可靠性和智能化诊断能力。

(3)远程监控与管理。借助先进的通信技术，实现对铁路信号设备的远程监控和管理。维护人员可以在控制中心通过网络实时查看设备的运行状态、参数等信息，远程进行设备的调试、配置和维护操作，提高维护效率和响应速度，降低维护成本。

二、智能控制与协同

(1)信号系统的自动化控制。铁路信号系统将实现更高程度的自动化控制。例如，列车的进路控制、信号显示等操作将根据预设的规则和算法自动进行，无须人工干预。通过与列车的车载控制系统进行实时通信，根据列车的位置、速度等信息自动生成列车运行许可，实现列车的高效、安全运行。

(2)多系统协同工作。铁路信号设备将与其他铁路系统紧密协同工作，如列车控制系统、供电系统、通信系统等实现更紧密的协同工作。各系统之间能够实时交换信息，实现信息的共享和协同决策。例如，在列车运行过程中，信号系统根据供电系统的供电状态和列车能耗需求，协同调整列车的运行速度和信号显示，提高铁路运输的整体效率和安全性。

(3)列车自动驾驶(ATO)技术。铁路信号系统将实现列车无人驾驶的自动化控制。未来的ATO系统会采用更先进的智能算法，能够对列车运行数据进行深度挖掘，不断优化列车的加速、减速曲线，可以根据列车所处的线路条件、运行时间等多种因素，实时生成最优的运行策略。

三、高精度定位与5G应用

(1)多技术融合的定位。采用多种定位技术融合的方式，提高列车的定位精度。例如，将卫星定位、惯性导航、轨道电路定位、应答器定位等技术相结合，利用数据融合算法对不同定位技术的结果进行综合处理，消除单一技术的误差和局限性，实现列车的高精度定位。

(2)加强5G技术在信号系统的推广应用。未来会采用更先进的通信技术，如5G-R(铁路专用5G)技术，实现列车与地面控制中心之间大容量、低时延的数据传输。这将使地面控制中心能够更及时地向列车发送调度指令、线路信息等，列车也能够实时反馈自身的运行状态。例如，在列车高速运行过程中，5G-R技术可以确保列控系统接收并处理信号系统传来的进路信息、限速信息等，为列车的精准自动驾驶提供有力支持。

四、智能运维与管理

(1)设备全寿命。建立铁路信号设备的全寿命周期管理系统，对设备的设计、制造、安装、调试、运行、维护、报废等各个阶段进行全面的管理和监控。通过对设备全寿命周期数据的分析，优化设备的选型、维护策略和更新计划，提高设备的使用寿命，保持设备安全稳定运行。

(2)维护决策智能化。根据设备的监测数据和故障预测结果，制订智能的维护决策。系统能够自动判断设备的维护需求和优先级，安排维护人员进行有针对性的维护工作。同时，还可以根据设备的使用情况和维护历史，优化维护计划和维护周期，提高维护效率和质量。

(3)器材管理科学化。利用物联网技术和大数据分析技术，实现对设备的智能化管理。对设备的库存、使用情况、寿命等信息进行实时监控和分析，根据设备的维护需求，自动预测设备的需求，及时进行设备的采购和补充，确保设备的供应充足，降低设备库存成本。

五、安全保障升级

随着铁路信号设备的智能化和信息化程度不断提高，网络安全问题日益突出。未来将加强铁路信号系统的网络安全防护，采用加密技术、身份认证技术、访问控制技术等，防止黑客攻击、信息泄露和系统故障，确保信号系统的安全稳定运行。

复习思考题

1. 简述道岔转辙设备的作用及类型。
2. 简述轨道电路的作用。
3. 简述信号机的显示意义。
4. 信号传输线路在铁路信号专业中起什么作用？
5. 列控地面设备由什么组成？什么是 CTCS-2、CTCS-3 级列控系统？
6. 计算机联锁设备的作用是什么？能控制室外哪些信号设备？
7. 什么是闭塞？

第四章

铁 路 通 信

铁路通信设备设施是为了传送相关信息、提供铁路通信业务而建设运用的通信技术装备的总称，属于铁路的基础设施。铁路通信是保障铁路运输安全、提高效率的重要工具，用以准确、及时、可靠地传输相关信息，满足铁路运输生产和经营管理需要。铁路通信设备设施主要包括通信线路、传输网、时钟及时间同步、数据通信网、数字移动通信、列车无线调度通信、电话交换、调度通信、会议通信、电报通信、应急通信、综合视频监控等。铁路通信提供的业务主要包括语音通信（自动电话、调度电话等）、图像通信（电视电话会议、视频监控等）、专线电路（含光纤）、数据通信（网络接入等）、铁路电报等。通常在铁路枢纽设通信站，在铁路沿线车站设通信机房，在沿线区间设置相关通信设备设施；通信终端分布在各固定岗位、列车、移动作业组、监测点，为各专业提供触手可及的通信服务。铁路通信具有全程全网、高可靠、广覆盖、多业务、技术快速迭代等特点。本章主要介绍铁路通信设备设施的基本知识，包括通信线路、数字移动通信设备、综合视频监控、隧道应急通信的基本概念、结构、组成与功能。

学习目标

1. 知识目标

（1）了解通信线路的主要结构类型及附属设施。

（2）了解铁路数字移动通信系统、基站、光纤直放站的基本功能和组成。

（3）熟悉通信漏泄电缆、天馈线、铁塔等设施，熟练使用隧道应急电话。

2. 素质目标

（1）通过对铁路通信主要设备知识的学习，具备在工作中辨识相应设备及用途的能力。

（2）提高安全意识，树立安全第一的思想，养成严谨的工作态度和高度的责任心。

（3）增强团队合作精神和沟通协调能力，能够在铁路基础设施维护作业中发挥作用。

（4）培养持续学习的习惯，跟踪铁路通信技术的发展动态。

第一节　通信线路

通信线路是为信息传送提供最底层（物理层）的传输媒介，是通信网络的基础，通信线路的质量决定着铁路通信网络的性能。通信线路主要包括通信光缆、通信电缆、架空明线及附属设施。目前铁路通信以光缆为主，随着“光进铜退”，通信电缆日趋萎缩，架空明线逐步淘汰。通信光、电缆线路的敷设方式有直埋、管道、槽道、架空等。高速铁路和新建普速铁路多采用槽道敷设方式，光、电缆敷设在铁路线路两侧的预制电缆槽内，引下或引入通信机房、信号中继站等业务站点时多采用钢槽或水泥槽防护，也有部分利用管道敷设；管道敷设与钢槽或水泥槽方式相比，更便于后期维护。为了防止同径路通信光、电缆因外界施工导致同时中断，两条及以上光缆敷设通常采用不同的物理路由，宜在线路两侧。利用通信光缆线路可将分布在不同处所的通信设备连接起来，构成完整、灵活、可靠的铁路通信承载网，为各种信息提供安全畅通、稳定可靠的传输通道。

一、光　　缆

光缆是光信号的传输媒介，目前光缆主要承载传输网、数据通信网、数字移动通信、综合视频监控、调度通信、会议通信等网络和系统。通信光缆由缆芯、护层和加强构件组成。缆芯是指光缆内的光纤，是一种传输光信号的细长透明玻璃纤维。护层对已成缆的光纤芯线起保护作用，避免受外界机械力和环境损坏。加强构件主要承受敷设安装时所加的外力。光缆如图 1-4-1 所示。

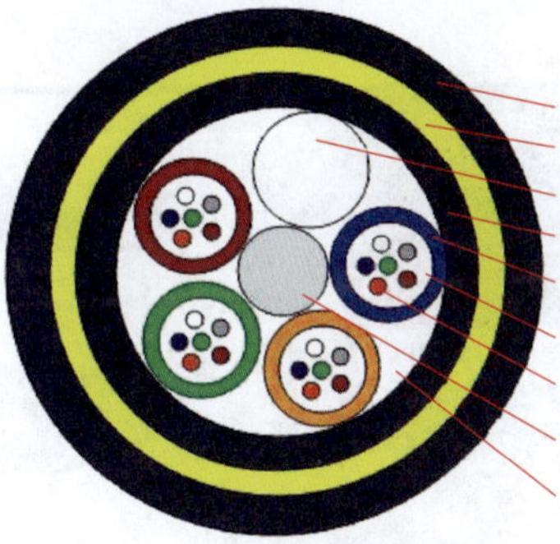

（a）光缆截面示意

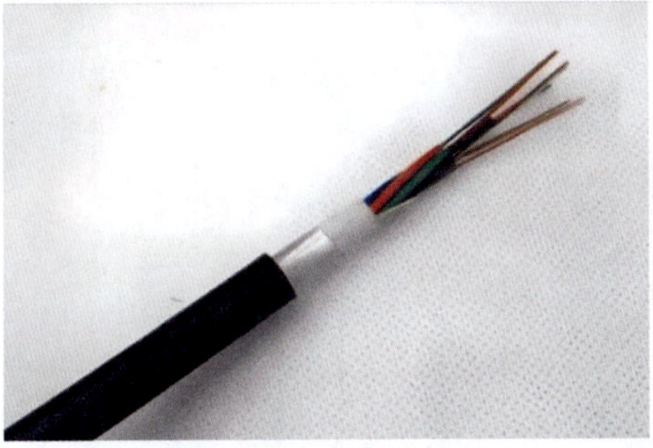

（b）光缆实物

图 1-4-1　光缆

二、电　　缆

电缆是电信号的传输媒介，承载电话、传真、数据、无线电波等电信号。铁路目前在用通信电缆有市内通信电缆（对绞电缆）、长途通信电缆（星绞电缆）、无线通信用射频同轴电缆等，其中漏泄同轴电缆是外导体不完全封闭的射频同轴电缆。常见通信电缆如图 1-4-2 所示。

三、附属设施

通信线路的附属设施主要包括线路标桩、宣传警示牌、光电缆槽道、人孔（井）、引入间。

（一）线路标桩

线路标桩主要起指示光电缆线路的径路走向、转角、过沟过道、接头、余留位置等作用，可帮助维护人员确定光缆径路位置，也提示其他人员注意避免挖伤损坏通信线路。通信光电缆标桩示意、光电缆线路标桩安装效果分别如图 1-4-3 和图 1-4-4 所示。

（a）市内通信电缆

（b）4×4长途通信电缆

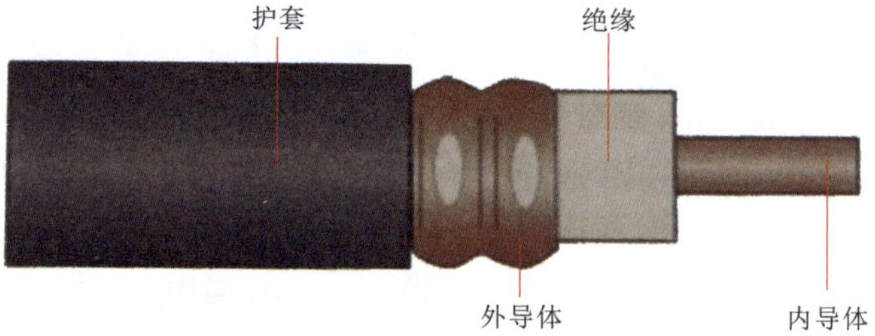

（c）漏泄同轴电缆

图 1-4-2　常见通信电缆

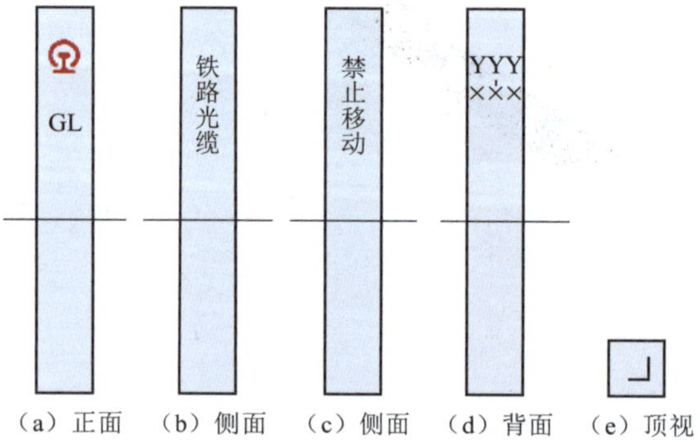

（a）正面　（b）侧面　（c）侧面　（d）背面　（e）顶视

图 1-4-3　通信光电缆标桩示意

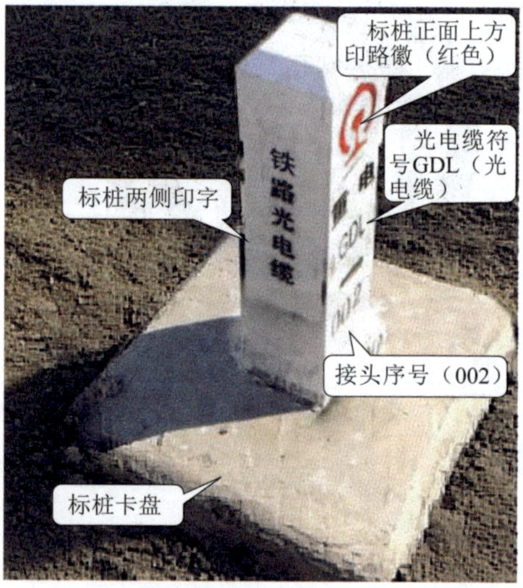

图 1-4-4　光电缆线路标桩安装效果

光电缆标桩符号见表 1-4-1。

表 1-4-1　光电缆标桩符号

序　号	标　　志	符　　号	备　　注
1	光缆	GL	光缆径路的标石，正面喷 GL
2	电缆	DL	电缆径路的标石，正面喷 DL

续表

序 号	标 志	符 号	备 注
3	光电缆	GDL	光电缆同一径路时，在标石正面喷 GDL
4	标石两侧	铁路光(电)缆;禁止移动	
5	光电缆直通	—	喷于顶部
6	光电缆预留	Ω	喷于顶部
7	光电缆过轨、拐弯	┘	喷于顶部
8	光电缆分歧	┴	喷于顶部
9	光电缆接头	→←	喷于顶部
10	光电缆上、下坡	╱‾ ‾╲	喷于编号下方
11	光缆接头	YYY-×××	YYY—为管内区间编号，从上行到下行 ×××—为接头号
12	电缆接头	YYY-×××	YYY—为管内区间编号，从上行至下行 ×××—为接头号

(二)光电缆槽道、人孔(井)、引入间

高速铁路全线预设光电缆槽道，设置人孔(井)、引入间等，便于光电缆敷设、日常维护，同时对光电缆起保护作用。通信光缆与信号电缆同槽道敷设时应保持相互独立，避免相互交叉挤压。光电缆槽道、光电缆引上引下槽道、人井内光缆盘留、光缆引入间分别如图 1-4-5～图 1-4-8 所示。

(a)

(b)

图 1-4-5 光电缆槽道

图 1-4-6　光电缆引上引下槽道

图 1-4-7　人井内光缆盘留

图 1-4-8　光缆引入间

第二节　铁路数字移动通信系统

铁路数字移动通信系统(global system for mobile communication-railway，GSM-R)是铁路通信专用的数字移动通信系统，基于 GSM 技术，针对铁路通信列车调度、CTCS-3

级列控、列车高速运行等特点，并结合铁路移动通信不同于公网的特殊需求（组呼、优先级、强拆等），为用户提供无线列调、编组调车通信、应急通信、养护维修组通信等语音通信功能，以及无线车次号校核、调度命令传送、列控信息传送等数据传送功能，在铁路运输生产中发挥着重要作用。

GSM-R 由全网共用设备、核心网设备、无线网设备和移动通信终端设备组成，其中 GSM-R 全网共用设备采用异地（北京、武汉）主备冗余设置，主要承担各铁路局间信令转接、中继话路转接、全路 GSM-R 用户管理，实现功能寻址、基于位置寻址铁路特定业务等功能，为全路 GSM-R 网络提供服务。各铁路局集团公司设 GSM-R 核心网设备和无线网设备，主要承载车—地之间的点对点呼叫（如调度员与机车乘务员的语音通话）、组呼（如 299 组呼等，可由特定用户利用特定号码同时呼叫预先设定好的范围内的群体用户）、CTCS-3 级列控系统数据传送、机车同步操控数据传送，承载车—地之间的无线车次号校核、进路预告与调度命令无线传送等分组域业务。

无线网设备包括基站控制器（BSC）、分组控制单元（PCU）、码型变换和速率适配单元（TRAU）、基站（BTS）、光纤直放站、漏泄电缆、天馈系统、杆（塔）等，如图 1-4-9 所示。其中，BSC 一般设置在各枢纽通信机房，BTS（基站收发信机）设置在铁路沿线各通信机房。

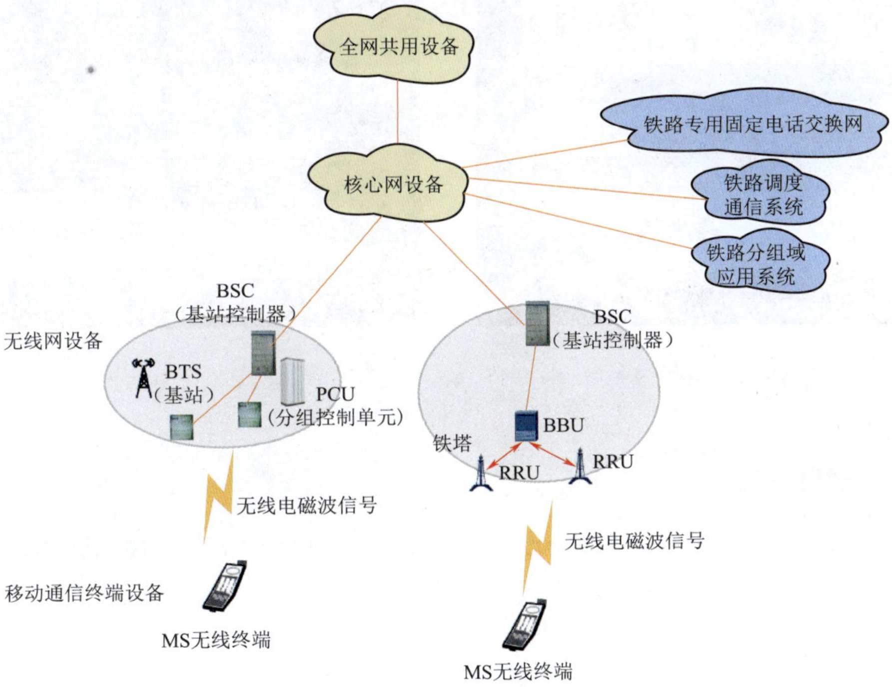

图 1-4-9　GSM-R 无线网设备示意

一、基　　站

基站（BTS）由基站控制器（BSC）控制，是服务于一定区域范围内的无线收发信设备，沿铁路线路设置，实现基站和移动台之间通过空中接口的无线传输及相关的控制功能。目前常用的基站设备主要是宏基站和分布式基站。与传统基站相比，分布式基站的特点是将传统基站的基带处理功能独立成一个独立单元 BBU，将射频处理功能独立成一个独立单元 RRU。BBU 和 RRU 之间通过光纤直连，采用通用公共无线接口(CPRI)协议进行通信，因此二者可以独立安装，并且一个 BBU 可以下挂多个 RRU，便于扩大基站覆盖范围。宏基站和分布式基站分别如图 1-4-10 和图 1-4-11 所示。

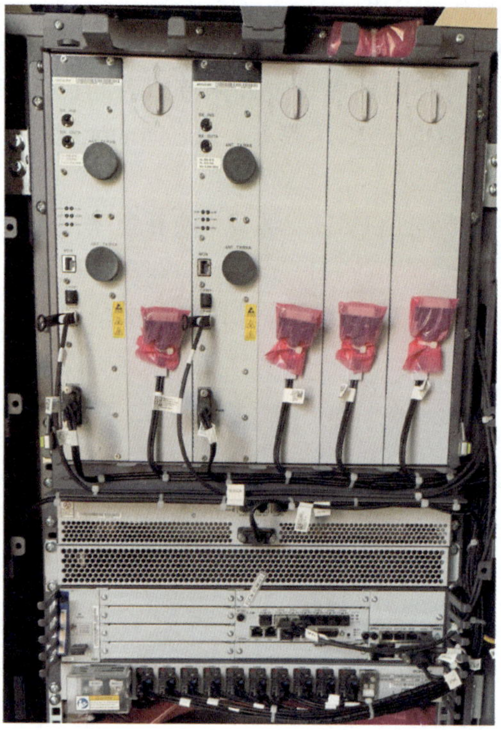

图 1-4-10　宏基站

图 1-4-11　分布式基站

二、光纤直放站

光纤直放站主要用于中继传输基站射频信号、延伸通信覆盖区域。铁路当前使用的光纤直放站主要分为模拟光纤直放站和数字光纤直放站两种。模拟光纤直放站由近端机、光纤、远端机等组成。近端机和远端机主要包括射频单元、光单元和控制单元等。光纤直放站近端机将基站射频输出信号转化成光信号，采用光纤中继传输方式送至特定的覆盖区域，再通过远端机转换成原有的射频信号发射出去。数字光纤直放站与模拟光纤直放站类似，区别是其近端机与远端机之间的信号传输采用了数字编码技术，因此具有良好的时延调整功能，便于控制同一近端机所属远端机之间的同频干扰。

光纤直放站远端机主要安装在区间直放站机房内或隧道洞室内，通过漏泄电缆或天线进行信号覆盖，通过光缆以链状结构与近端机相连接。光纤直放站如图 1-4-12 所示。

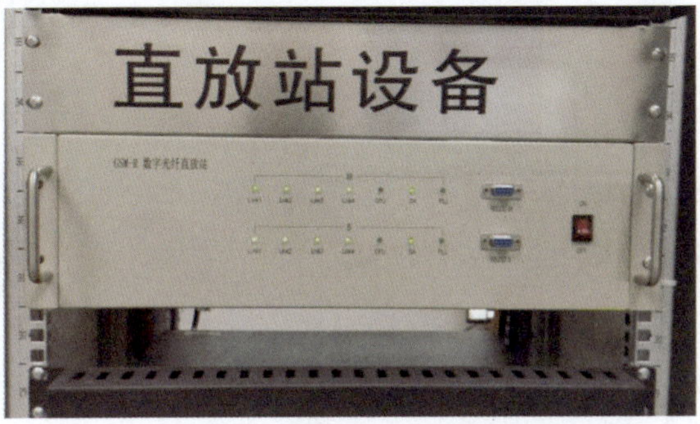

（a）近端机

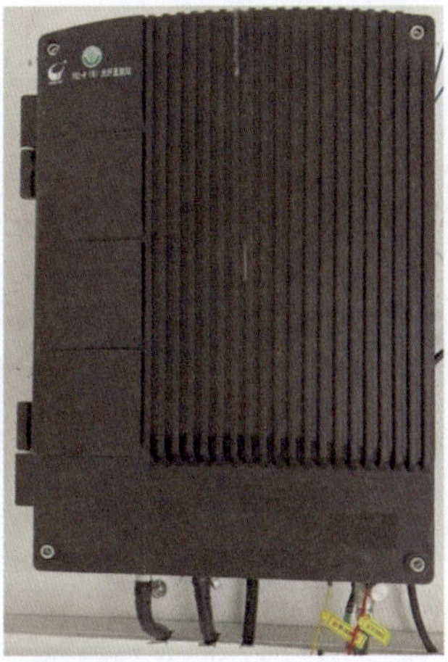

（b）远端机

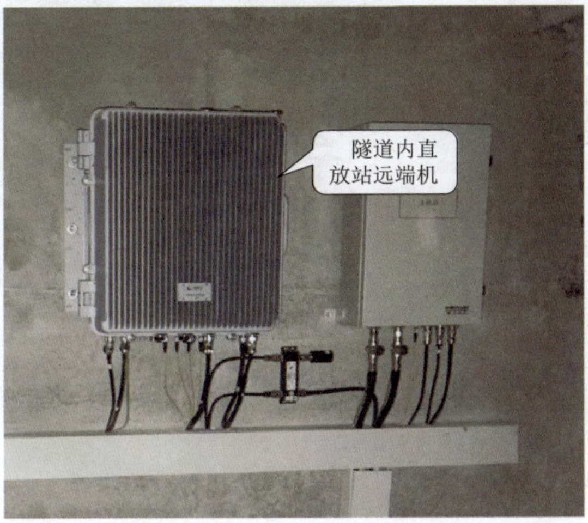

（c）隧道内直放站远端机

图 1-4-12　光纤直放站

三、天馈系统

天馈系统是移动通信系统的重要组成部分，其主要作用是将移动通信设备（如基站、直放站远端机）射频信号向空中传输，实现铁路站场及沿线工作区域的无线信号覆盖。天馈系统主要包括天线、馈线、跳线、接头、防雷单元、漏泄电缆等。基站天馈系统示意如图 1-4-13 所示。

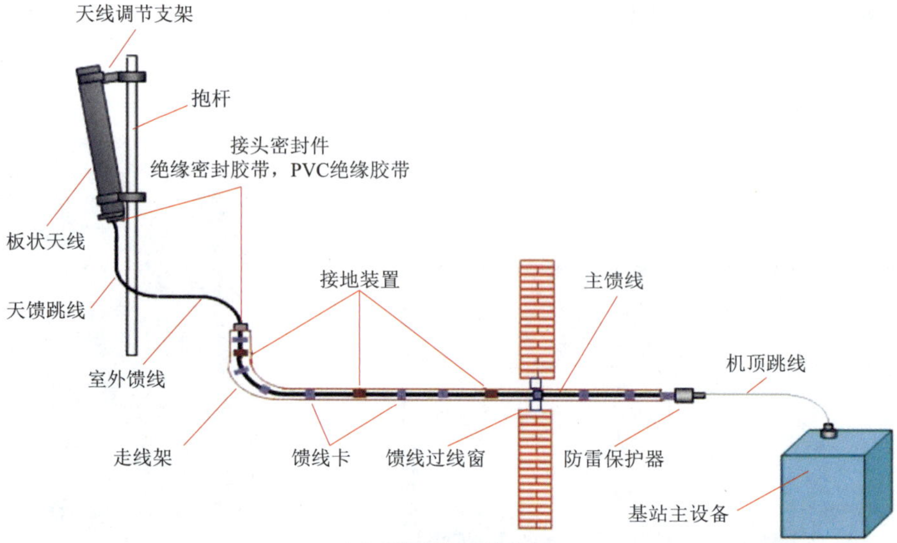

（a）基站天馈系统示意

（b）天馈线引入机房

图 1-4-13　基站天馈系统

(一)天　线

天线是天馈系统的主要部分，它是移动通信中用来发射和接收电磁波的部件，GSM-R网络通常使用板状天线。天线通常安装在铁塔、电杆、站房顶部支架及隧道口等处，通过一定的安装高度保障其电磁波的有效辐射距离。板状天线如图 1-4-14 所示。

(二)馈　线

馈线是移动通信设备与天线或漏泄电缆之间连接的同轴电缆线，其主要功能是传输射频信号，如图 1-4-15 所示。

(三)漏泄电缆

漏泄电缆既具有信号传输作用，又具有天线功能，通过控制同轴电缆外导体开口的大小和角度，可接收、辐射电磁波，实现电磁场的覆盖。

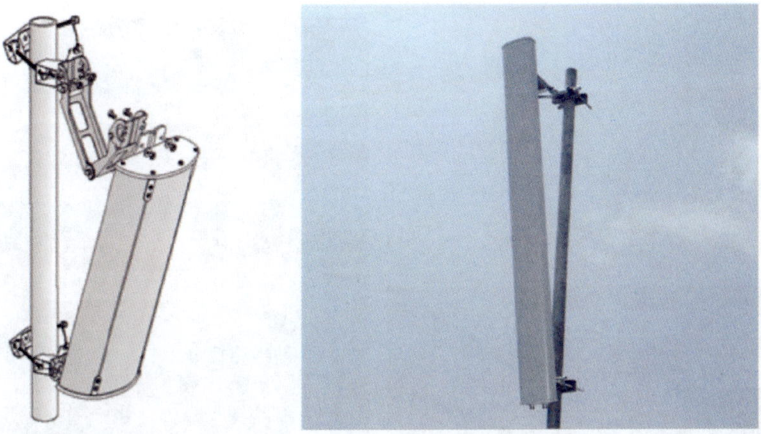

（a）示意　　（b）实物

图 1-4-14　板状天线

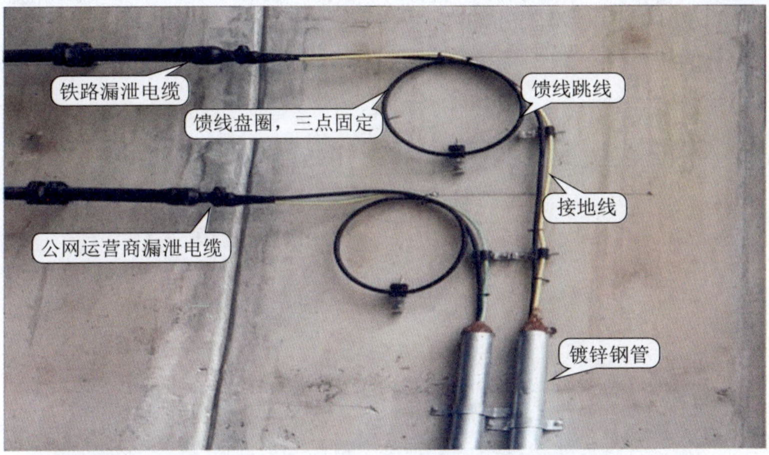

图 1-4-15　漏泄电缆馈线

铁路漏泄电缆安装在隧道内距轨面 4.5～4.8 m 处，一般每 1 m 设置一个卡具固定，每 10 m 设置一个防火卡具。铁路沿线隧道内还设有公网运营商（中国移动、中国联通、中国电信等）布设的漏泄电缆，除安装高度低于铁路漏泄电缆外，其安装方式与铁路漏泄电缆一样。隧道外使用漏泄电缆时一般采用 H 型钢柱或水泥杆进行吊挂。隧道内外漏泄电缆安装如图 1-4-16 所示。

四、杆(塔)设施

通信杆（塔）是铁路通信重要的配套设施，铁路通信铁塔的主要功能是安装天线，其高度根据地形和覆盖范围由设计明确。铁路通信常用铁塔包括四柱钢管塔、四柱角钢塔、单管塔、单元组合塔等。四柱钢管塔、单管塔、单元组合塔分别如图 1-4-17～图 1-4-19 所示。

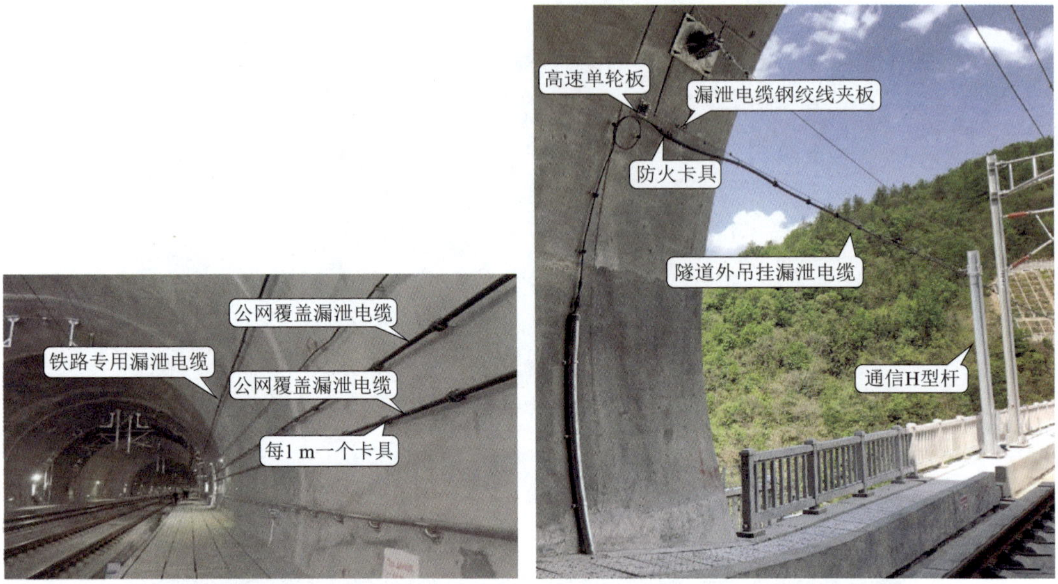

（a）隧道内漏泄电缆安装　　（b）隧道外漏泄电缆安装

图 1-4-16　隧道内外漏泄电缆

图 1-4-17　四柱钢管塔

图 1-4-18 单管塔

图 1-4-19 单元组合塔

五、GSM-R 手持终端

GSM-R 手持终端指在 GSM-R 网络中能实现或获得业务服务的手持移动设备，主要由主机（含显示屏、键盘、天线、麦克风和扬声器）、电池、充电器、外置耳机麦克风等组成，分为通用手持终端（以下简称 GPH）和作业手持终端（以下简称 OPH）。GPH 主要用于铁路各类管理人员、与铁路业务相关人员的话音和数据通信。OPH 支持调度通信业务，主要用于列车、车站、编组场、沿线区间及其他铁路作业区的各工种工作人员的话音和数据通信。手持终端如图 1-4-20 所示。

（a）GPH

（b）OPH

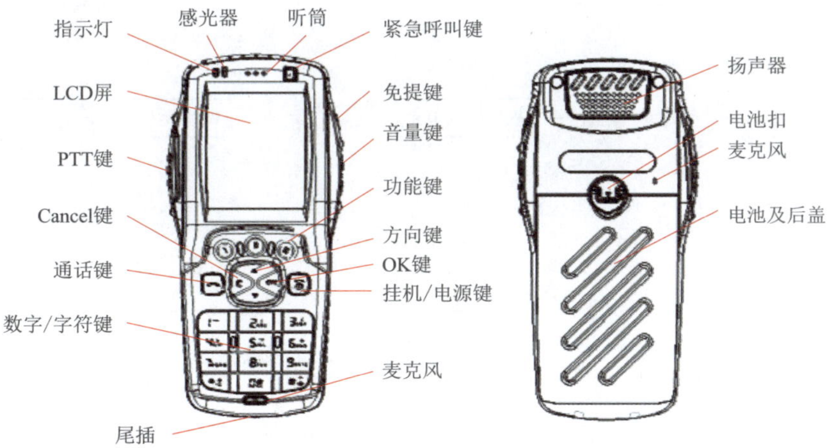

（c）OPH面板布局示意

图 1-4-20 手持终端

第三节　铁路综合视频监控系统

铁路综合视频监控系统(以下简称综合视频监控系统)是由综合应用音视频监控、通信、计算机网络、系统集成等技术构建的具有音视频数据采集、传输、交换、控制、显示、存储、处理功能的监控系统,为铁路各业务部门,包括调度、车务、客运、机务、工务、电务、车辆、公安等,提供统一共享的视频监控平台,实现四电院落及机房等重点目标、车站咽喉区、公跨铁立交桥、桥梁救援疏散通道、隧道口、正线与联络线结合处、车站等重点处所的实时视频监控、图像存储、历史图像查询等功能。

综合视频监控系统采用多级联网、分布式管理,有效降低了视频流对承载网络的压力。该系统由视频节点(包括视频核心节点、视频区域节点、视频接入节点)、前端设备(包括摄像机、NVR网络视频录像机等)、视频终端(包括管理终端、用户终端)和网络组成。视频核心节点、视频区域节点、视频接入节点宜支持视频云计算、云存储,实现对计算资源、存储资源、网络资源的统一利用与统一管理。综合视频监控系统逻辑结构如图1-4-21所示。

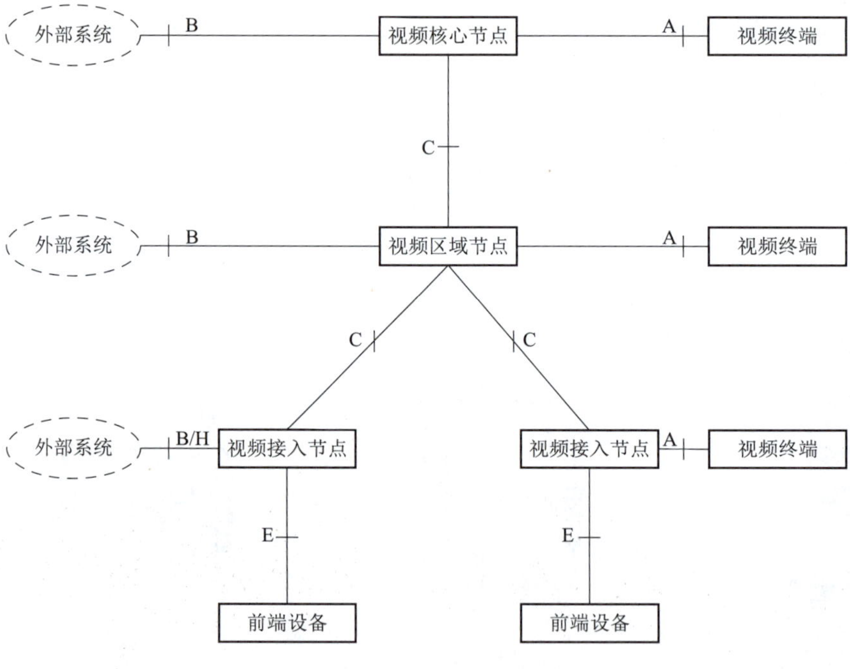

图1-4-21　综合视频监控系统逻辑结构

综合视频监控系统视频采集点设备(前端设备),包括摄像机、镜头及与之配套的云台、防护罩、室外设备控制箱、视频杆(塔)等附属设备。视频节点设备包括服务器、存储设备、解码设备等。视频采集点设备主要完成前端音视频信息处理。前端设备布署在沿线车站咽喉区、公跨铁立交桥、隧道口、铁路桥应急逃生通道口、通信铁塔、四电机房院落及车站站内重点区域等地点，实现对现场环境的视频监控。各采集点监控视频示例及铁路线路前端设备如图 1-4-22 所示。

（a）线路监控

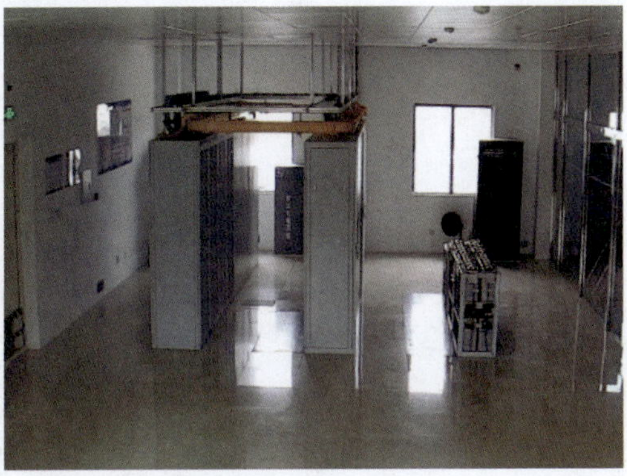

（b）机房监控

（c）隧道口灾害监控

（d）铁路桥应急逃生通道口监控

（e）车站出入口监控

（f）车站候车大厅监控

（g）铁路线路前端设备

图 1-4-22　各采集点监控图像示例及铁路线路前端设备

一、摄 像 机

摄像机负责采集现场的图像信息，随着技术的发展，现在大多数视频监控系统采用网络摄像机。摄像机按外形可分为枪型摄像机、半球摄像机、一体化摄像机、球型摄像机等，如图 1-4-23 所示。

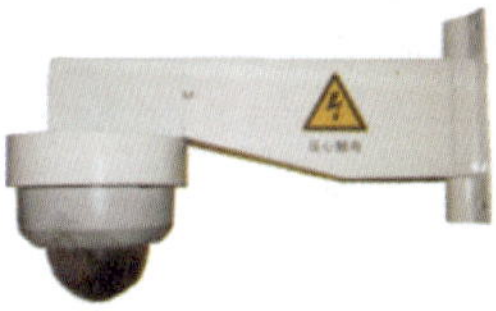

（a）半球摄像机

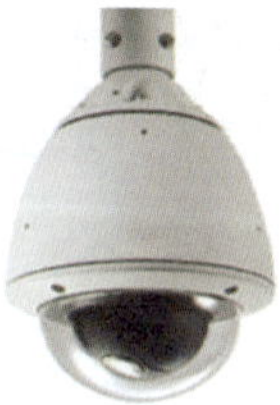

（b）快球摄像机

（c）一体化摄像机

（d）杆（塔）巡视变焦枪型摄像机

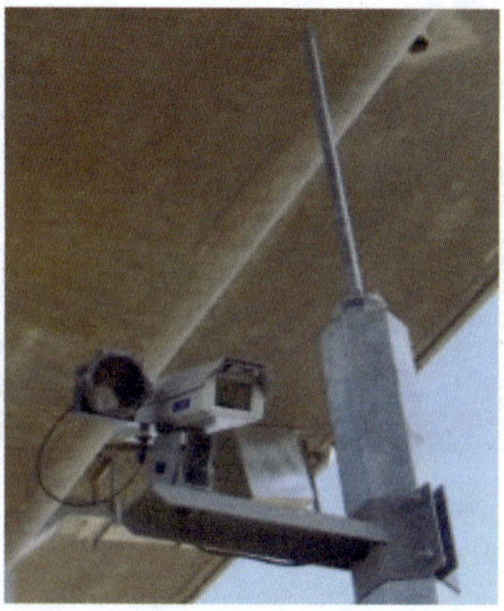

（e）救援疏散通道定焦枪型摄像机

图 1-4-23　不同外形的摄像机

二、室外设备控制箱

室外设备控制箱用于安放光缆终端盒、摄像机电源适配器、工业以太网交换机、浪涌保护器、配线单元等设备，配套摄像机工作。室外设备控制箱包括杆式和塔身式安装方式，如图 1-4-24 所示。控制箱底部距离地面高度宜分别为 1 500 mm 和 1 400 mm。

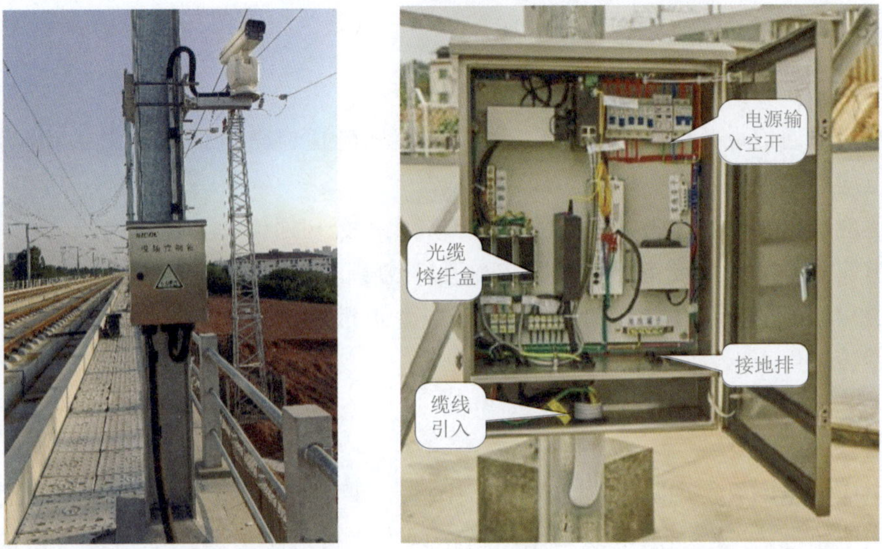

(a) 杆式安装　　(b) 塔身式安装

图 1-4-24　室外设备控制箱

三、其他附属设备（云台、防护罩等）

云台用于安装固定摄像机，是由电机控制的安装平台，可以进行水平和垂直两个方向的运动，从而使摄像机实现对周围环境的不同方向和角度的监控。增设云台可以扩大摄像机的监视范围，多用于车站、机房、沿线基站的铁塔、桥梁和隧道口等重要场所。云台内电机接收控制信号，可精确运行定位。在控制信号的作用下，云台上的摄像机既可自动扫描监视区域，也可在监控中心值班人员的操纵下跟踪监视对象，如图 1-4-25 所示。

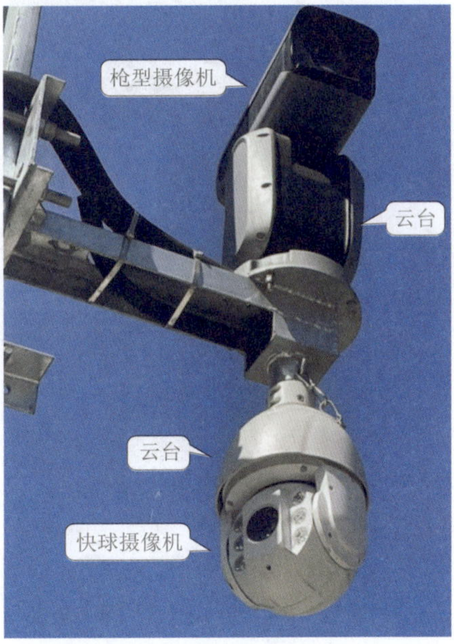

图 1-4-25　云台上的摄像机

第四节　隧道应急通信设备

隧道防灾疏散救援系统是保障隧道内应急疏散需求的重要设施，其中，通过隧道应急通信设备可实现隧道内人员直接与应急指挥人员、调度员、车站值班员间进行语音通信。

一、隧道应急通信设备

隧道应急通信设备由隧道应急电话中心设备、隧道应急电话接入设备、隧道应急电话及隧道应急电缆等组成。

隧道应急电话中心设备一般设置在铁路局集团公司通信中心机房内。

隧道应急电话接入设备可以设置在隧道口或隧道内的设备机房内。

隧道应急电话设置在隧道内综合洞室、应急疏散通道等处，满足灾害事件发生时现场应急救援通信需求。

二、隧道应急电话

隧道应急电话可实现隧道内与各中心控制台（调度台）、相应车站值班台间的通信联络。隧道应急电话一般通过电缆采用串行组网方式接入隧道应急电话接入设备。铁路5 km以上的长大隧道需要设置隧道应急通信设备，上、下行两侧分别按每间隔500 m安装一个隧道应急电话的标准进行设置。常见隧道应急电话如图1-4-26所示。

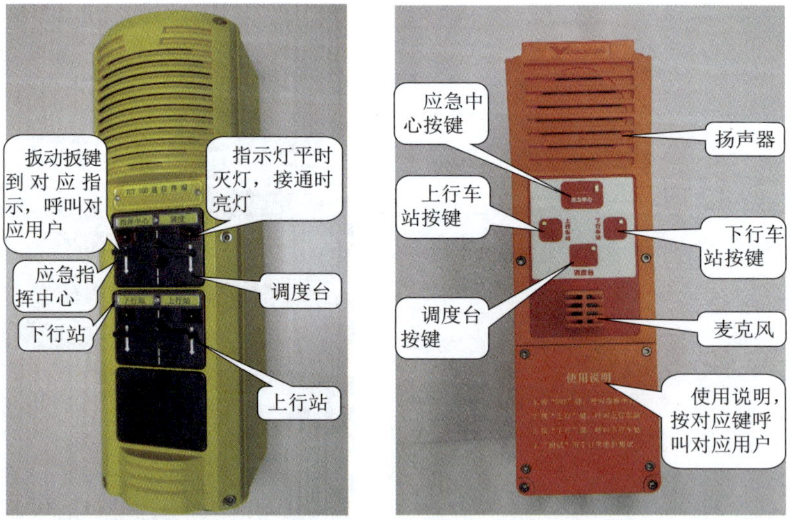

（a）中软隧道应急电话　　（b）佳讯隧道应急电话

图1-4-26　常见隧道应急电话

为方便用户在紧急情况下及时找到隧道应急电话，应急电话设备标识采用高亮反光油漆喷涂在隧道侧壁位于应急电话右侧0.3 m处，设备标识的尺寸宜为0.3 m(宽)×

0.6 m（高），采用绿底白字，字体高度宜为 5 cm；应急电话操作说明采用高亮反光油漆喷涂在电话旁边的洞室侧壁位于应急电话机左侧 0.1 m 处，操作说明的尺寸宜为 0.25 m（宽）×0.3 m（高），采用绿底白字，字体高度宜为 5 cm，如图 1-4-27 所示。

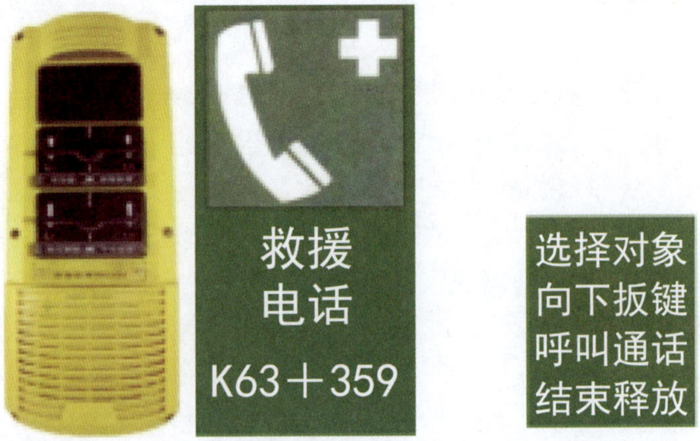

（a）设备标识　　（b）操作说明

图 1-4-27　隧道应急电话设备标识及操作说明示意

第五节　铁路通信技术发展展望

未来，铁路 5G 专用移动通信（5G-R）、北斗卫星导航定位、人工智能、大数据、物联网、云计算、云存储等通信信息技术在铁路的广泛应用，将有力促进数字铁路建设，服务铁路高质量发展。

一、5G-R 技术应用

5G-R 技术在铁路通信中的应用，将为铁路通信提供更低的时延、更高的带宽和更可靠的无线连接，将在下一代列控信息传送，列车安全防护预警信息传送，车车通信的列车接近预警信息传送，列车超视距信息传送，无线调车机车信号和监控系统信息传送，远程调车系统信息传送，铁路沿线各类基础设施状态感知、监测及智能运维等领域得到广泛运用。通过 5G-R 网络实现万物互联，实现移动装备实时监测、固定设施实时检测、环境安全实时感知、自然灾害及时报警等功能，进一步提升铁路基础设施运用质量监控和维护，持续保障铁路基础设施运用安全，在构建现代化铁路基础设施体系和安全体系中发挥通信基础保障作用。

二、卫星通信技术融合

卫星通信具有覆盖范围广的优势，与地面通信技术相结合，能够为铁路通信提供更全面的保障。利用高、中、低轨卫星与地面系统相结合，实现定位、导航、授时、遥感、通信五位一体融合组网。在偏远地区或地面网络覆盖困难的区域，卫星通信可以作为补充手段;在地面网络中断等极端条件下,可以有效支撑应急通信。通过采用北斗定位替代传统的轨道电路,同时利用5G-R技术实现列车与列车间的直接通信,构成空天地一体化的列控系统,实现列车控制运行定位更准、安全保障更强的目标。

三、视频图像人工智能分析

人工智能(AI)技术正逐步在铁路视频图像领域应用,在提高安全性和工作效率方面发挥着越来越重要的作用。综合运用综合视频监控与智能分析技术,实现对行车、施工、治安、自然灾害风险的可视化立体防控。通过人工智能与综合视频监控的结合,实现对重点灾害区域、关键地点的全天实时监控、准实时分析,通过算法自动检测是否发生山体滑坡、泥石流上道、洪水、塌方断道等灾害险情,自动发出报警通知维护人员及时介入处置,预防自然灾害对列车运输安全的威胁。

四、多媒体调度通信系统

铁路下一代调度通信系统将全面升级,采用全IP网络设计,以高清音视频技术为核心,融合网络化、数字化、智能化等信息技术,除实现传统的行车指挥语音通信外,还支持各类丰富的视频、数据信息通信等功能,实现与行车指挥相关人员的实时可视化联络,与5G-R、地理信息系统(GIS)互联应用,可直观、动态地呈现运行列车的车次、车号、行驶位置等信息,有效提升运输调度指挥效率。

五、智能运维与管理

通过5G-R、物联网、大数据等技术将铁路通信设备、信号设备、列车设备、基础设施等连接起来,通过传感器实时监测设备运行状态,通过大数据性能评估及寿命预测,预测设备的质量变化趋势,实现精准预防、精细维护,实现设备的全寿命周期管理,提高设备的可靠性和可用性。

复习思考题

1. 铁路线路上有哪些常见通信设备?
2. 铁路标桩标识GL,代表该标桩附近有什么通信设施?
3. GSM-R系统主要包括哪几个部分?
4. GSM-R无线网设备主要包括哪些设备?
5. 铁路基站设备有何作用?
6. 铁路漏泄电缆安装时一般符合哪些要求?
7. 隧道应急通信设备的组成有哪些?

第五章

铁路牵引供电

牵引供电系统的作用是将来自公共电力系统的电能转换为适合电力机车(含动车组,下同)使用的 27.5 kV 工频单相交流电后,送到铁路轨道上方的接触网上,电力机车通过车顶的受电弓从接触网获得电能,牵引电力机车运行。牵引供电设备包括牵引变电设备(变电所、开闭所、分区所、自耦变压器所等)、接触网和远动系统等。本章主要介绍牵引供电系统、供电安全检测监测系统(6C 系统),以及远动系统的基本组成、特点及功能。

学习目标

1. 知识目标

(1)熟悉牵引供电系统的组成、特点等基本知识。

(2)掌握牵引变电所、开闭所、分区所、自耦变压器所的主要设备和功能。

(3)掌握接触网的基本组成,掌握接触网各组成部分的类型、结构和用途。

(4)了解接触网保安装置及供电类行车标识。

(5)熟悉接触网常用术语及相关规定。

(6)掌握供电安全检测监测系统(6C 系统)的组成及功能。

(7)掌握远动系统的组成及功能。

2. 素质目标

(1)通过对铁路牵引供电技术知识的学习,具备在工作中辨识相应设备及用途的能力。

(2)提高安全意识,树立安全第一的思想,养成严谨的工作态度和高度的责任心。

(3)增强团队合作精神和沟通协调能力,能够在铁路基础设施维护作业中发挥作用。

(4)培养持续学习的习惯,跟踪铁路牵引供电技术的发展动态。

第一节　牵引变电

电气化铁路是利用电能作为牵引动力源的轨道交通,具有牵引功率大、能源综合利用率高、便于实现自动化控制等优点。牵引供电系统为电力机车提供电能,是电气化铁路的重要组成部分。

电力系统由发电、变电、输电、配电和用电等环节组成,可实现电能的生产、传输、分配和消费。电能用户(又称电力用户或电力负荷)是指一切消耗电能的用电设备。牵引供电系统作为电力系统的电能用户,用电量较大、安全性要求高。相对牵引变电所而言,通常把为其供电的电力系统称为外部电源。

一、牵引供电系统基本组成

牵引供电系统从电力系统获取电能,经牵引变压器变换为额定电压 27.5 kV、频率 50 Hz 的单相交流电提供给电力机车。牵引供电系统由牵引网、牵引变电所、自耦变压器所、分区所、开闭所等组成,牵引网又包括馈电线、接触网、钢轨、大地和回流线等。牵引供电系统基本组成如图 1-5-1 所示。

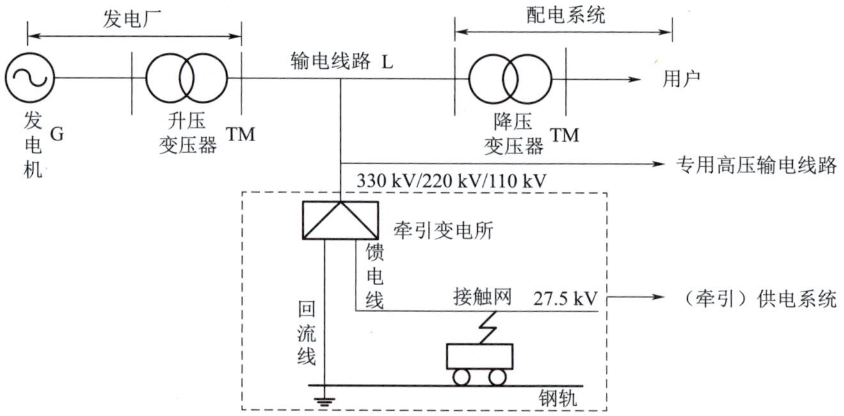

图 1-5-1　牵引供电系统组成示意

(一)牵 引 网

牵引网是由馈电线(供电线)、接触网、钢轨(轨道)、大地和回流线等构成的供电网的总称,如图 1-5-2 所示。牵引电流从牵引变电所牵引变压器流出,经由馈电线、接触网供给电力机车,然后经钢轨、大地和回流线等流回牵引变电所主变压器。

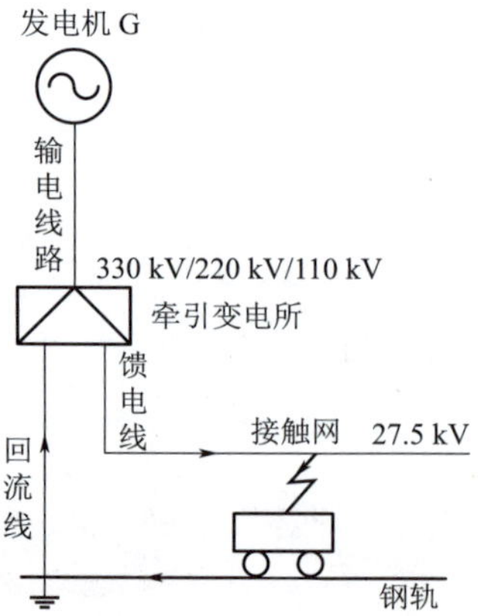

图 1-5-2　牵引网系统示意

1. 馈电线(供电线)

馈电线是连接牵引变电所和接触网的导线,它把牵引变电所 27.5 kV 的电压输送到接触网。

2. 接 触 网

接触网是沿铁路露天架设的为电力机车提供电能的特殊输电线路，是设置在车辆限界顶部上方，通过车顶受流装置向车辆供电的设备。

3. 钢轨、大地和回流线

在牵引供电系统中，钢轨、大地和回流线是牵引电路的组成部分，共同将牵引电流引回牵引变电所。

（二）牵引变电所

1. 功能简介

牵引变电所的主要作用是将公用电力系统供应的 110 kV（220 kV、330 kV）三相工频交流电转变为适于电力机车运行的 27.5 kV 的单相工频交流电。牵引变电所全景如图 1-5-3 所示。

图 1-5-3　牵引变电所全景

2. 主要设备

电气化铁路牵引变电所按照设备功能特点可分为一次设备和二次设备。一次设备指牵引变电所中实现变换和传递电能的设备和载流导体，如变压器、断路器、隔离开关等。二次设备指对一次设备进行控制、监测和保护，以保证其正常、安全运行的设备。主要一次设备如图 1-5-4 所示，主要二次设备如图 1-5-5 所示。

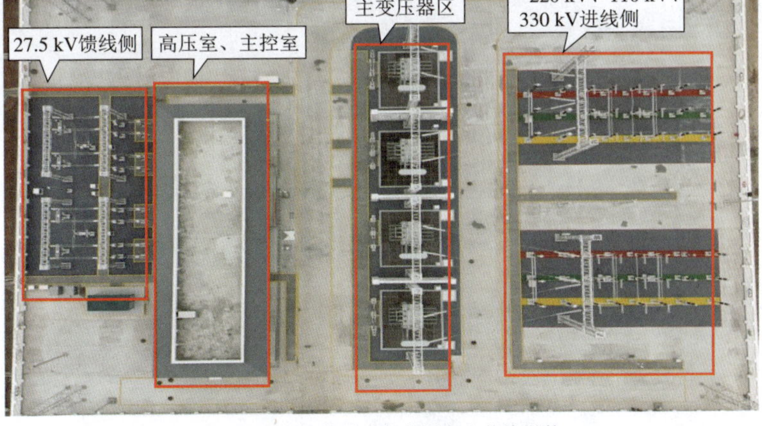

（a）实现变换和传递电能的设备和载流导体

（b）主要单项设备

（c）主变压器

（d）27.5 kV 室内GIS开关柜

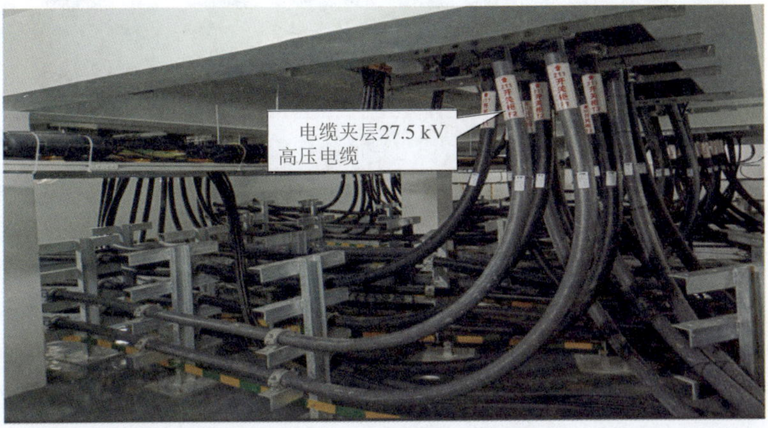

（e）高压电缆

图 1-5-4　主要一次设备

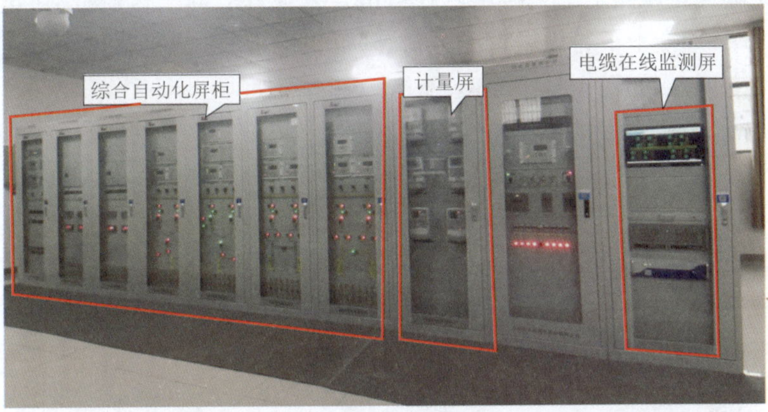

（a）主要控制和监测屏

（b）交直流屏

（c）微机监控后台

图 1-5-5　主要二次设备

（三）自耦变压器所（AT 所）

AT 供电方式是自耦变压器供电方式的简称，使用 AT 供电方式时，在铁路沿线每隔一定距离设置自耦变压器，该设置处所称为自耦变压器所（AT 所）。高速铁路自耦变压器所一般接入两台自耦变压器，正常运行时，一台运行、一台备用。自耦变压器如图 1-5-6 所示。

图 1-5-6　自耦变压器

(四)分　区　所

分区所将电气化铁路上下行接触网在供电臂末端并联起来,以提高供电臂末端接触网上的电压水平,均衡上下行供电臂的电流,降低电能损失。AT 供电方式下的分区所还设置 4 台自耦变压器,如图 1-5-7 所示。

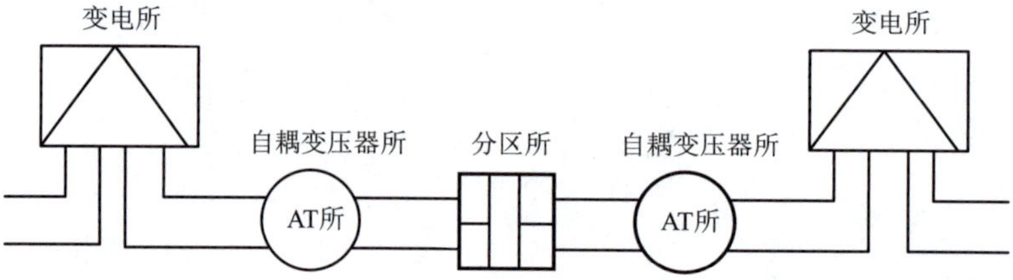

图 1-5-7　分区所示意

(五)开　闭　所

开闭所一般设置在枢纽客运站、枢纽编组站、电力机务段、动车所等需要实现分束、分段供电的场所。开闭所不设置牵引变压器,不能进行电压变换,类似一个配电所,仅通过开关设备增加馈线数量,如图 1-5-8 所示。

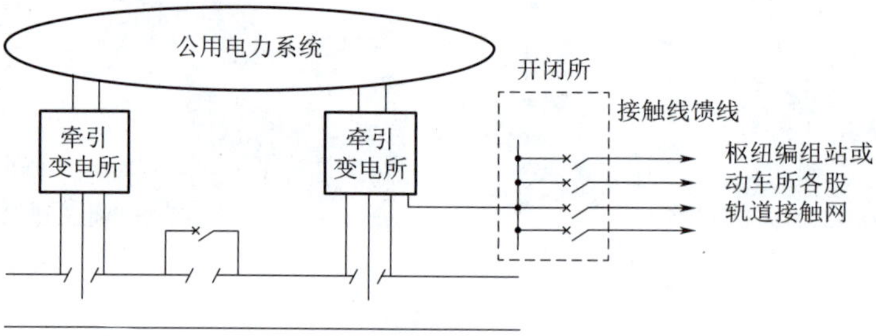

图 1-5-8　开闭所示意

二、供电方式

根据供电能力的大小、接触网架设环境,以及电磁兼容要求等条件,交流牵引供电系统采用不同的供电方式,常用的有直接供电方式、带回流线的直接供电方式、自耦变压器供电方式。目前我国电气化铁路主要采用带回流线的直接供电方式和自耦变压器供电方式。

(一)带回流线的直接供电方式

带回流线的直接供电方式是指接触网由承力索、接触导线(包括加强导线)组成,牵引网由接触网、钢轨、大地、回流线组成,牵引回流由钢轨、大地、回流线返回牵引变电所的供电方式,如图 1-5-9 所示。由于流经接触网的电流和流经回流线的电流方向相反,且回流线与接触网安装高度比较接近,两者对铁路沿线通信设施的电磁干扰趋于抵消,该供电方式具备一定的防干扰功能,结构简单,投资较少。

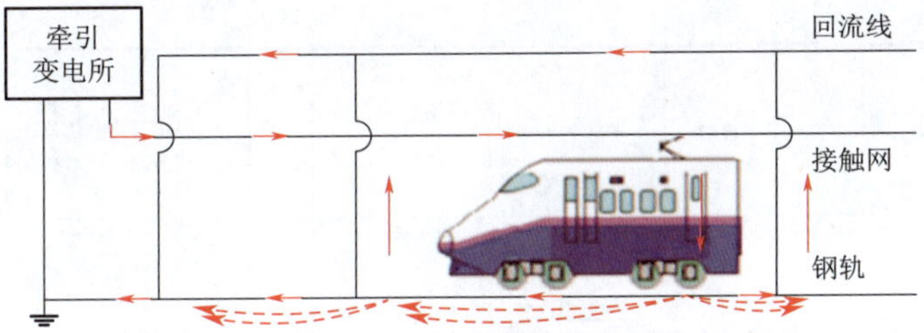

图 1-5-9 带回流线的直接供电方式原理示意

(二)自耦变压器供电方式

自耦变压器供电方式(AT 供电方式)是指接触网由承力索、接触导线(包括加强导线)组成,牵引网由接触网、钢轨、大地、正馈(AF)线、保护(PW)线、自耦变压器组成,接触导线和钢轨之间电压为 25 kV,牵引回流沿正馈线回归牵引变电所的供电方式。牵引网中每隔一定距离将自耦变压器线路端子并联接在接触导线和正馈线上,自耦变压器绕组中性点端子接至钢轨,则牵引网构成 2×25 kV 供电网络。正常运行时,自耦变压器出口处接触网和正馈线上各通过二分之一的牵引电流,大小相等,方向相反,起到防止电磁干扰的目的。自耦变压器供电方式原理示意如图 1-5-10 所示。

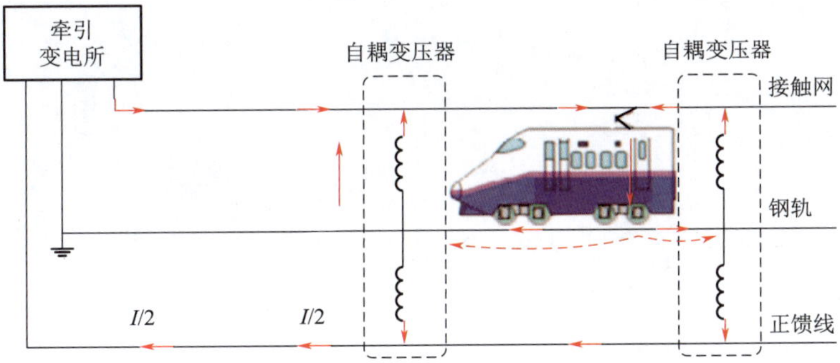

图 1-5-10 自耦变压器供电方式原理示意

三、综合接地系统

综合接地系统以铁路沿线两侧敷设的贯通地线为主干,充分利用沿线桥梁、隧道、路基地段构筑物设施内的接地装置作为接地体,形成等电位综合接地平台。综合接地系统由贯通地线、接地体、接地线、接地端子及接地装置(接地极)等构成。铁路综合接地系统如图 1-5-11 所示。

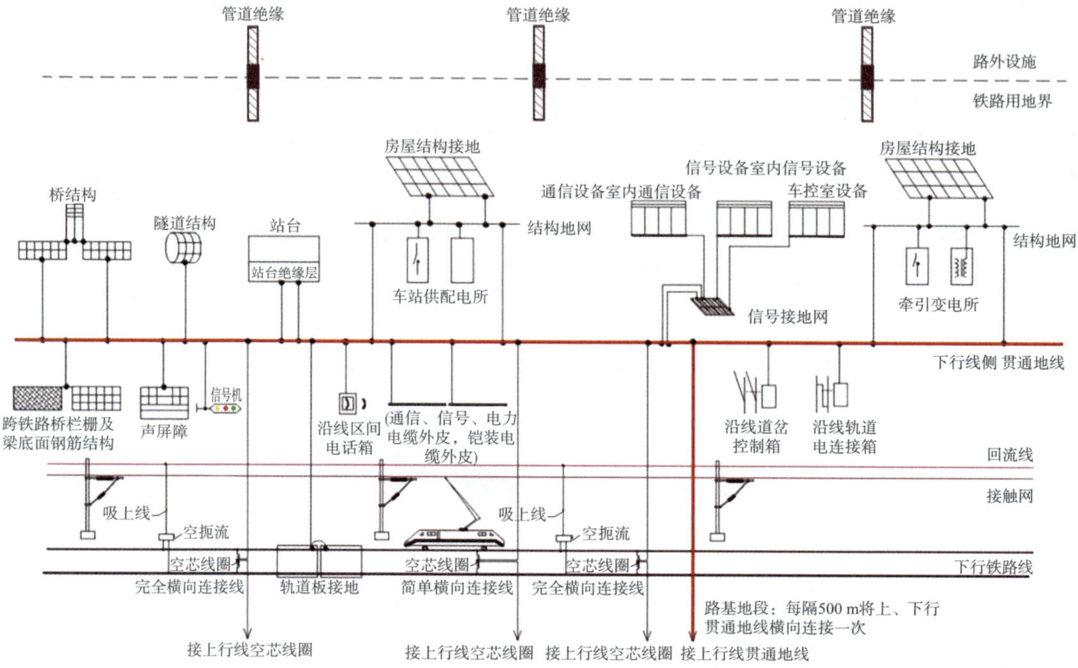

图 1-5-11 铁路综合接地系统

在牵引供电系统中，牵引负荷电流一般经接触网送给电力机车，通过电力机车经钢轨、回流(NF)线、综合贯通地线流回牵引变电所。牵引负荷电流大部分经钢轨流回牵引变电所，简称轨回流。由于钢轨对地存在泄漏，小部分电流经大地流回牵引变电所，简称地回流。轨回流、回流线、综合贯通地线回所布置如图 1-5-12 所示。

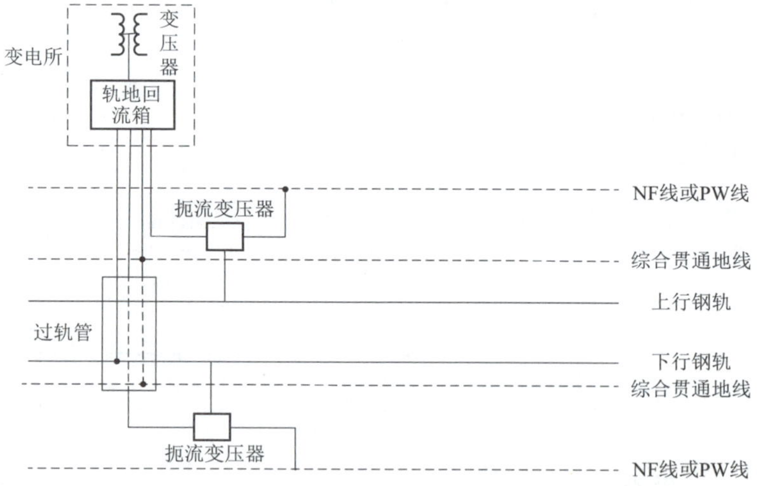

图 1-5-12 变电所处轨回流、回流线、综合贯通地线回所布置示意

第二节　接　触　网

接触网是沿铁路露天架设的为电力机车提供电能的特殊输电线路，是设置在车辆限界顶部上方，通过车顶受流装置向车辆供电的设备，是电气化轨道交通牵引供电系统的重要组成部分。接触网的无备用特性决定了接触网的唯一性、脆弱性和重要性。

一、接触网的基本组成

接触网由接触悬挂、定位支撑装置(支撑装置、定位装置)、支柱与基础等部分组成，如图 1-5-13 所示。

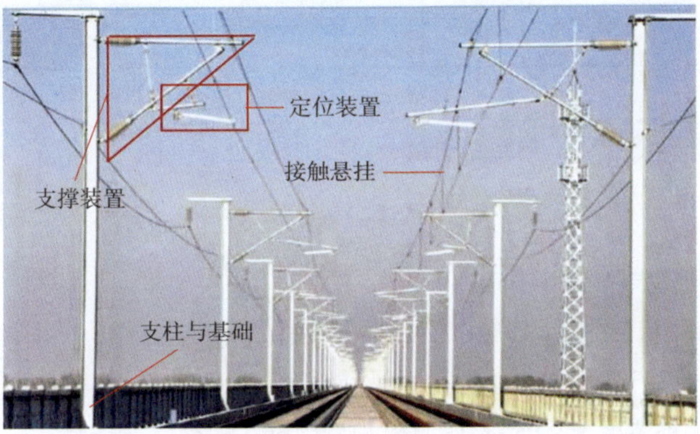

图 1-5-13　接触网基本组成

(一)接触悬挂

接触悬挂是指安设于接触网定位支撑装置之上的，完成弓网受流电能传输的设备，保证电能稳定地传输给电力机车，其主要由承力索、接触线、吊弦、锚段关节及关节式电分相、中心锚结、线岔、电连接、下锚及补偿装置等设备组成，基本结构如图 1-5-14 所示。

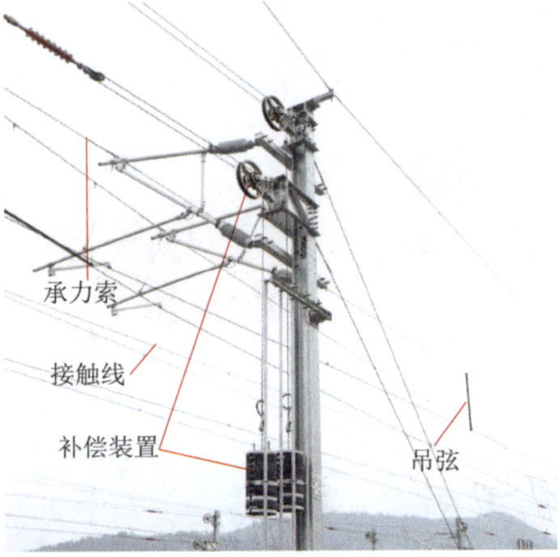

(a) 吊弦等设备

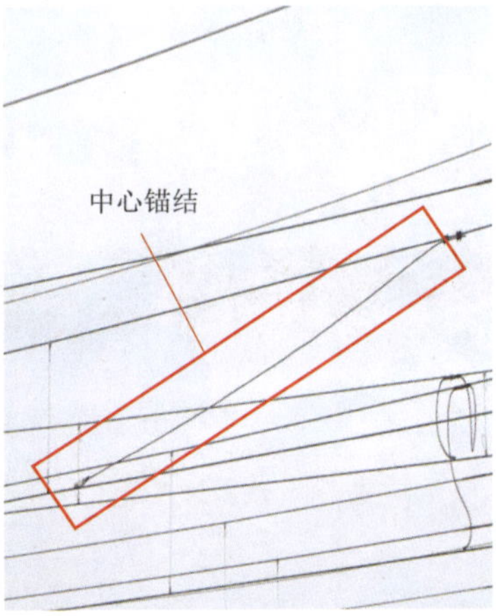

(b) 中心锚结

图 1-5-14　接触悬挂基本结构

我国接触网悬挂方式一般为全补偿链型悬挂方式，全补偿链型悬挂分为全补偿简单链型悬挂和全补偿弹性链型悬挂两种形式，这两种悬挂的主要区别在于定位点处有无弹性吊索，如图 1-5-15 所示。

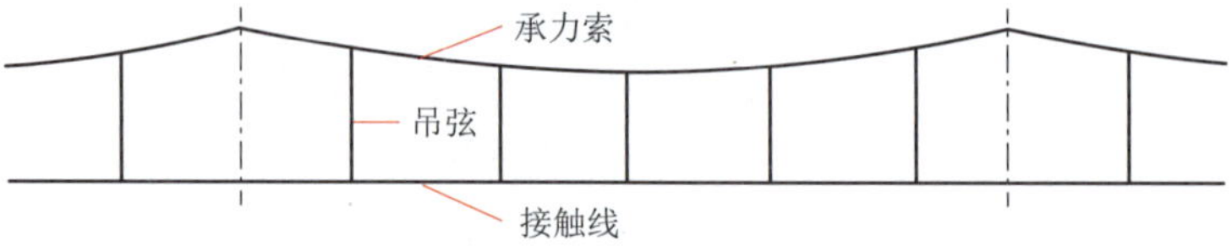

（a）全补偿简单链型悬挂示意

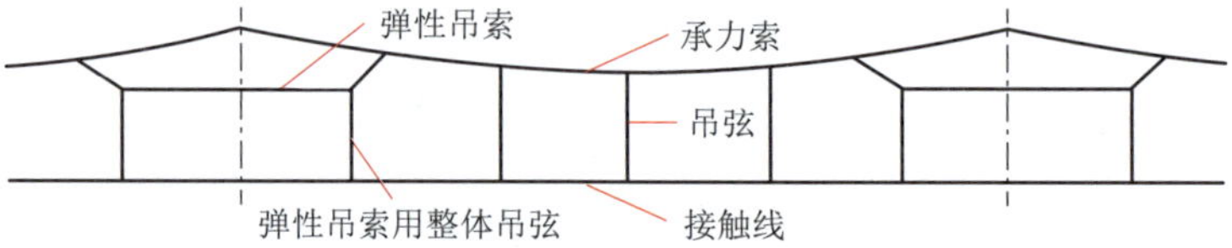

（b）全补偿弹性链型悬挂示意

图 1-5-15　悬挂类型

1. 承 力 索

承力索的作用是通过吊弦悬挂接触线，将接触线的垂直荷载传递到腕臂和支柱上，承受接触线的重量，减少接触线的弛度。承力索应能够承受较大的张力和具有抗腐蚀能力，并且在温度变化时弛度变化较小。承力索由单芯多层金属绞线组成，应无散股、断股、烧伤和损伤，结构如图 1-5-16 所示。

2. 接 触 线

接触线的作用是承载接触网电流，与受电弓滑板摩擦接触，向电力机车输送电能。接触线制成带沟槽的圆柱状，沟槽便于安装线夹，固定接触线，又不影响受电弓取流。接触线应有足够的机械强度和良好的电气性能，主要使用铜镁合金、铜银合金等材质，实物如图 1-5-17 所示。

图 1-5-16　承力索实物

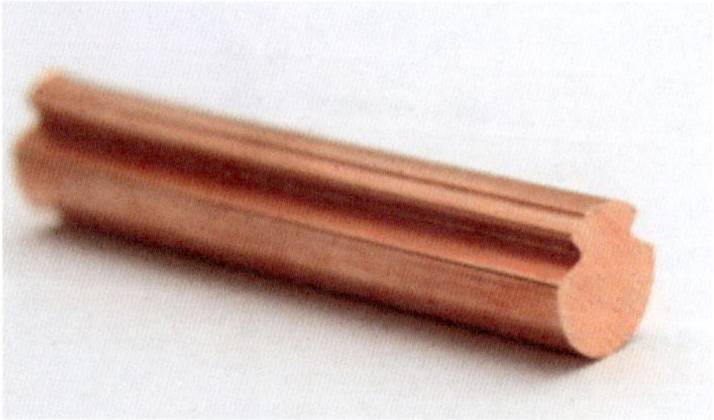

图 1-5-17　接触线实物

3. 吊　　弦

吊弦的作用是通过吊弦线夹将接触线吊挂在承力索上，调节接触线的弛度和高度。高速铁路接触网常见的吊弦有整体吊弦和弹性吊索用整体吊弦，如图 1-5-18 所示。

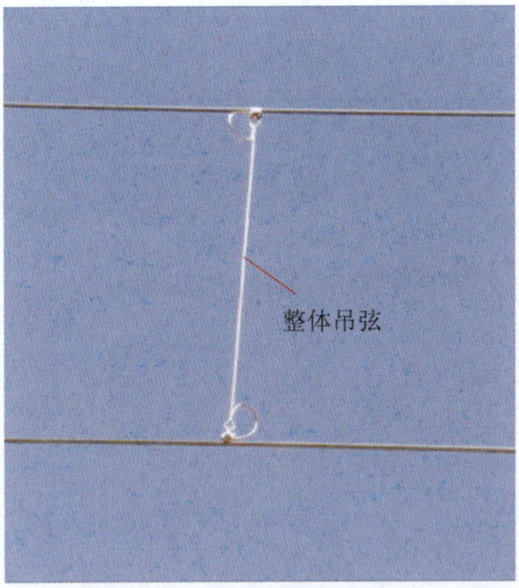

（a）整体吊弦

（b）弹性吊索用整体吊弦

图 1-5-18　吊弦实物

4. 锚段关节及关节式电分相

(1)锚段

将接触网分成若干个一定长度且相互独立的分段，这种独立的分段称为锚段，其作用是为了缩小接触网事故范围，便于接触网的机械分段、电分段和安装张力补偿器等，提高供电灵活性并改善悬挂弹性。

(2)锚段关节

锚段关节是指锚段与锚段之间的衔接部分，即相邻两个锚段的重叠部分，如图 1-5-19 所示。锚段关节的作用是保证电力机车受电弓能平滑、安全地由一个锚段过渡到另一个锚段。锚段关节可分为非绝缘锚段关节和绝缘锚段关节，常见的锚段关节有三跨、四跨、五跨等形式，如图 1-5-20 所示。

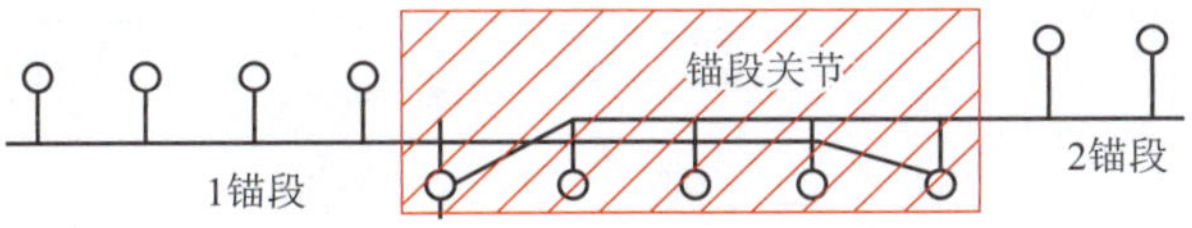

（a）锚段关节示意

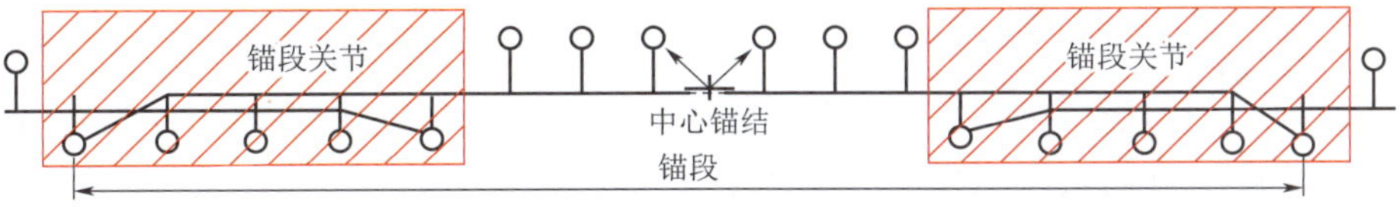

（b）接触网纵向结构示意

图 1-5-19　接触网锚段及锚段关节示意

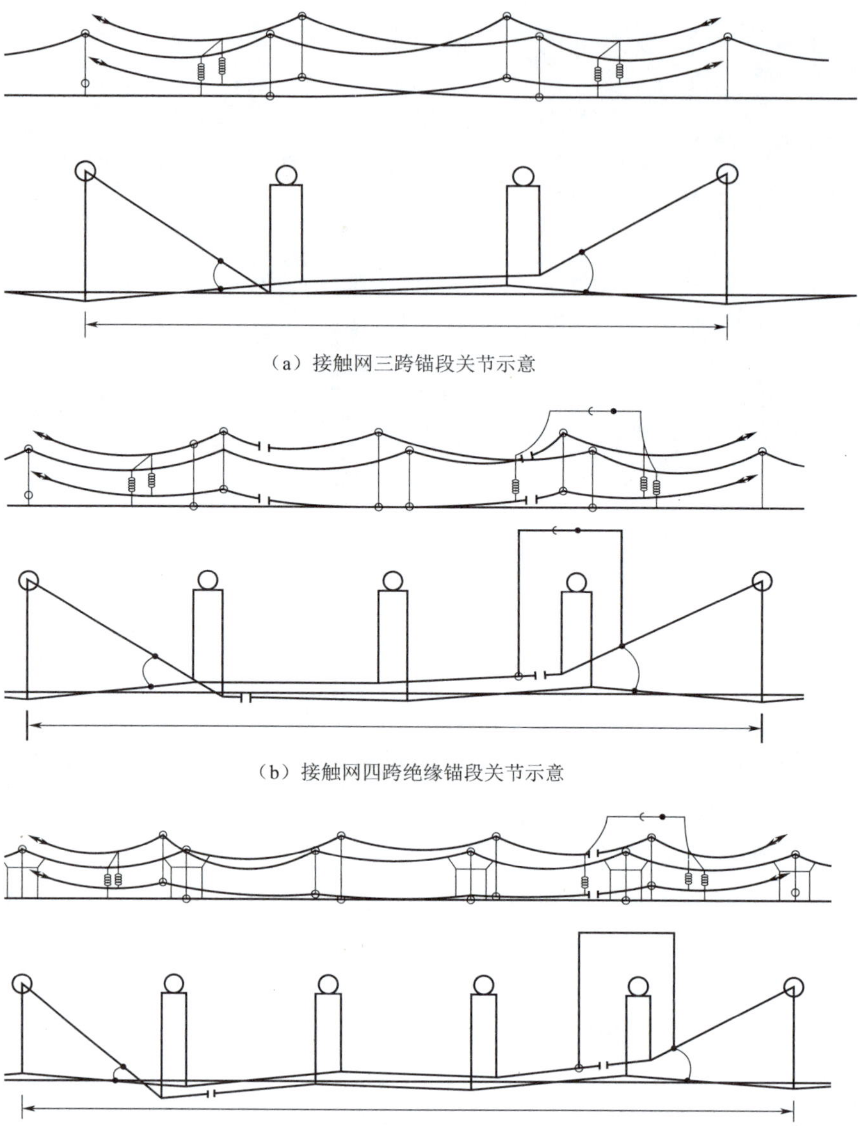

（a）接触网三跨锚段关节示意

（b）接触网四跨绝缘锚段关节示意

（c）接触网五跨绝缘锚段关节示意

图 1-5-20　接触网锚段关节示意

(3)关节式电分相

在电气化铁路牵引供电系统中，为平衡电力系统的 A、B、C 各相负荷，接触网一般要实行换相供电。为确保接触网在不同相之间供电臂的可靠绝缘和列车平稳地从一个供电臂过渡到另一个供电臂，设置了关节式电分相，其结构与绝缘锚段关节基本相同。按照跨距数分，常见的有六跨、七跨、八跨、十二跨关节式电分相，如图 1-5-21 所示。

为防止受电弓通过电分相时拉弧造成绝缘损坏或相间短路，电力机车需断电、惰行通过电分相，在电分相处设置了“断”“合”标志牌。由于高速铁路运行速度快，主要采用自动过分相装置。地面磁感应器安装位置应采用图 1-5-22 所示两种方式，其中 a_0 为分相“断”电标到中性区段两端垂直投影点的距离。

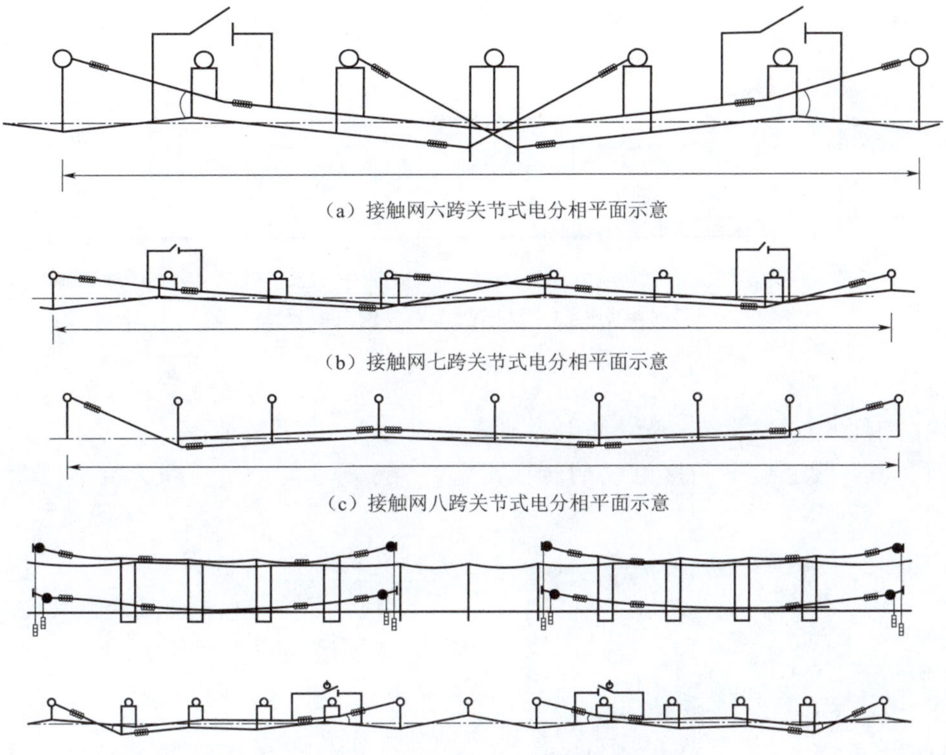

(a) 接触网六跨关节式电分相平面示意

(b) 接触网七跨关节式电分相平面示意

(c) 接触网八跨关节式电分相平面示意

(d) 接触网十二跨关节式电分相平面示意

图 1-5-21　接触网关节式分相示意

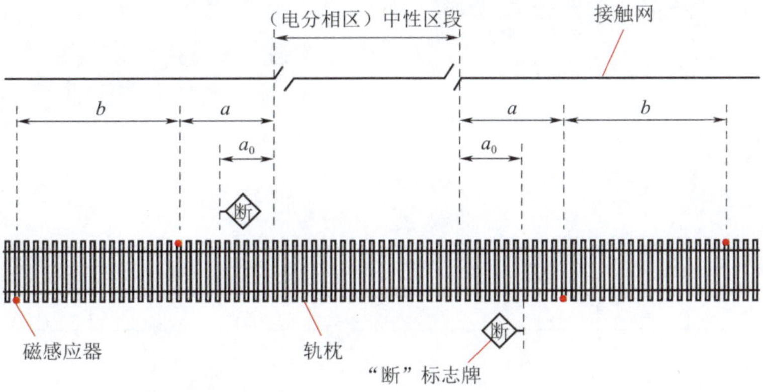

$a=a_0+30$ m, $b=265$ m,适用于货运专线。

$a=a_0+5$ m, $b=170$ m,适用于其他线路。

图 1-5-22　地面磁感应器安装位置示意

5. 中心锚结

中心锚结安装在链型悬挂的锚段中部,承力索对支柱、接触线对承力索锚固,这种固定形式称为中心锚结,其作用是防止接触线、承力索由于气温、曲线力等原因向一侧滑动;平衡接触线、承力索两端的拉力;缩小接触网事故范围。中心锚结按其作用分为防断式中心锚结和防窜式中心锚结。中心锚结由接触线中心锚结线夹、承力索中心锚结线夹、承力索中锚辅助绳和接触线中锚辅助绳等组成，如图 1-5-23 所示。

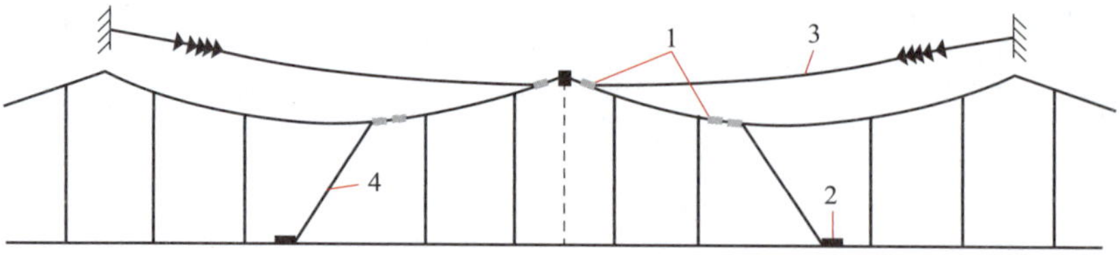

1—承力索中心锚结线夹；2—接触线中心锚结线夹；3—承力索中锚辅助绳；4—接触线中锚辅助绳。

图 1-5-23　防断式中心锚结示意

6. 线　　岔

线岔布置于道岔上方，是保证电力机车受电弓安全、平滑地由一股道上空的接触线过渡到另一股道上空的接触线的转换设备，一般分为交叉线岔和无交叉线岔两种形式。

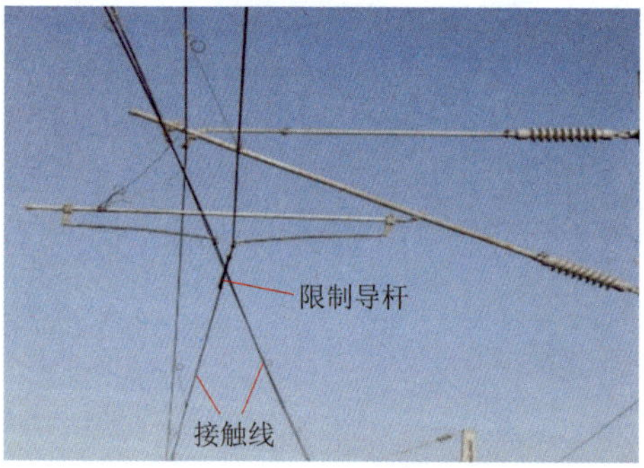

图 1-5-24　交叉线岔

(1)交叉线岔

交叉线岔是在道岔处正线和侧线(或侧线和侧线)两支接触线交叉接触，在交叉处用限制导杆固定，如图 1-5-24 所示。

(2)无交叉线岔

无交叉线岔是在道岔处，正线和侧线两支接触线工作支不相交、不接触，也无限制导杆等设施。电力机车受电弓从正线高速通过时受电弓不碰触到侧线的接触线，如图 1-5-25 所示。38 号以上的道岔采用带辅助悬挂的无交叉线岔。

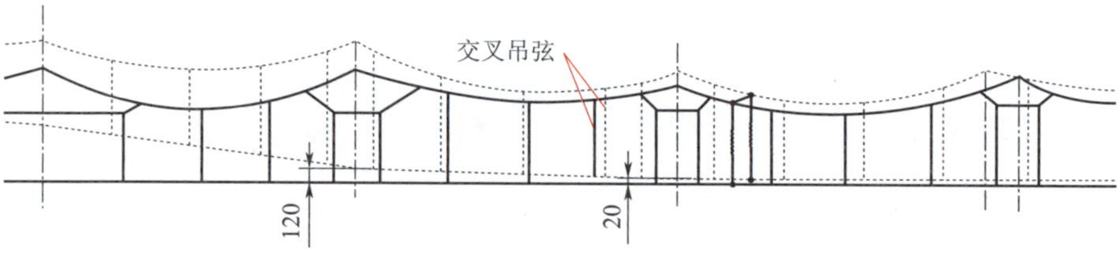

(a) 无交叉线岔处接触网立面示意

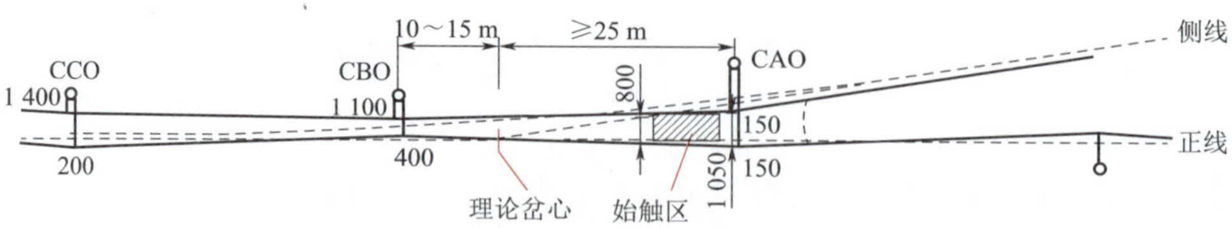

(b) 无交叉线岔处接触网平面示意(支柱位于侧线侧)

图 1-5-25　无交叉线岔结构示意(18 号道岔)(单位：mm)

7. 电 连 接

电连接的作用是保证接触网各导线之间、各分段之间或各股道悬挂之间的电路连接畅通，实行并联供电，增加其导电截面积，提高接触网供电可靠性并降低电能损耗。电连接按形式分为“C”形和“S”形，如图 1-5-26 所示。

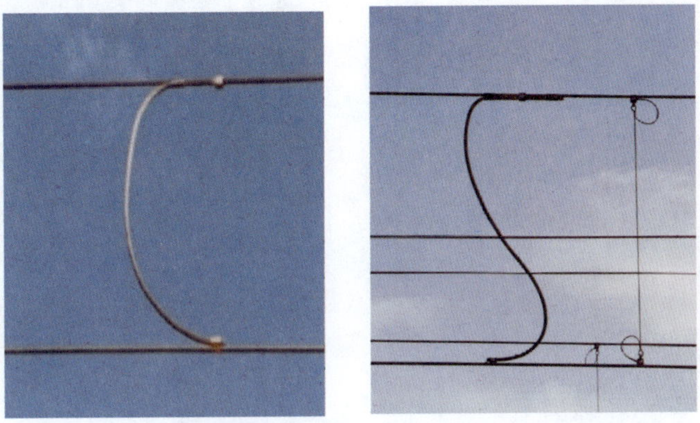
（a）“C”形电连接　（b）“S”形电连接

图 1-5-26　“C”形、“S”形电连接

8. 下锚及补偿装置

下锚是每个锚段承力索、接触线等线索两端的锚固装置。接触网补偿装置是自动调节接触线和承力索张力的补偿器及制动装置的总称。常见的补偿装置有棘轮补偿装置、滑轮补偿装置等。

棘轮补偿装置主要由棘轮本体、平衡轮、制动块、补偿绳、棘轮连接架、双耳楔形线夹等组成，如图 1-5-27 和图 1-5-28 所示。

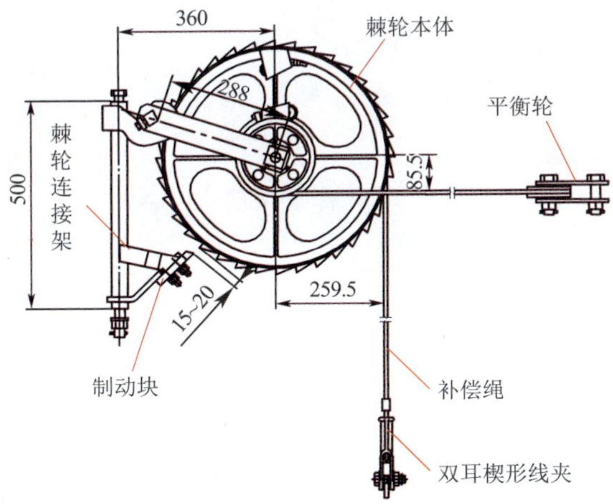

图 1-5-27　棘轮补偿装置示意（单位：mm）

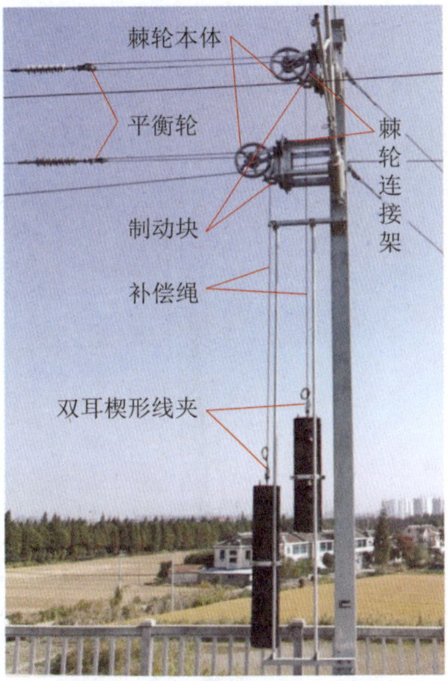

图 1-5-28　棘轮补偿装置实物

滑轮补偿装置主要由滑轮组、补偿绳、双环杆、杵环杆、坠砣、拉线和限制架等组成，如图 1-5-29 和图 1-5-30 所示。

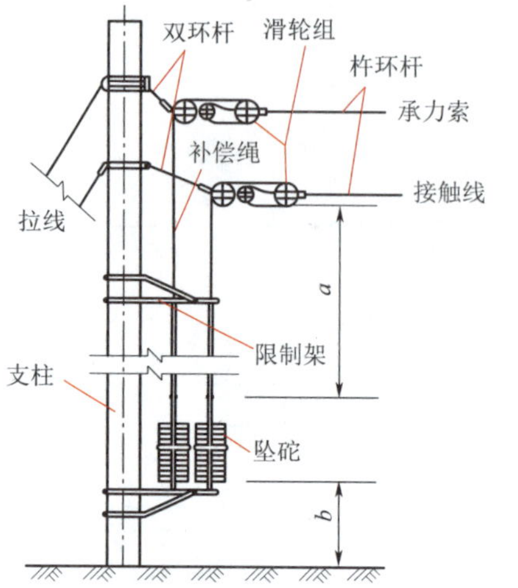

a—坠砣顶部能自由上升的距离，一般是坠砣杆耳环孔至补偿（定）滑轮下沿的距离；b—坠砣底部能自由下降的距离，一般是最下一块坠砣的底面至地面（或基础面）的距离。

图 1-5-29　滑轮补偿装置示意

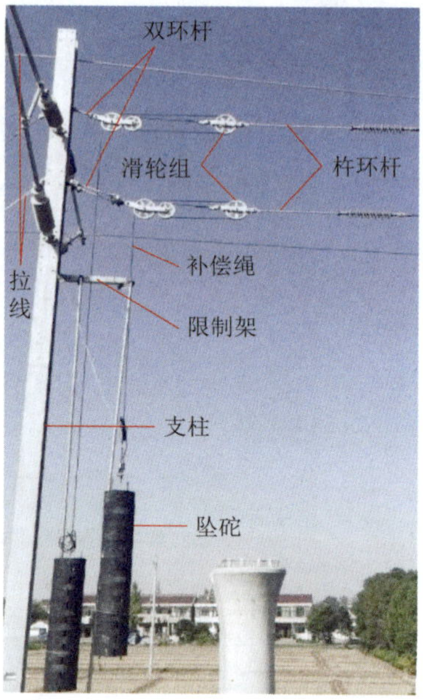

图 1-5-30　滑轮补偿装置实物

（二）支撑装置

支撑装置是在电气化铁路中起到承载接触悬挂荷重，连接固定接触悬挂、定位装置等作用的装置。支撑装置具有支撑接触悬挂，传递负荷，保证接触网系统稳定性的作用，其主要分为软横跨、硬横跨、腕臂支撑装置等形式。

1. 软 横 跨

软横跨是站场或多线路并行区段，多股道接触悬挂通过横向线索悬挂在线路两侧支柱上的一种装配方式。软横跨由支柱、横向承力索、上下部固定绳、直吊弦、定位器及连接悬挂零件等组成，如图 1-5-31 所示。

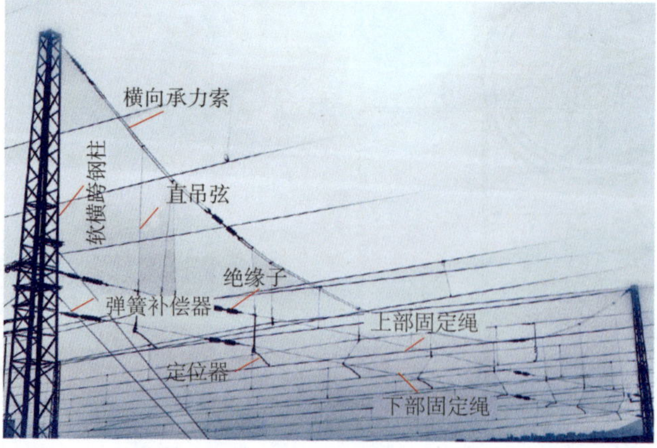

图 1-5-31　软横跨现场实物

2. 硬横跨

硬横跨是站场或多线路并行区段，多股道接触悬挂通过硬横梁固定在线路两侧支柱上的一种装配方式，由横梁和两侧的支柱组成。

硬横跨分为悬式吊柱和水平定位绳两种结构形式，悬式吊柱硬横跨支撑装置如图 1-5-32 所示。硬横跨支柱多采用等径钢管柱或格构式钢柱。硬横梁一般采用格构式角钢或无缝钢管制成，其形状有单钢管、双钢管和三钢管三种，为方便运输和安装，常将其分成 2～3 段，每段之间通过法兰盘和螺栓连接。

图 1-5-32 吊柱硬横跨支撑装置实物

3. 腕臂支撑装置

腕臂支撑装置是安装在腕臂柱、硬横梁及隧道内吊柱上，用于承受定位装置和接触悬挂的全部机械负荷，并将这些负荷传递给支柱和基础的装置。腕臂支撑装置从结构上分为平、斜腕臂结构和整体腕臂结构，从材质上可以分为钢腕臂和铝合金腕臂。图 1-5-33 为铝合金腕臂支撑装置实物，其主要由棒式绝缘子、平腕臂、斜腕臂、腕臂支撑、支撑连接器、双套筒连接器等零部件组成。

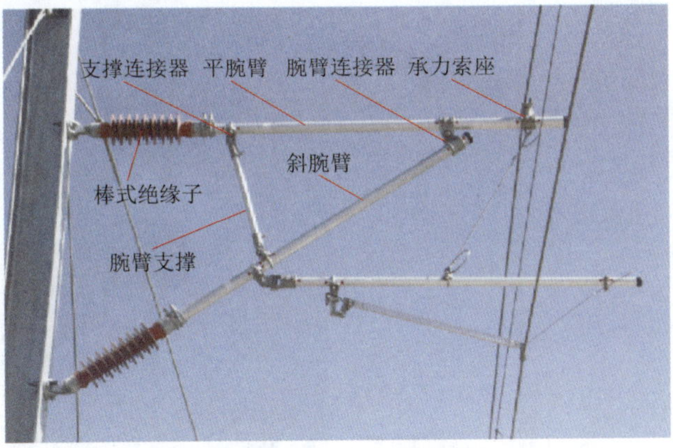

图 1-5-33 铝合金腕臂支撑装置实物

(三)定位装置

定位装置是腕臂结构中的重要组成部分，它是在定位点处对接触线实现相对于受电弓中心进行横向定位的装置。在直线区段，相对于受电弓中心把接触线布置成“之”字形；在曲线区段，相对于受电弓中心运行轨迹被拉成切线或割线，使受电弓滑板磨耗均匀，并将接触线的水平负荷传给支撑装置。定位装置主要由定位管、定位器、定位支座、定位线夹、定位管支撑、垂直定位环等零部件组成，如图 1-5-34 所示。

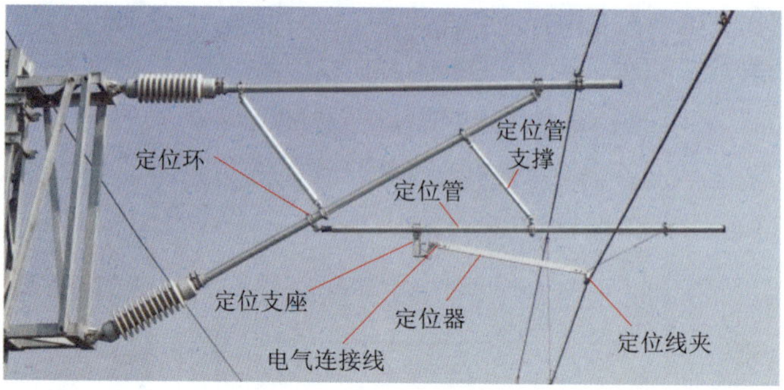

图 1-5-34　定位装置组成

（四）支柱与基础

支柱是接触网的主要支撑设备，用于安装支撑结构、悬挂和定位接触悬挂，以及附加导线，承受接触网自身及各类附加荷载。基础的作用是保持支柱稳定，并将支柱的荷载和力矩传给大地。

1. 支　　柱

接触网支柱按使用材质分为预应力混凝土支柱和钢支柱两大类，常见的 H 型支柱、等径圆支柱如图 1-5-35 所示。支柱按其在接触网中的作用可分为中间柱、锚柱、转换柱、中心柱、定位柱、软横跨支柱、道岔柱、硬横跨支柱及桥梁支柱等，如图 1-5-36 所示。

（a）H型支柱　　（b）等径圆支柱

图 1-5-35　接触网支柱实物

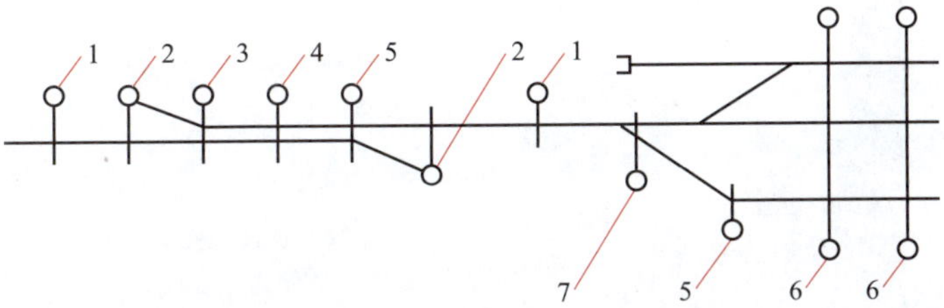

1—中间柱;2—锚柱;3—转换柱;4—中心柱;5—定位柱;6—软横跨支柱;7—道岔柱。

图 1-5-36 接触网支柱安装位置

2. 基　　础

高速铁路接触网基础主要包含钢柱基础和拉线基础等类型,如图 1-5-37 所示。

(a) 钢柱基础

(b) 拉线基础

图 1-5-37 接触网基础

(五)附加导线

附加导线系指接触悬挂以外的架空导线,根据供电方式不同,接触网附加导线设置也不同,主要包括供电线、保护线、正馈线、回流线、架空地线等,如图 1-5-38 所示。

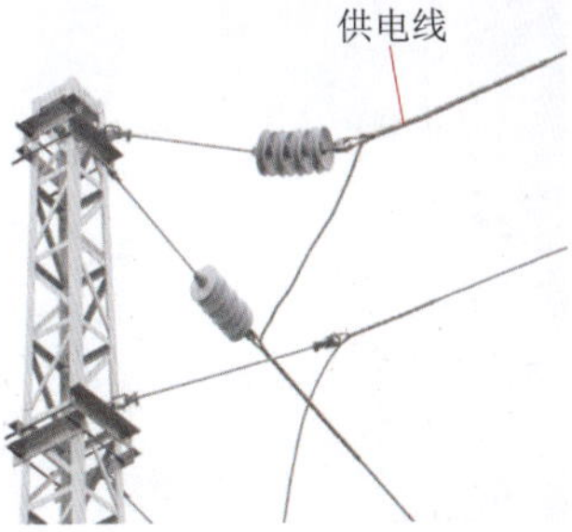

(a) 供电线

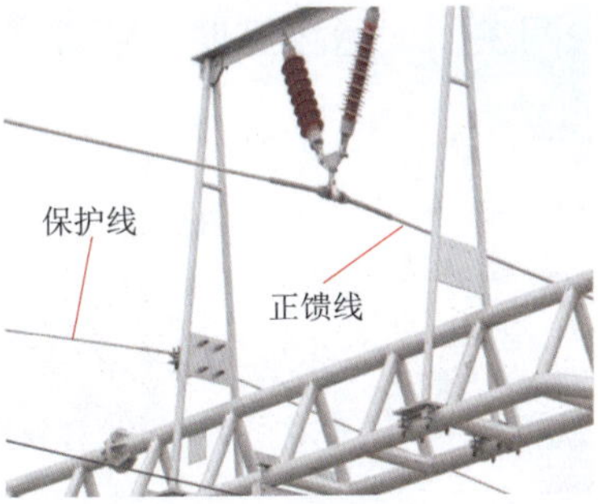

(b) 正馈线及保护线

（c）回流线

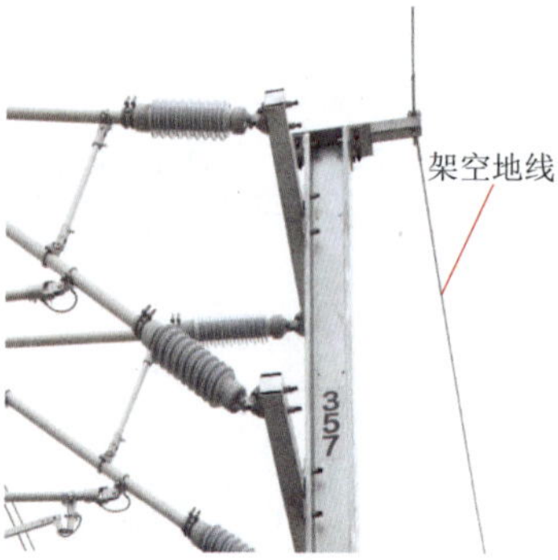

（d）架空地线

图 1-5-38　接触网附加导线

1. 供 电 线

供电线是牵引变电所、AT 所、分区所、开闭所与接触网的供电线路，其作用是由牵引变电所或开闭所向接触网传送电能。

2. 保 护 线

保护线是在 AT 供电方式中与钢轨并联，具有集中地线和牵引电流屏蔽作用的导线。绝缘子发生闪络或击穿时，保护线为短路电流提供良好通路。

3. 正 馈 线

正馈线是在 AT 供电方式中，与接触悬挂电压方向相反，电压差为 55 kV 的与接触悬挂同杆的架空导线。正馈线与接触悬挂、自耦压器配合形成供电回路，提高了电能输送能力。

4. 回 流 线

回流线是在接触网带回流线的直线供电方式中，沿线路架设的金属导线，是牵引电流返回变电所的主要径路。

5. 架空地线

架空地线一般用于区间成排钢柱或车站成排支柱的工作接地和保护接地，为站台钢柱设置双重保护，增强站台支柱的电气安全性。

二、接触网主要设备和其他零部件

接触网主要设备包括隔离开关、分段绝缘器、避雷器等电气设备，可以提高接触网运行的安全性、可靠性和供电灵活性。

（一）隔离开关

隔离开关是切断或闭合电气回路的开关设备，它的作用是连通或切断接触网供电分段间的电路，从而提高了供电的可靠性和灵活性，以满足停电检修和供电的需要。

隔离开关没有灭弧装置，所以不能切断负荷电流和短路电流，主要设置在车站两端、车站装卸线、专用线、电力机车库线、机车整备线、绝缘锚段关节、电分段和电分相等处所。隔离开关由刀闸、绝缘子、底座、传动机构、引线等组成，如图 1-5-39 所示。

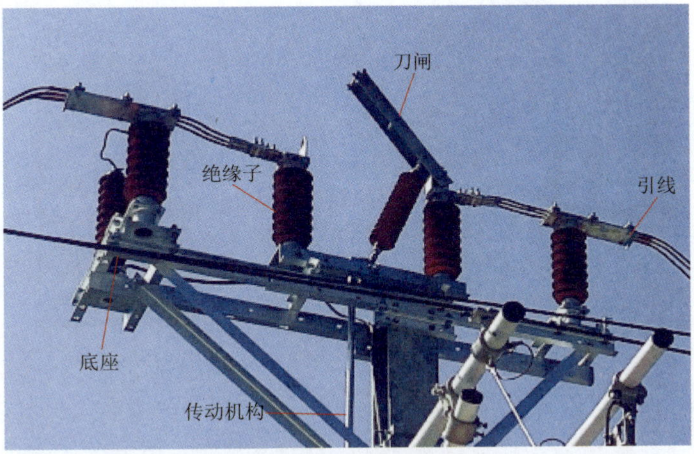

图 1-5-39　隔离开关实物

隔离开关引线及连接线应连接牢固，接触良好，无断股、烧伤现象，不得有接头，弛度正常，与接地部件的距离符合要求。开关底座接地良好，各部螺栓紧固符合力矩要求。

(二)分段绝缘器

分段绝缘器是将相邻的两接触网区段分开，以实现同相电气分段的专用绝缘装置。分段绝缘器通常与隔离开关配合使用，通过隔离开关的开合使独立区段接触网停电或带电。分段绝缘器通常安装于机车整备线、车库线、专用线、渡线等处，既能起到电分段作用，又能使电力机车不断电通过。分段绝缘器由绝缘棒、绝缘辅助滑道、引弧导流滑道、吊弦装置等部分组成，如图 1-5-40 所示。

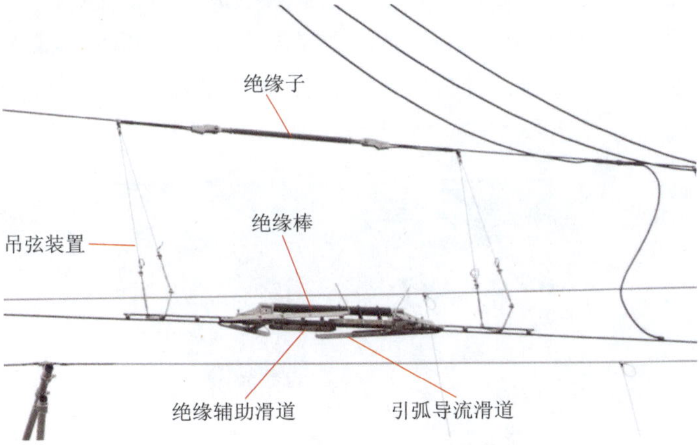

图 1-5-40　典型分段绝缘器实物

(三)避 雷 器

避雷器是为了保证接触网安全运行所采取的过电压保护设备。目前主要采用氧化锌避雷器，其在工频电压作用下阻值很大，电流难以通过，发生冲击电压时电阻很小，电流瞬间对地释放，以达到保护的效果。避雷器由避雷器本体、柱式绝缘子、引线、计数器等组成，如图 1-5-41 所示。

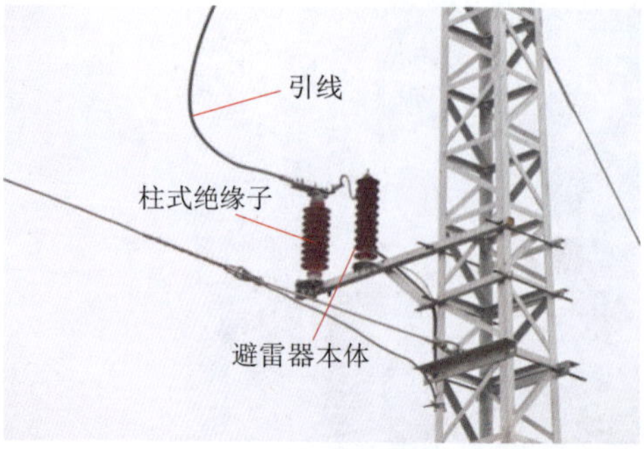

（a）避雷器安装实物

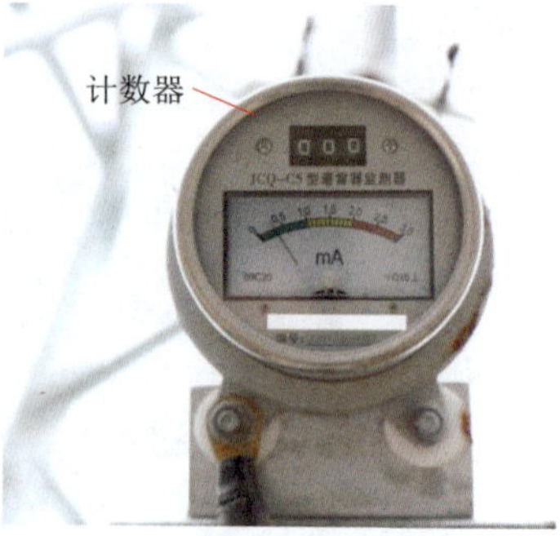

（b）计数器

（c）避雷器安装图

图 1-5-41　避雷器实物及安装

(四)接地装置

当绝缘元件绝缘强度下降时，会有较大的泄漏电流，泄漏电流在支柱上形成较大过渡电压，严重时会危及人身安全。电流还会使混凝土支柱内部金属部分钢筋发热，使金属软化造成支柱强度下降，拉断支柱，危及设备安全。接触网应设接地装置，将接触网设备中非带电的金属部分与地线相连。常见的支柱接地如图 1-5-42 所示。

图 1-5-42　支柱接地实物

(五)绝 缘 子

绝缘子是接触网中应用广泛的重要零部件，它既要保持接触悬挂对地的电气绝缘，又要承受一定的机械负荷。常用的绝缘子有棒式绝缘子、悬式绝缘子等。从材质上分为瓷绝缘子、复合绝缘子，目前常用的是硅橡胶绝缘子，如图 1-5-43 所示。

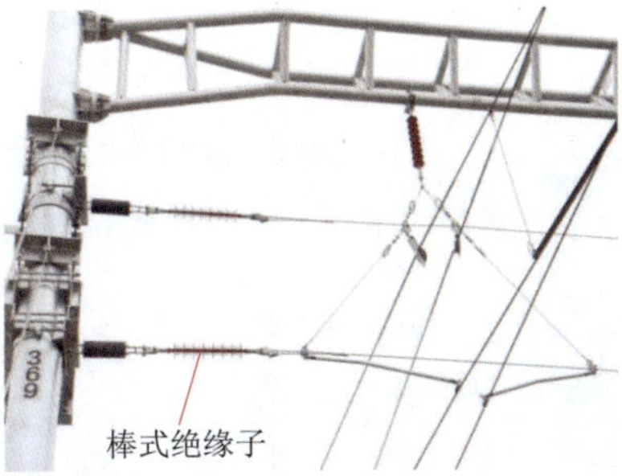

（a）棒式绝缘子

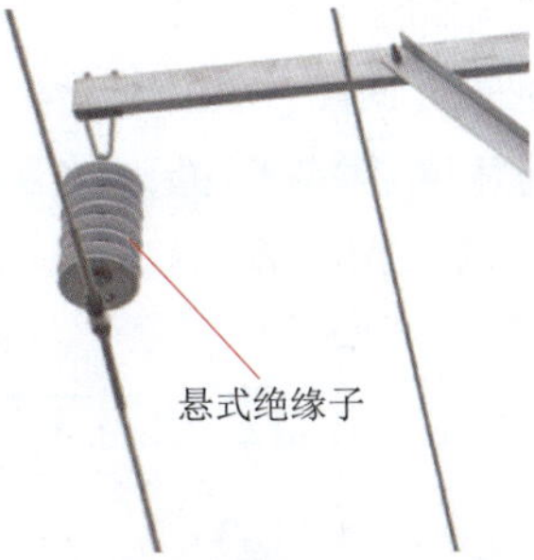

（b）悬式绝缘子

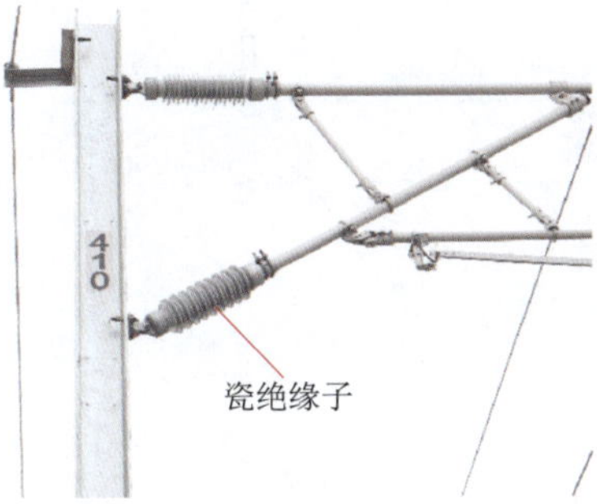

（c）瓷绝缘子

（d）硅橡胶绝缘子

图 1-5-43 绝缘子

(六)供电线电缆

供电线电缆用于接触网与牵引变电所、AT 所、分区所、开闭所之间的连接，采用 27.5 kV 单芯电缆，如图 1-5-44 所示，其作用是将电能输送到接触网上。

（a）供电线电缆沿桥墩上网

（b）隧道内供电电缆

图 1-5-44 供电线电缆

三、接触网保安装置及标识

(一)接触网保安装置

接触网保安装置主要包括限界门、支柱防护、防护网栅、设备防护等。

1. 限 界 门

在机动车辆通过的平交道口处铁路两侧的公路上，应设置限界门。限界门置于沿公路中心线距最近铁路线路中心不小于 12 m 的地方。限界门的宽度不得小于平交道口处公路路面的宽度，限界门的下缘距地面的高度为 4.5 m，限界门框柱涂以警示色标，如图 1-5-45 所示。在限界门悬挂安全揭示牌，固定在道口两面限界门右侧门框上。

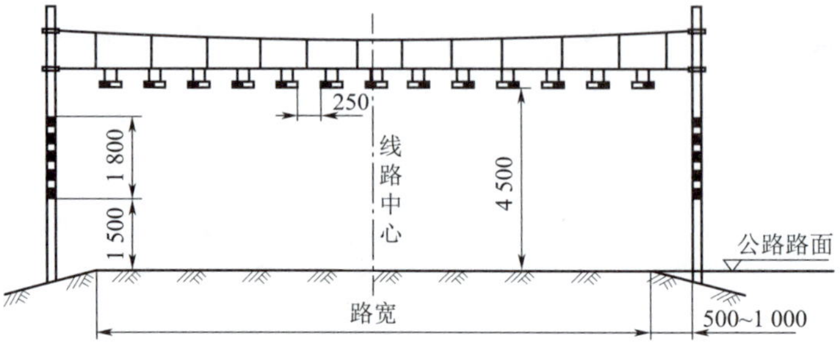

图 1-5-45 限界门安装示意(单位:mm)

2. 支柱防护

道口两侧、经常有机动车辆运行的场所，以及装卸货物站台上等易被碰撞的支柱，均应设置强度较高的防护桩。

3. 防护网栅

天桥、跨线桥靠近或跨越牵引供电设备的地方，须设置防护网栅，网栅由所附属结构的产权或工程建设单位负责安设。防护网栅应安设“高压危险”标志。

4. 设备防护

上跨构筑物(桥、隧道、明洞、站房等)下方的承力索、供电线、正馈线，应在防断点处至少 5 m 采取防护措施。隧道、桥梁内漏水点距离接触网带电线索小于 2 m 处所，下方承力索、供电线、正馈线等在漏水点垂直投影向两侧延伸至少 1 m 采取防护措施。重点处所上跨电线路下方的承力索、供电线、正馈线、加强线，可在上跨电线路垂直投影两侧延伸至少 5 m 采取防护措施。

(二)标　识

1. 号 码 牌

每根接触网支柱(隧道吊柱或悬挂点)应有唯一的反光号码牌，号码牌一般有肩架安装的号码牌、粘贴式号码牌等形式，如图 1-5-46 所示。每个区间、车站、隧道均应分别单独编号，上行双号、下行单号。

2. 高压危险标

在站台及人员活动频繁处所的接触网支柱、安全挡板、细孔网栅和跨线桥防护网栅均应设置白底、黑字、红色闪电符号的“高压危险”警示标识，如图 1-5-47 所示。

3. 电力机车禁停标

在站场、区间接触网不同供电臂间的电分段两端设置电力机车禁停标，如图 1-5-48 所示。

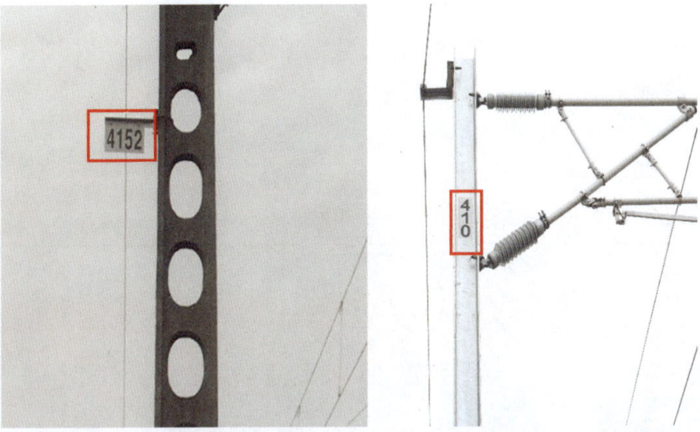

（a）肩架安装的号码牌　　（b）粘贴式号码牌

图 1-5-46　号码牌

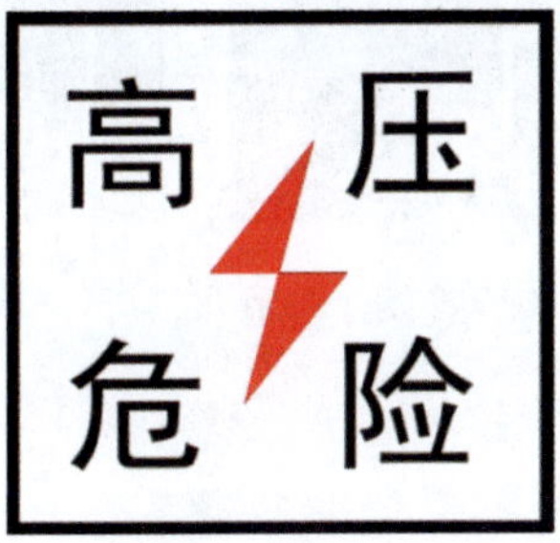

图 1-5-47　高压危险标

图 1-5-48　电力机车禁停标

4. 高速铁路电分相标志牌

高速铁路在接触网电分相前方设断电标，断电标设置在电分相中性区段起始位置前第2根支柱上；在接触网电分相后方设合电标，合电标设置在电分相中性区段终止位置后400 m处附近的接触网支柱上，线路反方向按上述规定设置断电标、合电标，如图1-5-49所示。

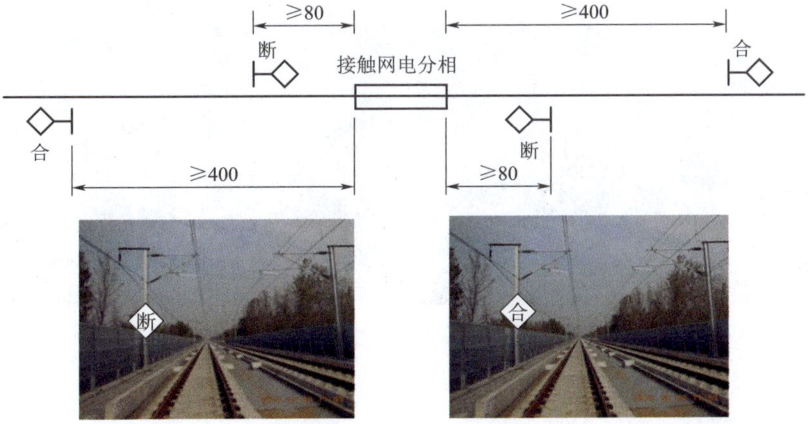

图 1-5-49　高速铁路电分相标志安装位置及标牌示意（单位：m）

5. 普速铁路电分相标志牌

电分相两侧正反行车方向设置“禁止双弓”“T 断”“断”“合”等标识，普速铁路电分相标志安装位置及标牌示意如图 1-5-50 所示。

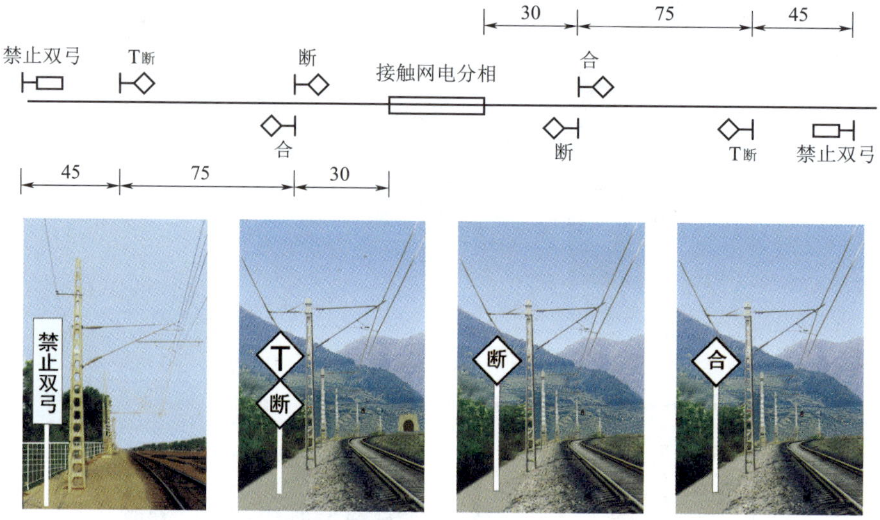

图 1-5-50　普速铁路电分相标志安装位置及标牌示意(单位:m)

6. 升降弓标

在电气化线路接触网故障降弓地段前方，分别设置准备降下受电弓标、降下受电弓标；对最高运行速度大于 120 km/h 线路，在降下受电弓标的前方增设特殊降弓标。在降弓地段后方，设升起受电弓标，设置位置及标志外观如图 1-5-51 所示。

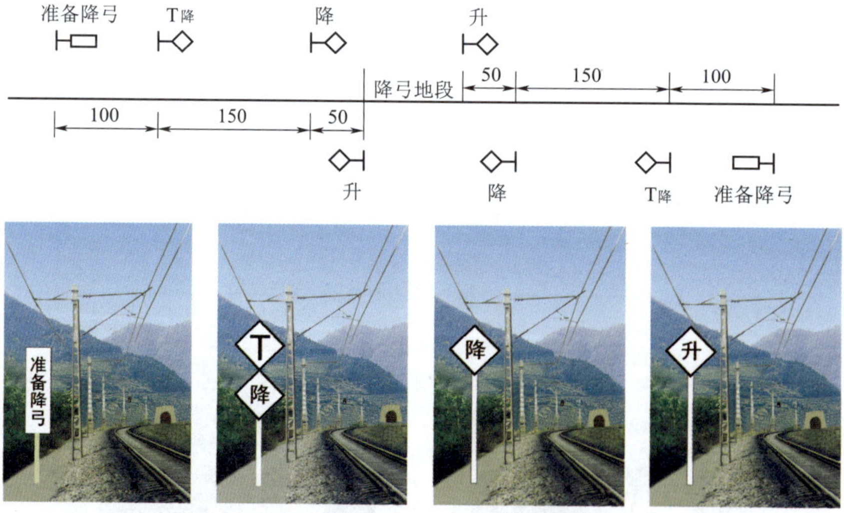

图 1-5-51　升降弓标设置位置及标志外观示意(单位:m)

7. 接触网终点标

接触网终点标，设在接触网边界，如图 1-5-52 所示。

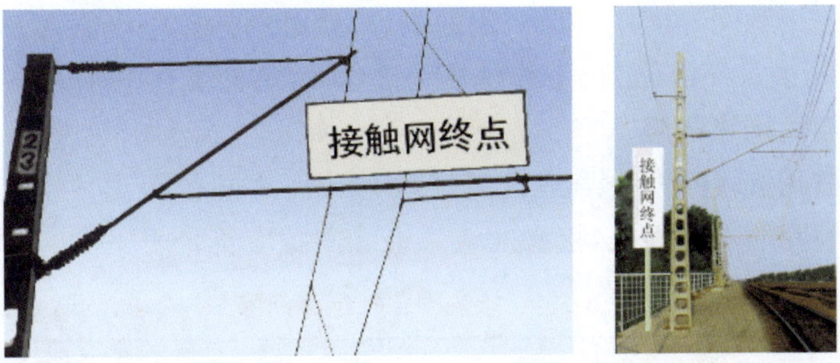

图 1-5-52　接触网终点标设置位置及标志外观示意

四、接触网常用术语及相关规定

(一)支柱的侧面限界

接触网支柱的侧面限界是指支柱靠线路一侧在轨面水平面内由接触网支柱内缘至线路中心线的水平距离(C_x),如图 1-5-53 所示。C_x 的基本要求:允许误差$^{+100}_{-60}$ mm,直线区段不应小于 2 440 mm,有大型养路机械作业的路基地段,接触网支柱侧面限界不小于 3 100 mm,曲线区段按规定加宽。

(二)接触线高度

接触线高度简称导高(H),是指接触网悬挂点处接触线距轨面的垂直高度,如图 1-5-53 所示。接触线高度不超过 6 500 mm;接触线最低点高度不小于 5 150 mm。

图 1-5-53　接触网侧面限界及接触线高度

(三)拉 出 值

拉出值是接触线在定位点对受电弓中心的横向偏移量,在直线区段也称为之字值。拉出值的取值直接影响弓网运行安全,其目的是保证受电弓和接触线可靠接触、不脱线,并保证受电弓磨损均匀。拉出值不得大于 450 mm。

(四)接触网电压

牵引供电能力应与线路的运输能力相适应,满足规定的列车重量、列车密度和运行速度的要求。因此接触网电压应满足一定的要求：接触网标称电压值为 25 kV，最高工作电压为 27.5 kV，短时(5 min)最高工作电压为 29 kV，最低工作电压为 20 kV。

(五)接触网空气绝缘间隙

空气绝缘间隙是接触网两个导线或者导线与地面之间的距离。空气绝缘间隙的大小会直接影响接触网的安全性能，接触网空气绝缘间隙应符合表 1-5-1 中规定。

表 1-5-1　接触网空气绝缘间隙

序号	项　　目	正常情况下最小值/mm
1	接触线、承力索、供电线、加强线、正馈线等带电部分至固定接地体间隙	300
2	接触网带电部分至机车车辆或装载货物的间隙	350
3	接触线、承力索、供电线、加强线、正馈线等带电部分至跨线建筑物间隙	500
4	受电弓振动至极限位置和导线被抬高的最高位置距接地体的瞬间间隙	200
5	25 kV 带电绝缘子接地侧裙边距接地体间隙	100
6	43.3 kV 绝缘间隙(关节式分相)	400
7	50 kV 绝缘间隙(AT 区段正馈线与接触网间)	540

回流线、保护线、架空地线、架空避雷线距固定接地体或桥梁及隧道壁的正常情况下最小距离 150 mm。

(六)附加导线对地面及相互距离的规定

为保证人身、设备安全，附加导线对地面及相互距离在任何情况下不得小于表 1-5-2 的数值。

表 1-5-2　附加导线对地面及相互距离的最小值　　单位：mm

<table>
<tr><th>序号</th><th colspan="2">有关情况</th><th>供电线、正馈线、加强线</th><th>保护线、回流线、架空地线</th></tr>
<tr><td rowspan="3">1</td><td rowspan="3">导线在最大弛度距地面高度</td><td>居民区及车站站台处</td><td>7 000</td><td>6 000</td></tr>
<tr><td>非居民区</td><td>6 000</td><td>5 000</td></tr>
<tr><td>车辆、农业机械不能到达的山坡、峭壁和岩石</td><td>5 000</td><td>4 000</td></tr>
<tr><td rowspan="2">2</td><td rowspan="2">导线距离峭壁挡土墙和岩石</td><td>无风时</td><td>1 000</td><td>500</td></tr>
<tr><td>计算最大风偏时</td><td>300</td><td>75</td></tr>
<tr><td rowspan="2">3</td><td rowspan="2">线索跨越铁路导时</td><td>跨越非电化股道(对轨面)</td><td>7 500</td><td>7 500</td></tr>
<tr><td>跨越不同回路电化股道(对承力索或无承力索时对接触线)</td><td>3 000</td><td>2 000</td></tr>
<tr><td rowspan="2">4</td><td rowspan="2">不同相或不同供电分段两导线悬挂点间距离</td><td>两线水平排列</td><td>2 400</td><td>—</td></tr>
<tr><td>导线垂直排列，上方为供电线，下方为供电线或回流线</td><td>2 000</td><td>—</td></tr>
<tr><td rowspan="2">5</td><td rowspan="2">与建筑物间的最小距离</td><td>最大弛度时最小垂直距离</td><td>4 000</td><td>2 500</td></tr>
<tr><td>边导线最大风速时最小水平距离</td><td>3 000</td><td>1 000</td></tr>
</table>

（七）架空电力线路跨越接触网时距离的规定

为保证人身、设备安全，架空电力线路跨越接触网时应符合表 1-5-3 的规定。

表 1-5-3　架空电力线路跨越接触网的垂直距离

跨越接触网的电力线路电压等级/kV	电力线至接触网的垂直距离/mm
35 以上至 110	≥3 000
220	≥4 000
330	≥5 000
500	≥6 000
跨越接触网的电力线路电压等级/kV	距轨面最小垂直距离/mm
750	21 500
1 000	27 000（单回）
	25 000（双回）
直流±800	21 500

35 kV 及以下的电线路（包括通信线路、广播电视线路等）不得跨越接触网，应由地下穿过铁路。

当海拔高度超过 1 000 m 时，上述距离应按海拔修正系数进行修正。

五、铁路供电安全检测监测系统（6C 系统）

6C 系统作为铁路供电系统的组成部分，是保障供电设备安全可靠运行的重要手段，是保证铁路运输安全畅通的重要技术装备。

6C 系统主要包括：弓网综合检测装置（1C）、接触网安全巡检装置（2C）、车载接触网运行状态检测装置（3C）、接触网悬挂状态检测监测装置（4C）、受电弓滑板状态监测装置（5C）、接触网及供电设备地面监测装置（6C）和 6C 系统综合数据处理中心。

1. 弓网综合检测装置（1C）

1C 装置安装在高速综合检测列车或接触网综合检测车上，安装在高速综合检测列车的 1C 装置如图 1-5-54(a)所示。1C 装置可实现弓网运行状态（包括弓网接触力、动态接触线高度、动态拉出值、硬点、接触网电压等）的实速检测，1C 装置采集波形如图 1-5-54(b)所示。

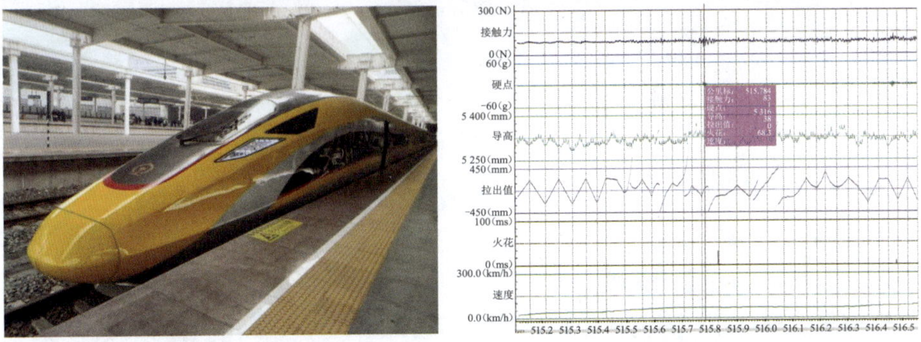

（a）安装有1C装置的高速综合检测列车　　（b）1C装置采集波形图

图 1-5-54　弓网综合检测装置（1C）及 1C 装置采集波形

2. 接触网安全巡检装置(2C)

2C 装置是指通过在运营的电力机车机车乘务员室内临时架设的便携式设备，如图 1-5-55(a)所示。2C 装置对接触网的状态及外部环境进行视频采集，2C 装置视频采集画面如图 1-5-55(b)所示。

(a) 2C装置

(b) 2C装置视频采集画面

图 1-5-55　接触网安全巡检装置(2C)及 2C 装置视频采集画面

3. 车载接触网运行状态检测装置(3C)

3C 装置是指安装在运营的电力机车上的车载接触网运行状态检测装置，如图 1-5-56(a)所示。3C 装置对弓网运行状态实时动态检测监测，结果用于分析接触网和受电弓的配合状态。3C 装置视频采集画面如图 1-5-56(b)所示。

(a) 3C装置

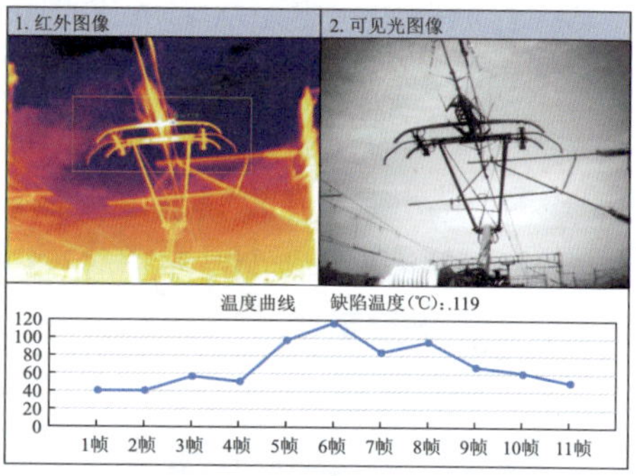

(b) 3C装置视频采集画面

图 1-5-56　车载接触网运行状态检测装置(3C)及 3C 装置视频采集画面

4. 接触网悬挂状态检测监测装置(4C)

4C 装置是安装在接触网作业车或专用车辆上的接触网检测监测装置，安装在专用车辆上的 4C 装置如图 1-5-57(a)所示。4C 装置能够周期性地对接触网主要零部件、结构及相关位置参数进行高分辨率成像，对接触网的技术状态进行检测，在检测数据自动识别与分析的基础上，指导接触网维修。4C 装置视频采集画面如图 1-5-57(b)所示。

5. 受电弓滑板状态监测装置(5C)

5C 装置是安装在电气化铁路的局界口、段界口、电力机车出入库区域、联络线、车站咽喉区等处所的图像采集装置，如图 1-5-58(a)所示。5C 装置监测并及时发现受电弓滑板异常状态，5C 装置视频采集画面如图 1-5-58(b)所示。

（a）安装有4C装置的检测车

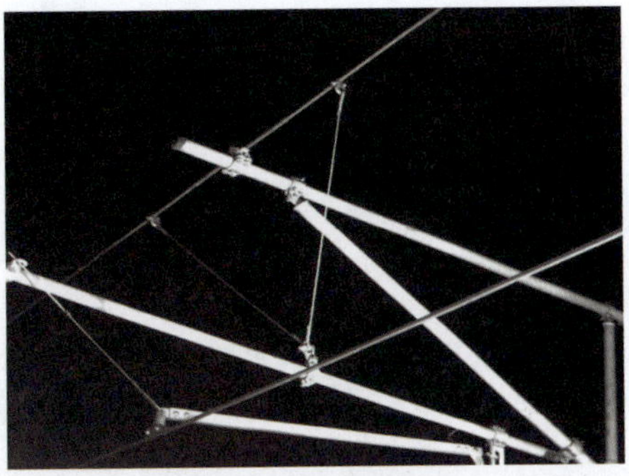

（b）4C装置视频采集画面

图 1-5-57 接触网悬挂状态检测监测装置(4C)及 4C 装置视频采集画面

（a）5C装置

（b）5C装置视频采集画面

图 1-5-58 受电弓滑板状态监测装置(5C)及 5C 装置视频采集画面

6. 接触网及供电设备地面监测装置(6C)

6C 装置安装在接触网特定位置,用于监测接触网张力、振动、抬升量、线索温度、补偿位移、供电设备的绝缘状态、电缆头温度等参数。安装在补偿装置处的 6C 装置如图 1-5-59 所示。

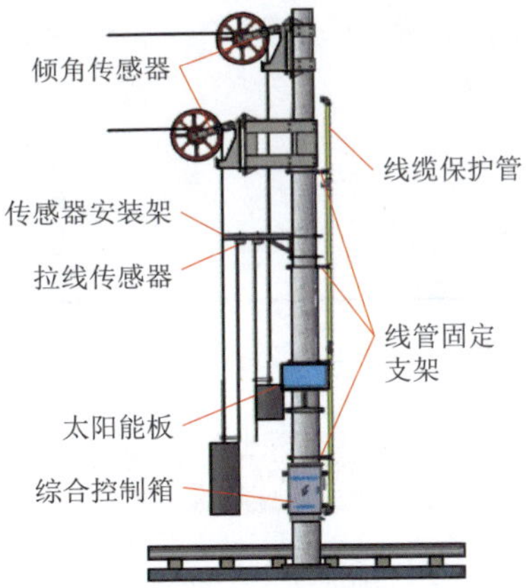

图 1-5-59 安装在补偿装置处的 6C 装置

7. 6C 系统综合数据处理中心

6C 系统综合数据处理中心按国铁集团、铁路局集团公司、供电段(含维管段)三级设置,是 6C 系统各装置所采集数据及相关基础数据的集中汇集处理与综合分析展示平台,为供电设备运行检修提供支持。某供电段 6C 系统综合数据处理中心如图 1-5-60 所示,6C 数据分析系统如图 1-5-61 所示。

图 1-5-60　6C 系统综合数据处理中心

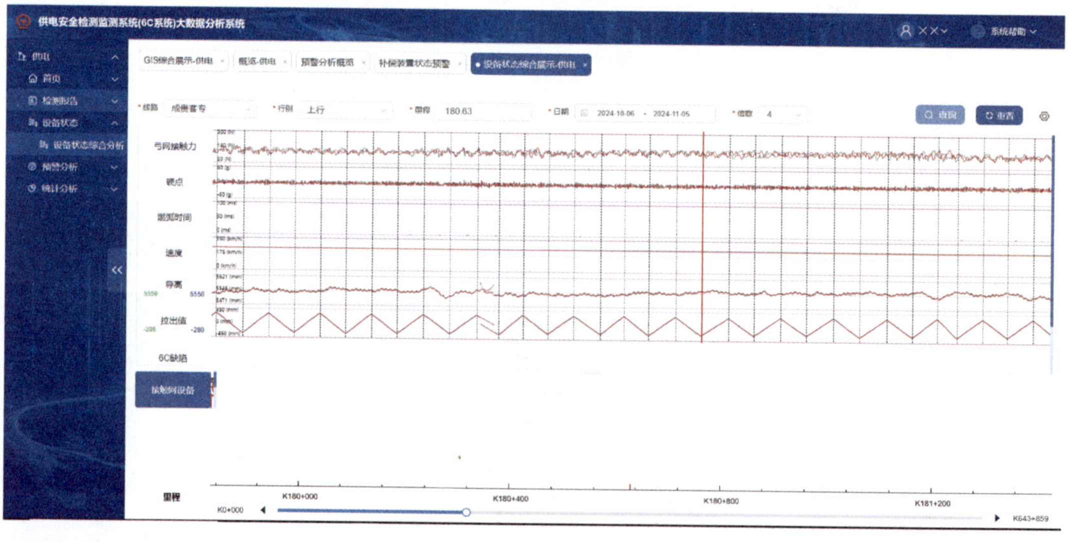

图 1-5-61　6C 数据分析系统

第三节　远动系统

远动系统(也称 SCADA 系统)由调度主站、被控站、复示终端,以及广域网(通信通道)等组成,具备对牵引供电及电力设备进行远程数据采集、通信、监视、测量、控制、保护、辅助监控的能力,满足集中统一调度管理需要。远动系统基本结构如图 1-5-62 所示。

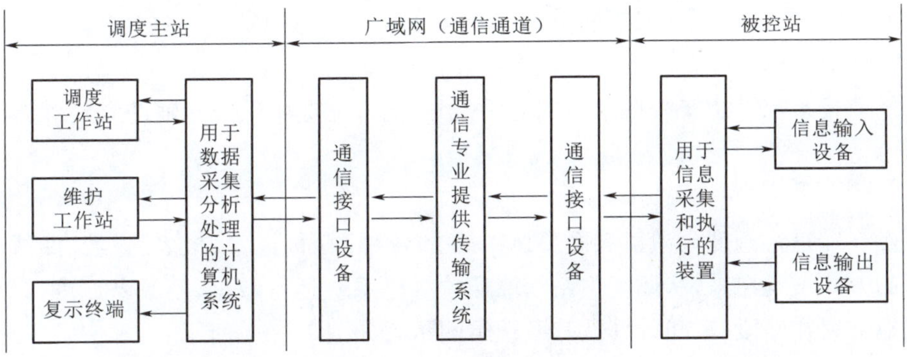

图 1-5-62 远动系统基本结构

一、调度主站

调度主站部署于国铁集团—铁路局集团公司—段（以下简称国铁集团—局—段），基于云计算、大数据技术，以数据全景可视化、调度协同化为基本要求，实现与被控站的远程通信及对铁路供电系统的远程监视控制、辅助监控等功能，并支持与其他相关系统协调联动的系统。调度主站总体结构如图 1-5-63 所示。

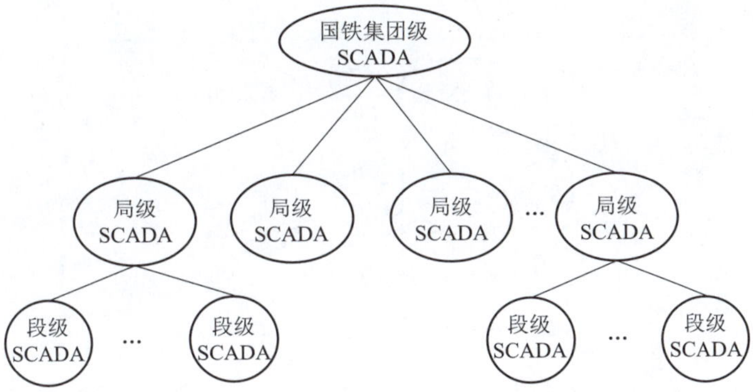

图 1-5-63 调度主站总体结构

二、被 控 站

被控站是 SCADA 系统的三大组成部分之一，它的主要功能是完成对现场数据采集、预处理，对现场设备发送、输出控制命令，向调度端传输信息和执行调度端的控制指令，实现保护定值（查询修改）、故障录波（召唤）和故障报告等扩展功能。

常规被控站为远方终端设备（简称 RTU），集继电保护、监视控制于一体的被控站多采用综合自动化系统。

被控站主要包括远动监控被控站和辅助监控被控站。

（一）远动监控被控站组成

（1）综合自动化系统（含牵引综合自动化系统和电力综合自动化系统，简称综自系统或综自）。

（2）电力箱式变电站、站房所和远动间等终端。

(3)接触网电动隔离开关控制站。

(二)辅助监控被控站

辅助监控被控站指安装在牵引变电所(亭)、电力配电所(亭)的辅助监控系统。

三、复示终端

复示终端是将调度台人机界面(HMI)中的各种画面、报警、报表、录波、曲线等信息以复示的方式展现出来,从调度主站获取相关供电系统运行数据,不具备调度控制权限。复示终端部署在站段、车间、工区,其系统组网示意如图 1-5-64 所示。

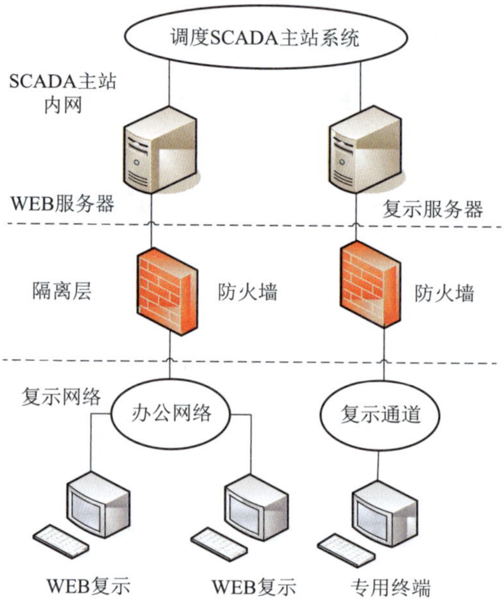

图 1-5-64　复示终端系统组网示意

四、广域网(通信通道)

广域网(通信通道)是实现调度主站与被控站系统间,国铁集团—局—段三级调度主站间的数据传输,属数据通信系统的范畴,其作用是实现调度主站和被控站间的数据交互。

第四节　铁路牵引供电技术发展展望

作为铁路系统的关键组成部分,牵引供电系统的高效、稳定、智能化运行对于提升铁路整体运营效率、保障行车安全具有重要意义。牵引供电系统智能化、绿色化是铁路发展的两大主题。

一、智能化与自动化技术应用

(一)牵引变电所智能化

智能化牵引变电所当代信息科技高速发展下的新型变电站,其显著特点是设备智能化、系统网络化。它能够实现全站信息数字化、协议标准化、通信网络化的目标，自动完成信息采集、测量、控制、保护、计量和监测等基本功能，并可根据需要支持电网实时自动控制、智能调节、在线分析决策、协同互动等高级功能。

(二)接触网检测智能化

运用现代先进的测量、传感、控制、通信、信息、人工智能等技术，实现对接触网状态的实时监测和智能诊断。在接触网的关键部位安装各种传感器，实时采集接触网的运行数据，并实时传输到监控中心。监控中心的数据分析系统对这些数据进行实时分析和处理，及时发现接触网的故障隐患和异常情况，并发出预警信息，以便运维人员及时采取措施。

(三)调度系统智能化

智能化调度系统的同步引入调度主站，着眼调度指挥自动化、智能化远景目标，主动适应调度高质量发展要求，立足生产实际，积极参与调度信息系统开发。安防手段由传统人控向物防、技防突破，建设供电调度智能化管理系统(PDMS)、开发调度命令信息系统，实现高风险作业环节的有效管控。借助信息和大数据分析突破，通过建立标准规范，精准把控作业过程和现场信息，实现调度指挥的科学决策。

(四)运行维护智能化

将无人机、机械臂、机器人等先进科学技术与智能运维相结合，推进设备智能巡检，深入推进检测监测数据、图像、视频融合分析和智能化处理技术。研发自动化的接触网运维设备，实现接触网的自动化巡检、维护。如利用无人机搭载高清摄像头、红外热成像仪等设备，对接触网的设备状态、接触线的磨损情况等进行全面检查，对发现的缺陷及时处置，提高运维效率，降低人工劳动强度和作业风险。

二、绿色环保与节能减排要求

随着国家对绿色交通和环保要求的不断提高，智能化牵引变电所将更加注重绿色化发展。通过采用低碳材料、优化供电方案、推广节能型设备等措施，进一步降低碳排放和环境污染，实现绿色能源的最大化利用。

三、推广简统化接触网

打造以简统化为核心的高性能新型接触网关键技术与设备，进一步深入开展接触网统型工作，打造横向到边(接触悬挂到附加导线)，纵向到底(避雷线到基础)的有中国自主知识产权的全系列中国标准接触网技术体系，形成标准化、系列化装备。

复习思考题

1. 牵引供电系统由哪几部分组成？它们的作用分别是什么？
2. 请简述我国牵引供电系统主要采用的供电方式。
3. 牵引变电所的功能是什么？
4. 牵引变电所主要设备有哪些？

5. 什么是 AT 所？其作用是什么？
6. 接触网基本组成是什么？
7. 简述分段绝缘器的作用。
8. 简述接触网 6C 系统的组成。
9. 附加导线主要包括哪些？
10. 简述远动系统的组成。

第六章

铁路电力

电力为铁路运输生产提供重要的能源，是铁路的重要组成部分。铁路电力系统对提高铁路的运输能力，以及保障行车安全起着非常重要的作用，其供电可靠性直接关系到铁路设备运行稳定与铁路运输的畅通，提供安全、稳定、可靠的电源，是铁路电力工作的基本任务。

铁路电力具有特殊性，由于铁路运输是连续的，哪怕一个车站（信号）的停电，也可能打乱整条铁路线的运输秩序，造成列车晚点，甚至引发设备故障。为此，铁路建立了独立的庞大的电力系统，以保证铁路沿线车站、枢纽、信号、通信、动车段、调度所等关键处所的供电可靠性。本章主要介绍电力系统、电力设备的基本组成、特点及功能。

学习目标

1. 知识目标

（1）掌握铁路电力系统的组成及功能等基本知识。

（2）了解铁路电力系统的供电方式。

（3）了解铁路用电负荷划分及供电原则。

（4）掌握铁路电力主要设备的组成及功能。

2. 素质目标

（1）通过对铁路电力技术知识的学习，具备在工作中辨识相应设备及用途的能力。

（2）提高安全意识，树立安全第一的思想，养成严谨的工作态度和高度的责任心。

（3）增强团队合作精神和沟通协调能力，能够在铁路基础设施维护作业中发挥作用。

（4）培养持续学习的习惯，跟踪铁路电力技术的发展动态。

第一节 铁路电力系统的基本组成

铁路电力系统由外部电源、变配电所、沿线两回高压电力贯通线及箱式变电站（以下简称箱变）、10/0.4 kV 变电所、站场电力线路等构成。铁路电力沿铁路线平均 50～60 km 设置 1 座中高压变配电所，从电网取得外部电源，通过电力贯通线将各所连接起来，形成配电网络；沿线用电处所设置 10/0.4 kV 变电所、箱变，从电力贯通线接引电源，通过所内、箱内配电柜供给铁路用电设备使用。

为保证铁路电力系统运行可靠，及时排除故障并恢复无故障区段供电，铁路同步建设了电力 SCADA 系统。高速铁路电力系统由铁路局集团公司供电调度负责监控网络运行，普速铁路电力系统由站段电力调度负责监控网络运行。其网络运行示意如图 1-6-1 所示。

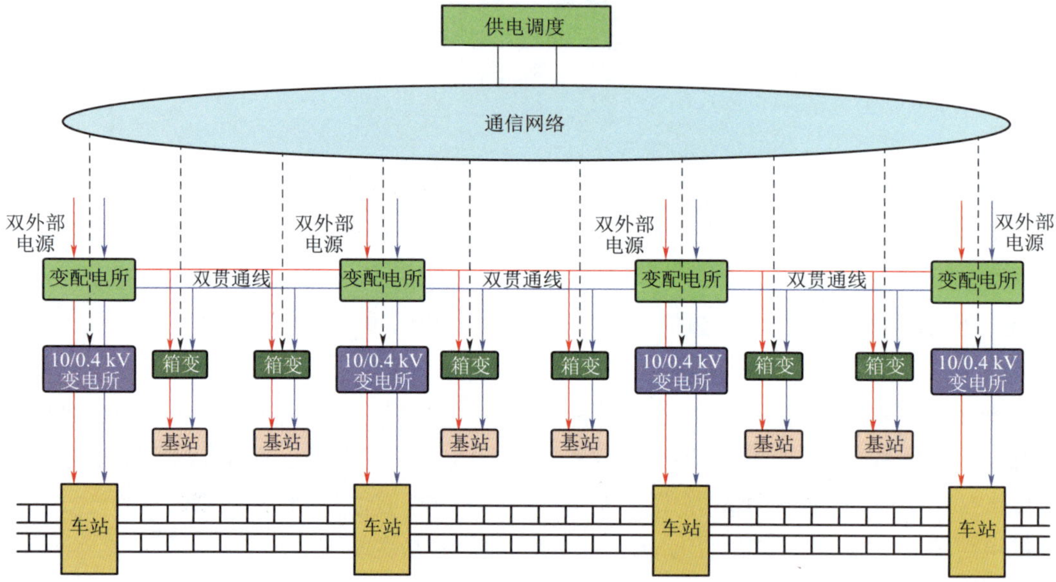

图 1-6-1　SCADA 系统网络运行示意

第二节　铁路电力系统的供电方式

铁路电力系统供电方式分为电力贯通线供电方式和枢纽、站区供电方式。电力贯通线主要是向与行车密切相关的通信、信号、信息、防灾安全监控等设备供电，枢纽、站区供电主要是给旅客服务、站区照明、动力设备等供电。

一、电力贯通线供电方式

铁路车站、信号、通信等重要负荷需要双电源，为此，修建了双回电力贯通线。电力贯通线具备分别从两个方向供电、主备运行的能力，因此，即使其中一座变配电所外电源停电，也不影响相关设备的正常运行。电力贯通线供电示意如图 1-6-2 所示。

二、枢纽、站区供电方式

枢纽、站区供电方式主要分环形供电和放射式供电两种。

铁路枢纽、编组站、动车段等大型场所一般采用环形供电方式，从变配电所两段馈出母线分别引出站馈回路，组成环状网络，线路中间设置高压开关。高速铁路涉及的地区设置双环网，保证用电设备双路电源。枢纽、站场环形供电方式如图 1-6-3 所示。

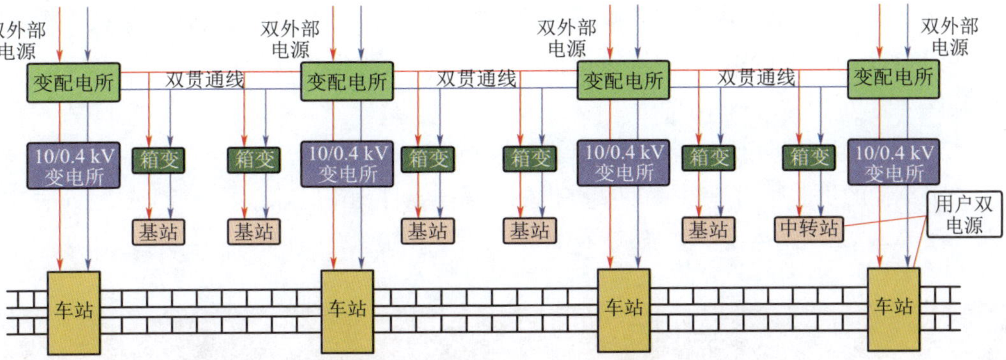

图 1-6-2　电力贯通线供电示意

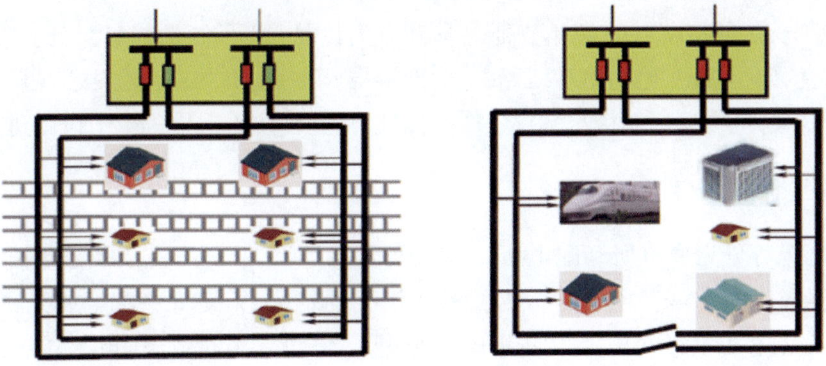

（a）“闭环”运行　　（b）“开环”运行

图 1-6-3　枢纽、站场环形供电方式

放射式供电是电源设置在中间，负载遍布在周围的方式，如图 1-6-4 所示。大型铁路客站及低压配电一般采用放射式供电方式。

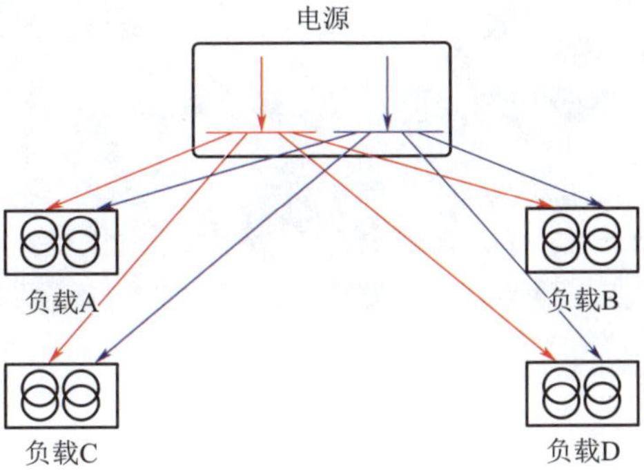

图 1-6-4　放射式供电方式

第三节　铁路用电负荷划分及供电原则

铁路用电负荷根据供电可靠性要求及中断供电对人身安全、经济损失或影响程度，分为一级负荷、二级负荷及三级负荷。

一级负荷:中断供电将引起人身伤害,主要行车设备损坏,造成铁路运输秩序混乱。

一级负荷的供电原则:应由双重电源供电,当一电源发生故障时,另一电源不应同时受到损坏。

二级负荷:中断供电将打乱生产组织,影响铁路正常运输。

二级负荷的供电原则:宜由两回线路供电。供电条件困难时,应采用一回独立线路供电。

三级负荷:不属于一级和二级负荷者。

第四节　铁路电力主要设备

铁路电力系统从公共电网获取电能后,通过变电、配电和用电等环节,将电能供到各铁路用户。变电、配电和用电的各环节都离不开电力设备,以下主要对变配电所、10/0.4 kV 变电所、箱变、架空线路、电力电缆线路、电力变压器、电力电抗器、高压开关、高压熔断器、互感器、低压开关、电缆分接箱、投光灯塔(桥)、接地、接零和防雷保护等电力设备进行介绍。

一、变配电所

变配电所可分为变电所和配电所。变电所主要是将 35 kV、110 kV 公用电力系统电源经变压器降压为 10 kV 电源再分配给铁路沿线的站房、箱变等。配电所是引入公用电力系统 10 kV 电源不经变压将 10 kV 电源分配给铁路沿线的站房、箱变,经变压器降压后通过配电柜供给铁路用电设备使用。变配电所如图 1-6-5 所示。

图 1-6-5　变配电所

二、10/0.4 kV 变电所

10/0.4 kV 变电所是用以变换电压、交换功率和汇集、分配电能的设施,主要是将 10 kV 电源经变压器降压为 0.4 kV 后通过配电柜供给铁路用电设备使用。它主要由高压环网开关柜、变压器、低压开关柜、保护装置、RTU 装置和 UPS 电源等组成。根据不同用户分为站房变电所和通信信号变电所两类,站房变电所主要是为站区旅客服务、生产生活供电,通信信号变电所主要是为通信、信号设备提供电源。10/0.4 kV 变电所如图 1-6-6 所示。

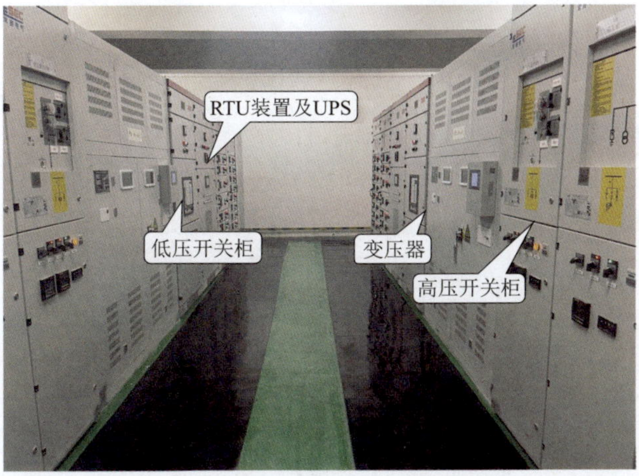

图 1-6-6　10/0.4 kV 变电所

三、箱　　变

铁路箱变是针对铁路自动闭塞和电力贯通线路供电特点而专门设计的产品，作用与 10/0.4 kV 变电所相同，与 10/0.4 kV 变电所相比，箱变相当于将配电设备设置在“铁房子”内，其特点结构紧凑、安装简便。箱变由高压环网开关柜、变压器、低压开关柜、RTU 装置及 UPS 电源等组成，如图 1-6-7 所示。

(a) 箱变外观结构

(b) 高压环网开关柜

(c) 变压器

(d) 低压开关柜

(e) RTU装置、UPS电源

图 1-6-7　箱变

四、架空线路

架空线路是将导线用绝缘子固定在直立于地面杆塔上用于输送分配电能的线路，主要由导线、绝缘子、避雷器、金具、横担、拉线、杆塔等部件组成，如图 1-6-8 所示。

图 1-6-8　架空线路主要组成

1. 导　　线

导线是用来传导电流、输送电能的载体，具有良好的导电性能、足够的机械强度、耐振动疲劳、抵抗空气中化学腐蚀的能力。铁路常用导线有铝绞线（LJ）、钢芯铝绞线（LGJ）、架空绝缘线（JKLYJ、JKLGYJ），如图 1-6-9 所示。

（a）绝缘铝绞线　　（b）钢芯铝绞线

图 1-6-9　导线

2. 绝 缘 子

绝缘子将带电导线与杆塔等接地体可靠地进行电气绝缘，将导线固定在杆塔上。绝缘子常用的有针式、悬式绝缘子等类型，按材质可分陶瓷、复合式（硅橡胶）绝缘子，如图 1-6-10 所示。

（a）针式绝缘子

（b）悬式绝缘子

图 1-6-10 绝缘子

3. 避 雷 器

避雷器用于保护电气设备免受高瞬态过电压危害，并限制续流时间和续流幅值，防止过电压损坏变压器及其他电器。常用的氧化锌避雷器如图 1-6-11 所示。

4. 金 具

金具是连接和组合电力线路中各装置的元件，传递机械、电气负荷或起某种防护作用的金属附件。金具按其主要性能和用途可分为：线夹类、连接金具类、接续金具类、防护金具类、拉线金具类，如图 1-6-12 所示。

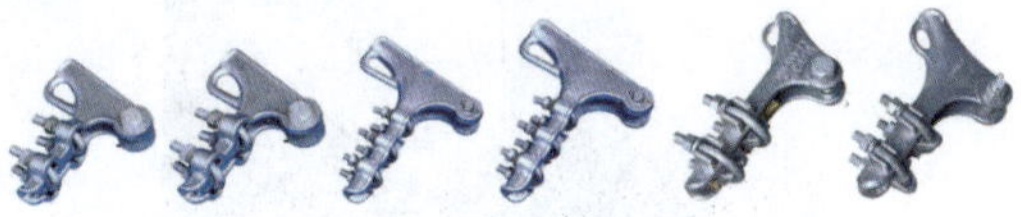

（a）耐张线夹

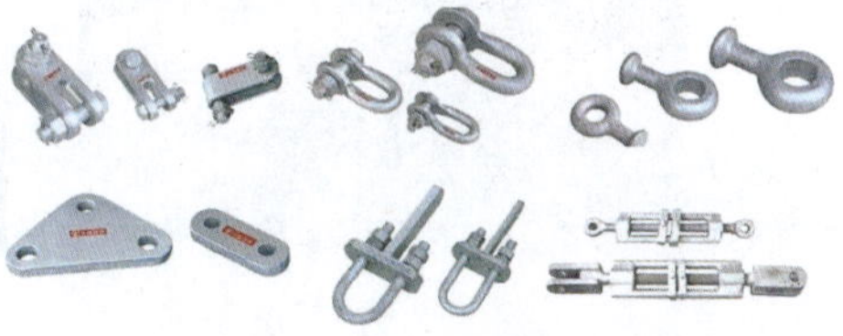

（b）连接金具

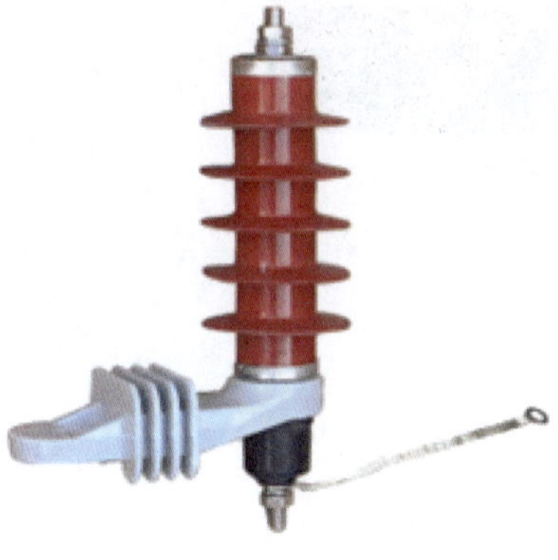

图 1-6-11 氧化锌避雷器

（c）接续金具

（d）防护金具（均压环）

图 1-6-12 金具

5. 横 担

横担将绝缘子与杆塔固定连接在一起，并使导线与杆塔保持一定的绝缘距离，起支撑作用。横担常用材质为铁横担，采用热浸锌防腐工艺，如图 1-6-13 所示。

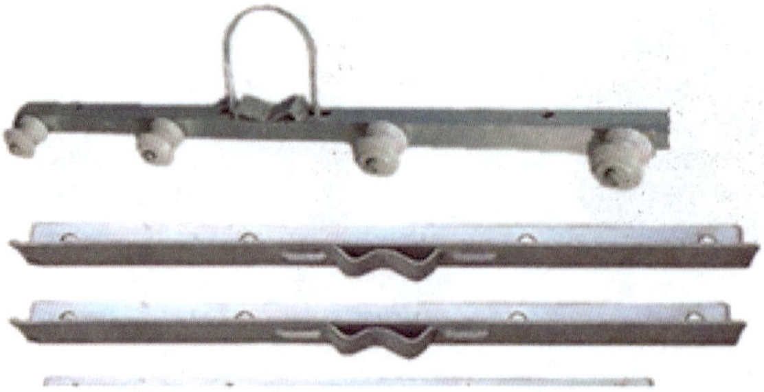

图 1-6-13　横担

6. 拉　　线

拉线用以平衡杆塔各方向的拉力,防止杆塔弯曲或倾斜。在承受不平衡荷载的电杆上(如终端杆、转角杆、跨越杆等)均装设拉线,以平衡杆塔张力并增加杆塔的稳定性,如图 1-6-8 所示。

7. 杆　　塔

杆塔用来支持和固定导线、绝缘子及其他附属金具,并使带电部分与其他物体保持有足够的安全距离。常用杆塔有钢筋混凝土电杆(水泥杆)和铁塔,如图 1-6-14 所示。

(a) 水泥杆　　(b) 铁塔

图 1-6-14　架空线路常用杆塔

五、电力电缆线路

电力电缆线路是铁路主要的电力输电线路,承担电能输送任务。电缆线路常见敷设方式为直埋、排管、电缆沟(槽)等,如图 1-6-15 所示,它具有受环境影响小、安全性好、故障率低、供电可靠性高、不占地面与空间、不暴露目标、美化城市环境等优点。电力电缆线路由电缆本体和附件(包括中间接头、户内型终端头、户外型终端头、可分离终端头)及其他安装器材(桥架、穿管、防火材料等)组成。

1. 电缆本体

电缆本体起输送电能的作用,按电压等级分为高压型和低压型电缆,按芯数分为单芯与三芯电缆，其结构如图 1-6-16 所示。

（a）直埋敷设

（b）排管敷设

（c）电缆沟敷设

（d）桥架敷设

（e）桥梁段电缆蛇形敷设

图 1-6-15　电缆线路常见敷设方式

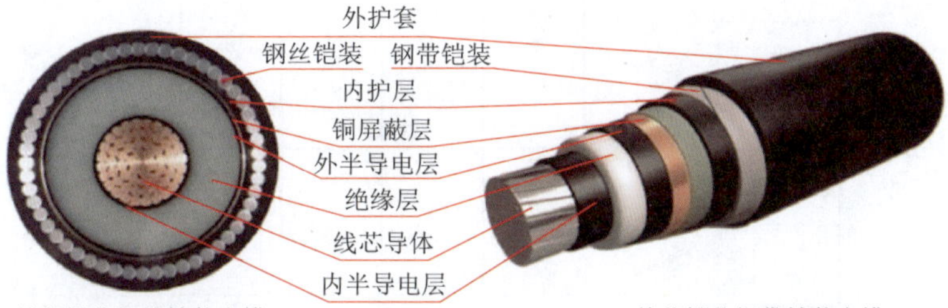

单芯铜芯钢丝铠装电缆　　单芯铝芯钢带铠装电缆

（a）单芯电缆

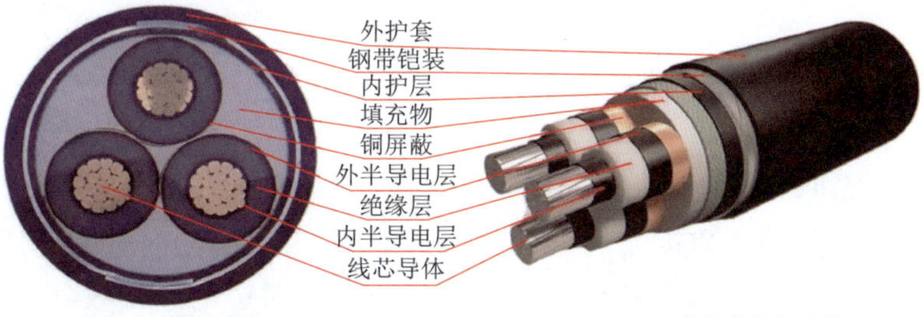

三芯铜芯钢铠电缆　　三芯铝芯钢铠电缆

（b）三芯电缆

图 1-6-16　电缆结构

2. 电缆中间接头

电缆中间接头主要是把各段电缆连接起来，并密封成一个整体的电缆线路。

3. 电缆终端头

电缆终端头装配在电缆末端，把电缆头密封起来，保证电缆的绝缘水平，并用以完成与其他电气设备连接的装置。常见电缆终端头有户内型终端头、户外型终端头、电缆肘型头，如图 1-6-17 所示。

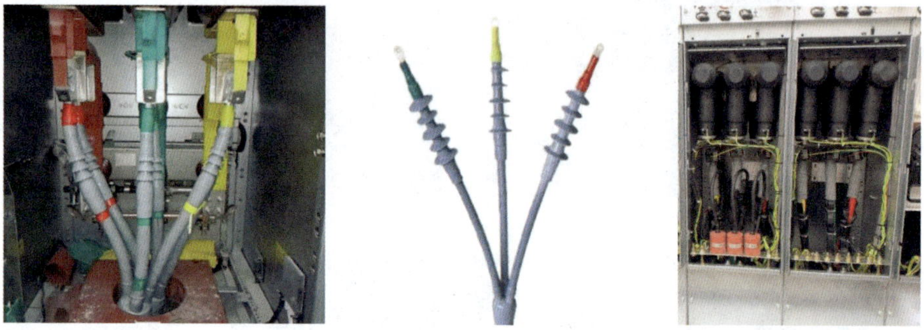

（a）户内型终端头　（b）户外型终端头　（c）电缆肘型头

图 1-6-17　电缆终端头

4. 电缆标志桩

电缆标志桩标志电缆埋设路径，如图 1-6-18 所示。

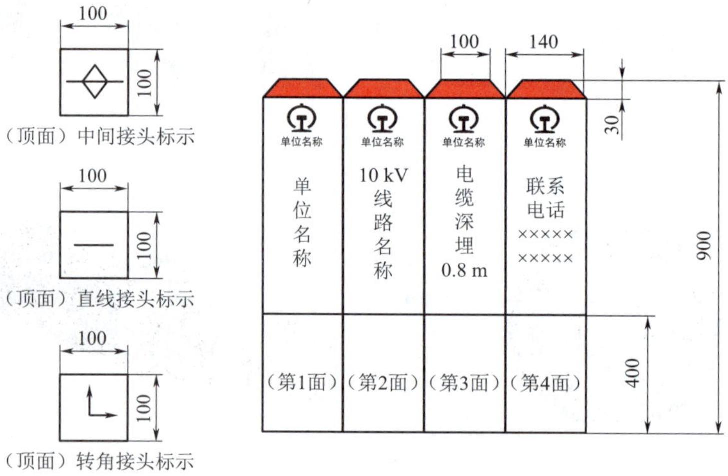

图 1-6-18　电缆标志桩(单位：mm)

六、电力变压器

电力变压器是变配电所中最重要的一次设备之一，其主要功能是变换电压和传输电能，将一次侧的电能通过电磁能量转换的方式传输到二次侧，同时根据应用的需要将电压升高或降低，完成电能的输送和分配。常见电力变压器按电源相数分为单相变压器、三相变压器，按冷却介质分为油浸式变压器、干式变压器，如图 1-6-19 所示。

（a）单相油浸式变压器　（b）单相干式变压器　（c）三相油浸式变压器　（d）三相干式变压器

图 1-6-19　电力变压器

七、电力电抗器

电力电抗器主要并联在全电缆的电力贯通线上，用于补偿吸收电缆线路的容性无功功率，限制系统中工频电压的升高，改善沿线电压分布。电抗器按冷却介质分为干式电抗器、油浸式电抗器，如图 1-6-20 所示。

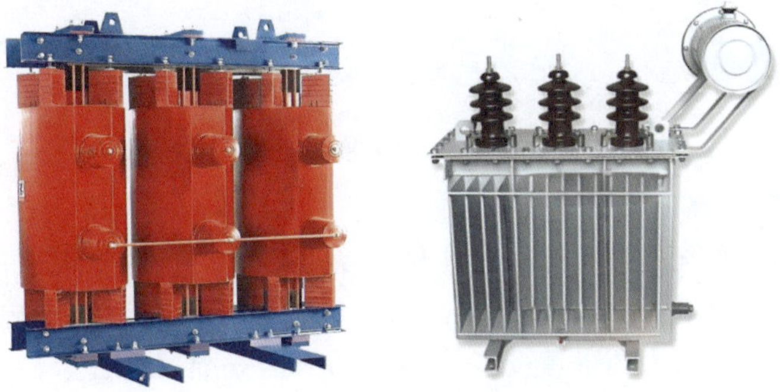

（a）干式电抗器　（b）油浸式电抗器

图 1-6-20　电抗器

八、高压开关

高压开关在系统正常运行时，能切断和接通线路及各种电气设备的空载和负载电流。常见高压开关有隔离开关、断路器、负荷开关，如图 1-6-21 所示。断路器和继电保护配合，能迅速切断故障电流，以防止扩大事故范围。

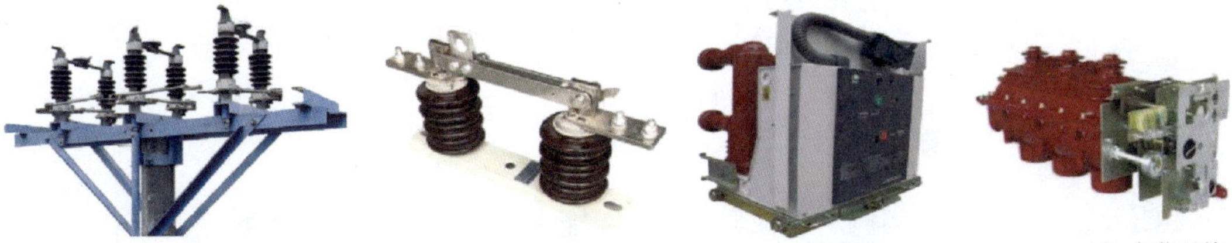

（a）三极联动隔离开关　（b）单极隔离开关　（c）断路器　（d）负荷开关

图 1-6-21　高压开关

九、高压熔断器

高压熔断器是最简单的保护电器，用来保护电气设备免受过载和短路电流的损害。常见高压熔断器有户外跌落式熔断器、户内式熔断器，如图 1-6-22 所示。

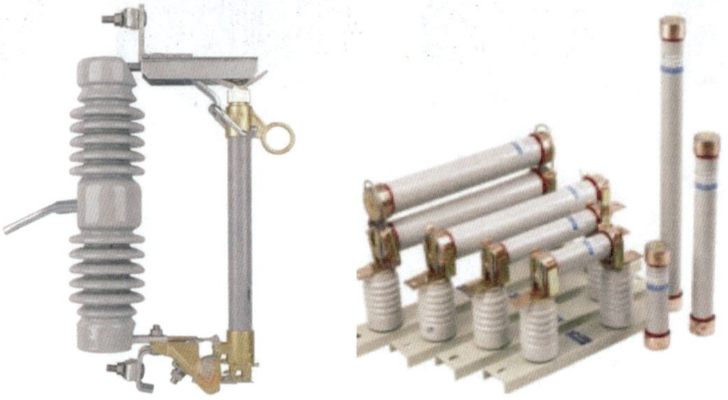

（a）户外跌落式熔断器　　（b）户内式熔断器

图 1-6-22　高压熔断器

十、互 感 器

互感器按用途分为电压互感器和电流互感器两类。

1. 电压互感器

电压互感器是将系统高电压按一定比例变换成 100 V 标准低电压的设备。它主要是用来给测量仪表和继电保护装置供电，用来测量线路的电压、功率和电能，或者用来在线路发生故障时保护线路中的贵重设备、电机和变压器。常见电压互感器按相数分为单相电压互感器和三相电压互感器，如图 1-6-23 所示。

（a）单相电压互感器　　（b）三相电压互感器

图 1-6-23　电压互感器

2. 电流互感器

电流互感器是将一次侧大电流转换成二次侧小电流，用来串接在测量仪表和保护回路中将大电流降到用仪表直接测量的小电流的设备。常见电流互感器按安装方式分为穿心式和开合式，如图 1-6-24 所示。

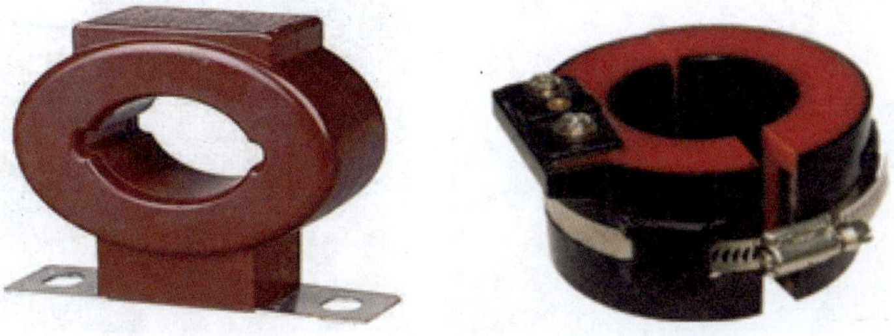

（a）穿心式　　（b）开合式

图 1-6-24　电流互感器

十一、低压开关

低压开关是最普通、使用最早的电气设备，其作用是隔离、转换、接通、分断电路。常用的有低压断路器、刀开关、低压隔离开关等。

1. 低压断路器

低压断路器既能在正常情况下切断负载电流，又能在发生短路时自动切断短路电流，对人身安全起到保护作用。常用断路器有框架断路器、塑壳断路器、微型断路器，如图 1-6-25(a)～(c)所示。

2. 刀　开　关

刀开关是用来接通和断开电路的手动开关，常用于电压低于 500 V、电流小于 500 A 的不经常操作的电路中。常用刀开关如图 1-6-25(d)所示。

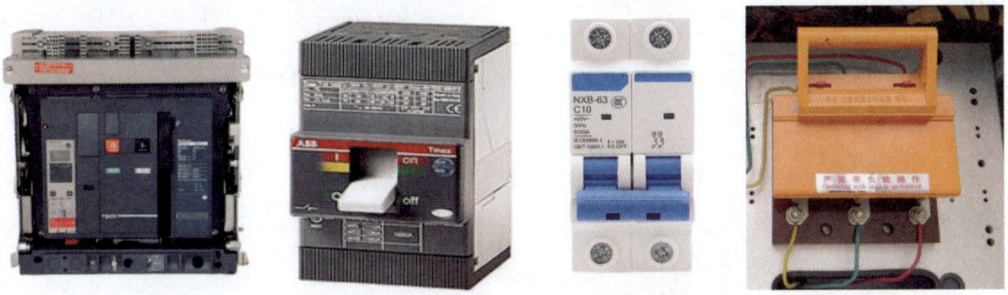

（a）框架断路器　　（b）塑壳断路器　　（c）微型断路器　　（d）刀开关

图 1-6-25　低压开关

十二、电缆分接箱

电缆分接箱是将电缆分接、中间连接或转接的设备，常见电缆分接箱有地埋式电缆对接箱、电缆开关箱等，如图 1-6-26 所示。

十三、投光灯塔(桥)

投光灯塔(桥)是一种专门用于远距离投射光线的照明设备，其安装在铁路站场或车站内横跨股道的桁梁上，为站场部分区域提供照明，如图 1-6-27 所示。

(a) 地埋式电缆对接箱

(b) 电缆开关箱

图 1-6-26　电缆分接箱

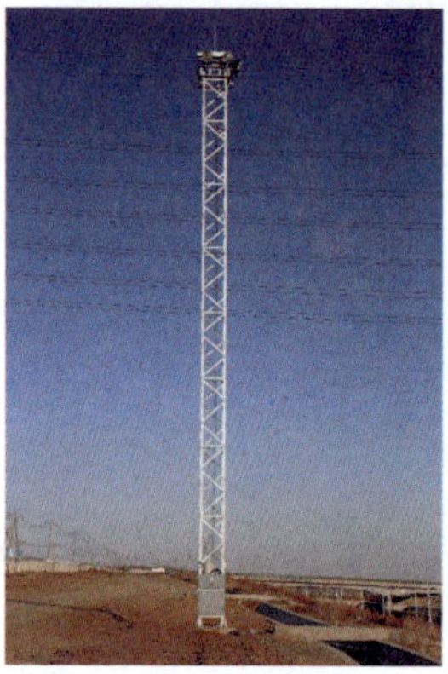

(a) 投光灯塔

(b) 投光灯桥

图 1-6-27　投光灯塔(桥)

十四、接地、接零和防雷保护

接地、接零和防雷保护是电力系统中必不可缺的，它们在保护设备和人身安全方面起到关键性作用。

1. 接　　地

接地分为工作接地和保护接地，一般使用黄绿色线缆。工作接地是为了保证电力系统正常稳定运行而进行的接线；保护接地是为了防止发生绝缘击穿或其他事故时电压对人身安全造成危害，通常将金属外壳与地相连，如图 1-6-28 所示。

(a) 工作接地

(b) 保护接地

图 1-6-28　接地

2. 接　零

接零是将电器设备的零线连接到电源零线，起到工作续流，一般使用蓝色线缆，如图 1-6-29 所示。

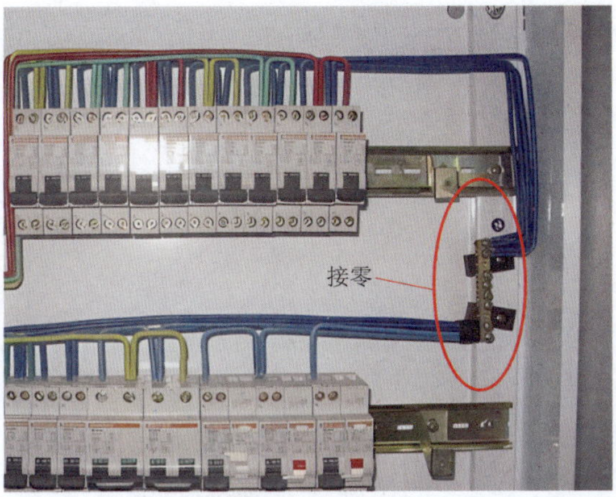

图 1-6-29　接零

3. 防雷保护

防雷保护是利用防雷装置防止雷电击中供电设备过电压导致设备故障。常见的防雷保护装置有避雷针、避雷器、电源防雷器等，如图 1-6-30 所示。

(a) 避雷针

(b) 氧化锌避雷器

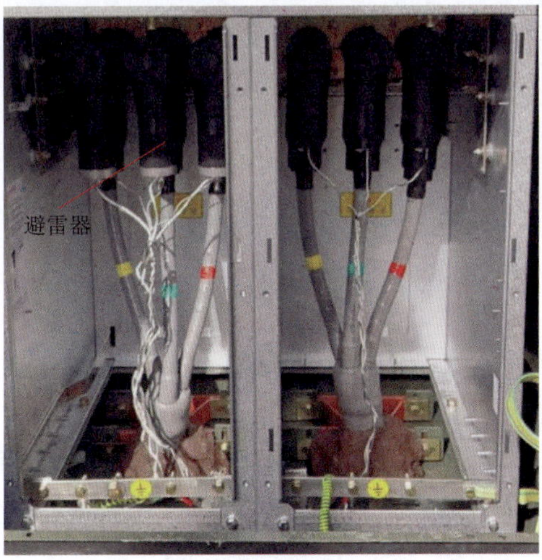

(c) 肘型避雷器

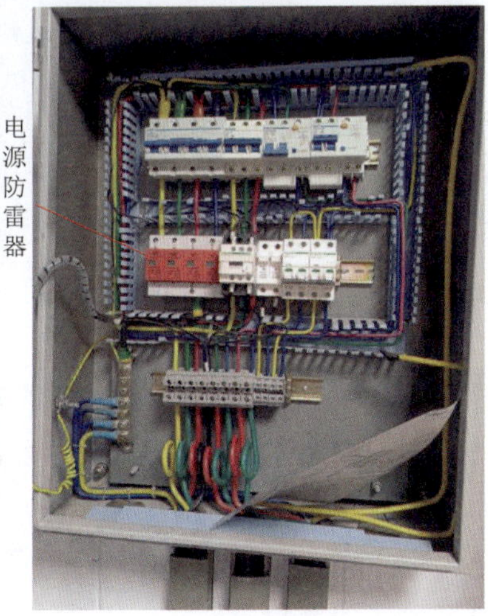

(d) 电源防雷器

图 1-6-30　防雷保护

第五节　铁路电力技术发展展望

新技术与新材料在铁路电力电气化领域的应用前景广阔。它们将共同推动铁路电力系统的转型升级，提升其运行效率、安全性和智能化水平，同时，这些新技术和新材料的应用还将为铁路电力系统的节能减排和可持续发展做出贡献。

一、新 技 术

(一)智能电网技术

通过集成先进的传感器、控制器和执行器，实现对电网运行状态进行实时监测和控制。在铁路电力系统中，智能电网技术可以优化电力分配，确保电力供应的稳定性和可靠性。同时，智能电网还能实现电力负荷的精准预测和调度，提高电力资源的利用效率。随着可再生能源在铁路电力系统中的比例逐渐提高，智能电网技术在协调可再生能源发电、储存和分配方面将发挥越来越重要的作用。

(二)物联网技术

通过将所有设备、系统和用户连接起来，实现信息的实时交换和共享。在铁路电力电气化领域，物联网技术可以实现对电力设备的远程监控和故障诊断，提高设备的运行效率和维护水平。物联网技术还能实现电力负荷的精准监测和控制，为铁路电力系统的优化运行提供有力支持。

(三)大数据和人工智能技术

通过对海量数据的分析和挖掘，发现数据之间的关联和规律，为铁路电力系统的决策提供支持。在铁路电力领域，大数据和人工智能技术可以实现对电力负荷、设备状态等关键参数进行实时监测和预测，为电力系统的运行和维护提供科学依据。同时，这些技术还能实现电力设备的智能诊断和预测性维护，提高设备的可靠性并延长使用寿命。

二、新 材 料

(一)高强度、高导电性金属材料

高强度、高导电性金属材料具有优异的力学性能和导电性能，能够承受较大的电流和机械应力。在铁路电力电气化领域，这些材料可以用于制造变压器电缆等关键设备，可以提高电力系统的传输效率和稳定性。

(二)高温超导材料

高温超导材料具有零电阻和完全抗磁性等特性，能够在高温下实现电力的无损耗传输。在铁路电力系统中高温超导材料可以用于制造超导电缆、超导变压器等设备，可以提高电力系统的传输效率和能源利用率。同时，超导材料的应用还能减少电力系统的损耗和环境污染，具有显著的节能减排效果。

(三)可再生能源材料

随着可再生能源技术的不断进步和成本的降低，太阳能、风能等可再生能源在铁路

电力系统中的比例逐渐提高。这些可再生能源材料具有清洁、可再生的特点,能够为铁路电力系统提供可持续的能源供应。在铁路电力电气化领域,可再生能源材料可以用于制造太阳能光伏板、风力发电机等设备,为铁路电力系统的节能减排和可持续发展做出贡献。

复习思考题

1. 简述铁路电力系统的供电方式。
2. 简述一、二级负荷的供电原则。
3. 常见的电力设备主要有哪些?
4. 简述箱式变电站与10/0.4 kV变电所的区别。
5. 架空线路主要由哪几部分组成?
6. 简述电力变压器的主要功能。
7. 简述低压开关的作用。
8. 简述接地、接零和和防雷保护的主要作用。

第七章

自轮运转特种设备

自轮运转特种设备是指在铁路营业线上运行的铁路轨道车、救援起重机、铺轨机和架桥机(组)车辆、接触网作业车、大型养路机械等,其适应面广、机动性强、操控灵活,在铁路运输、维修、施工、救援、检测等方面发挥着不可或缺的作用。本章主要介绍用于铁路基础设施维护的自轮运转特种设备的分类,以及轨道作业车、大型养路机械等自轮运转特种设备常用车型和特点。

学习目标

1. 知识目标

(1)掌握自轮运转特种设备定义和用途。

(2)掌握自轮运转特种设备常用车型和特点。

2. 素质目标

(1)通过对自轮运转特种设备知识的学习,具备在工作中辨识相应设备及用途的能力。

(2)提高安全意识,树立安全第一的思想,确保自轮运转特种设备的安全性和可靠性。

(3)增强团队合作精神和沟通协调能力,能够在铁路基础设施维护作业中发挥作用。

(4)培养持续学习的习惯,跟踪自轮运转特种设备的发展动态。

第一节　自轮运转特种设备概述

自轮运转特种设备主要用于施工、维修、检测、清障,以及抢修等作业,是铁路基础设施维护的重要工具和设备。

一、自轮运转特种设备分类

自轮运转特种设备种类多、外形各异,每种设备都具有特定的功能。根据用途、传动方式、制动形式等进行分类,便于区分和比较。

(一)按用途分类

自轮运转特种设备按用途主要分为轨道作业车和大型养路机械。

(二)按传动方式分类

自轮运转特种设备按传动方式分主要有以下4种:

(1)机械传动:通过机械装置将动力从一个部件传递到另一个部件的过程。它可以实现不同速度、不同扭矩的转换,以及正向、反向运动的输出。

(2)液力传动:以液体为工作介质,由叶轮组成的一种非刚性连接的传动装置。把机械能转换为液体的动能,再将液体的动能转换为机械能,起到能量传递的作用。

(3)液压传动:以液体为工作介质,利用液体压力能进行能量转换的传动方式。

(4)电传动:将电动机的动力通过传动装置传递给机械设备,从而实现机械设备的运动。

(三)按制动形式分类

制动系指运行中的机车车辆及其他运输工具或机械等停止或减低速度的动作。自轮运转特种设备按制动形式分主要有以下两种:

(1)空气制动:空气制动机利用压缩空气作为动力源,通过控制空气的压力来实现列车的制动和缓解。

(2)电阻制动:利用电机的可逆原理,列车在制动过程中,将牵引电动机作为发电机使用,利用惯性由轮对带动电动机转子旋转而发电,从而产生反转力矩,消耗列车的动能,达到制动目的。

二、车号编码规则

铁路基础设施检修装备车号编码均采用五至七位阿拉伯数字,车号均唯一,新车号不与既有车号重复。

(1)国铁集团铁路基础设施检修装备车号的编码第一、二位数字01～19为"用户代码",代表18个铁路局集团公司和铁科院集团公司。国铁集团铁路基础设施检修装备车号编码起止号码为01001～1999999。

(2)地方、合资铁路铁路基础设施检修装备车号的编码第一、二位数字为"20",第三至第七位数字为顺序号。地方、合资铁路铁路基础设施检修装备车号编码起止号码为2000001～2099999。

(3)自备铁路基础设施检修装备车号的编码第一、二位数字为"30",第三至第七位数字为顺序号。自备铁路基础设施检修装备车号编码起止号码为3000001～3099999。

(4)新设计的试验车车号编码为一次性车号,第一、二位数字为"00",第三至第五位数字为顺序号。设计定型后按所属用户重新编号。

第二节　轨道作业车

轨道车和接触网作业车统称为轨道作业车,轨道作业车是用于铁路基础设施检测维修、应急抢险等工作的重要装备，是工电自轮运转特种设备的主要组成部分。随着我国铁路事业的发展，对轨道作业车在各方面的性能提出了更高的要求，操纵智能化、排放环保化、工作环境舒适化等方面得到了持续性提升。

一、轨道作业车常用车型

轨道车包括重型轨道车(含隧道检修车)、起重轨道车、发电轨道车、轨道平车、起重轨道平车、收轨平车及轻型轨道车等。常用车型有 GC-270 重型轨道车、GCY-300Ⅱ重型轨道车、GCD-450 重型轨道车、GCD-1000Ⅱ重型轨道车等。

接触网作业车包括接触网检修作业车(含接触网多功能检修作业车、接触网检修车列、接触网多平台作业车、接触网高空作业车等)、接触网检测车、接触网放线车、接触网专用平车、接触网立杆作业车、绝缘子水冲洗车等。常用车型有 JW-4 型接触网检修作业车、JW-4G 型接触网检修作业车、DPT 型接触网检修作业车、JJC 型接触网检修车列、JJZ_J 型接触网检修作业车。

二、常用轨道作业车简介

(一)轨 道 车

轨道车主要用于路材、路料及人员运输，铁路基础设施检测维修、应急抢险，以及牵引大型养路机械等其他自轮运转特种设备等工作。其结构主要由动力、传动、走行、制动、电气和液压系统等组成。

1. GC-270 重型轨道车(图 1-7-1)

GC-270 重型轨道车采用机械传动，空气制动及停车手制动的制动方式。其使用内燃动力，最大装车功率 276 kW，最高自运行速度 110 km/h。

该车型操作轻便灵活，应用广泛，起动力矩大，运行平稳。

图 1-7-1　GC-270 重型轨道车

2. GCY-300Ⅱ重型轨道车(图 1-7-2)

GCY-300Ⅱ重型轨道车采用液力传动，空气制动及停车手制动的制动方式。其使用内燃动力，最大装车功率 353 kW，最高自运行速度 120 km/h。

图 1-7-2　GCY-300Ⅱ重型轨道车

GCY-300Ⅱ重型轨道车作业状态如图 1-7-3 所示。该车型电气控制系统采用模块化设计，设有随车起重机及作业支撑装置，方便路料吊装，满足了铁路维修工作中的多样化需求。在该机型基础上衍生出多种同类型轨道车，如增加三组作业平台，用于隧道拱顶检查。

图 1-7-3　GCY-300Ⅱ重型轨道车作业状态

3. GCD-450 重型轨道车(图 1-7-4)

GCD-450 重型轨道车采用电传动，空气制动、电阻制动及停车手制动的制动方式，电

图 1-7-4　GCD-450 重型轨道车

阻制动功率 500 kW。其使用内燃动力，最大装车功率 563 kW，最高自运行速度 120 km/h。

GCD-450 重型轨道作业状态如图 1-7-5 所示。该车型在长大下坡道运行时具有较好的制动性能，操纵简便，起动性能平稳、提速快、爬坡能力强。根据现场作业需求，该车型可增设装载平台，设置起重机，用于起吊钢轨和重的维修机具配件等；或者增设双平台作业机构，左右两个平台可各自独立向外伸缩、向上升起，具有多点同时作业或协同单点作业功能。

图 1-7-5　GCD-450 重型轨道车作业状态

4. GCD-1000Ⅱ重型轨道车(图 1-7-6)

GCD-1000Ⅱ重型轨道车采用电传动，空气制动、电阻制动及停车手制动的制动方式，电阻制动功率 500 kW×2。其使用内燃动力，最大装车功率 522 kW×2，最高自运行速度 120 km/h。

该车型在长大下坡道运行时具有较好的制动性能，操纵简便，起动性能平稳、提速快、爬坡能力强，主要用于 20‰以上的长大坡道区段。该车型分动力上置式(带机器间)和动力下沉式(不带机器间)两种布置。设置机器间时，能够方便发动机及配套设施的检修工作；动力下沉布置时，室内可设乘坐间，能满足 30 人乘坐。

图 1-7-6　GCD-1000Ⅱ重型轨道车

(二)接触网作业车

接触网作业车用于电气化铁路接触网设备安装、维护、检测检修及人员运输，应急抢险，也可兼做牵引车辆等工作。其结构主要由动力、传动、走行、制动、电气和液压系统及作业机构等组成。

1. JW-4 型接触网检修作业车(图 1-7-7)

JW-4 型接触网检修作业车采用机械传动，空气制动及停车手制动的制动方式。其使用内燃动力，装车功率 216 kW，最高自运行速度 100 km/h。

图 1-7-7　JW-4 型接触网检修作业车

JW-4 型接触网检修作业车作业状态如图 1-7-8 所示。该车型整车具有良好的运行平稳性，操作灵活，维修方便。

图 1-7-8　JW-4 型接触网检修作业车作业状态

2. JW-4G 型接触网检修作业车(图 1-7-9)

JW-4G 型接触网检修作业车采用液力传动，空气制动及停车手制动的制动方式。其使用内燃动力，装车功率 353 kW，最高自运行速度 120 km/h。

JW-4G 型接触网检修作业车作业状态如图 1-7-10 所示。该车型采用动力下沉布置，配备自动调平的全液压升降回转平台，作业时人身安全可靠，操作灵活，维修方便。

图 1-7-9　JW-4G 型接触网检修作业车

图 1-7-10　JW-4G 型接触网检修作业车作业状态

3. DPT 型接触网检修作业车(图 1-7-11)

DPT 型接触网检修作业车采用液力传动,空气制动及停车手制动的制动方式。其使用内燃动力,装车功率 353 kW,最高自运行速度 120 km/h。

图 1-7-11　DPT 型接触网检修作业车

DPT 型接触网作业车作业状态如图 1-7-12 所示。该车型电气控制系统采用模块化设计，动力下沉式布置，Ⅰ端设三平台作业装置，作业效率高；主平台升起时可以对接触网导线、吊弦进行检修，侧平台升起时可以对接触网腕臂、支撑装置、附加悬挂等接触网设备进行检修。

图 1-7-12　DPT 型接触网检修作业车作业状态

4. JJC 型接触网检修车列(图 1-7-13)

JJC 型接触网检修车列采用液力传动，空气制动及停车手制动的制动方式。其使用内燃动力，装车功率 353 kW×2×2，最高自运行速度 120 km/h。

图 1-7-13　JJC 型接触网检修车列

JJC 型接触网检修车列作业状态如图 1-7-14 所示。该车型由两台牵引车和十台顶部安装贯通升降作业平台(175 m)的作业车按固定顺序编组组成，集贯通平台作业、牵引、弓网取电、发电、料具存储、食宿、会议、办公等功能为一体，主要适用于高速铁路区段作业，作业效率高。

5. JJZ_J 型接触网检修作业车(图 1-7-15)

JJZ_J 型接触网检修作业车采用电传动，空气制动、电阻制动及停车手制动的制动方式，制动功率 430 kW×2。其使用内燃动力，装车功率 522 kW×2，最高自运行速度 120 km/h。

图 1-7-14　JJC 型接触网检修车列作业状态

图 1-7-15　JJZ_J 型接触网检修作业车

JJZ_J 型接触网检修作业车作业状态如图 1-7-16 所示。该车型采用两套动力单元下沉式布置，车上配置有三作业平台和高空作业斗，可满足高空作业和多工作面作业的需求。该车型主要应用于铁路接触网架设、日常检修、维护、保养、抢险等作业，特别适用于大坡道区段作业。

图 1-7-16　JJZ_J 型接触网检修作业车作业状态

第三节　大型养路机械

大型养路机械是用于铁路基础设施检测、修理作业的重要机械装备，集机械、电气、液压、气动系统于一体，通过自动检测、电液伺服控制、自动联锁、微机控制等先进技术，实现检测和修理目的。

一、大型养路机械常用车型

大型养路机械包括钢轨及道岔检修车（含各种钢轨打磨车、换轨车、钢轨铣磨车、道岔打磨车、焊轨车等）、轨枕检修车（含换枕车等）、线路及道岔检修车（含各种清筛车、捣固车、捣固稳定车、动力稳定车、配砟整形车、物料运输车、路基处理车、轨道作业测量车等）、轨道清洁车（含轨道清污车、轨道清煤车、轨道清雪车、轨道清沙车等）、桥隧检修车（含桥梁检修车、隧道检修车等）、铁路基础设施检测车（含钢轨探伤车、探伤巡检车、综合巡检车等）。

根据各型大型养路机械实际运用普及程度，下面介绍 DWL-48 捣固稳定车、GMC-96$_X$ 钢轨打磨车、CMC-20 道岔打磨车、DPZ-440 配砟整形车、QS-650 清筛车、WY-100Ⅲ物料运输车、YHG-1200$_K$ 焊轨车、GTC-80$_J$ 钢轨探伤车等常用车型。

二、常用大型养路机械简介

大型养路机械主要用于铁路工务修理及检测作业，其结构主要由动力、传动、走行、制动、电气、液压系统及检测和作业装置等组成。

1. DWL-48 捣固稳定车（图 1-7-17）

DWL-48 捣固稳定车是用于对线路进行起道、抄平、拨道、道砟捣固、夯实、动力稳定作业的大型养路机械。作业后可使线路方向、左右横向水平和前后高低均达到线路维修规则的要求，提高道砟的密实度，增强线路的稳定性。

图 1-7-17　DWL-48 捣固稳定车

DWL-48 捣固稳定车作业状态如图 1-7-18 所示。该车型使用内燃动力，高速运行采用液力传动，最高自运行速度 100 km/h；作业走行采用液压传动，走行速度 1.5～2.0 km/h。其捣固作业时可以同步进行动力稳定作业。

图 1-7-18　DWL-48 捣固稳定车作业状态

2. GMC-96_X 钢轨打磨车（图 1-7-19）

GMC-96_X 钢轨打磨车用于线路打磨作业。通过打磨装置对钢轨表面进行打磨，消除钢轨表面不平顺、缺陷、病害等，同时可将钢轨轮廓恢复到设计要求，实现预防钢轨表面缺陷的产生、减缓缺陷的发展、提高钢轨表面质量，进一步达到延长钢轨使用寿命、降低轮轨噪声、改善旅客乘车舒适度的目的。

图 1-7-19　GMC-96_X 钢轨打磨车

GMC-96_X 钢轨打磨车常用于对长距离线路进行连续打磨，其作业状态如图 1-7-20 所示。该车型使用内燃动力，高速运行采用液力传动，最高自运行速度 100 km/h；作业走行采用液压传动，走行速度 3～24 km/h。整车由五节车体组成，其中有一节动力车，其他四节为作业车。每节作业车有 24 个打磨头，整车共有 96 个打磨头。每个打磨头由打磨电机驱动。

3. CMC-20 道岔打磨车（图 1-7-21）

CMC-20 道岔打磨车主要用于道岔打磨作业，打磨原理与 GMC-96_X 钢轨打磨车相同。

图 1-7-20　GMC-96_X 钢轨打磨车作业状态

图 1-7-21　CMC-20 道岔打磨车

CMC-20 道岔打磨车作业状态如图 1-7-22 所示。该车型使用内燃动力，采用液压传动，最高自运行速度 100 km/h，作业走行速度 2～16 km/h。整车由两节车体组成，每节车有 10 个打磨头，整车共 20 个打磨头，每个打磨头由打磨液压马达驱动，常用于对道岔或短距离线路进行打磨。

图 1-7-22　CMC-20 道岔打磨车作业状态

4. DPZ-440 配砟整形车(图 1-7-23)

DPZ-440 配砟整形车具备道床配砟、整形和轨枕面清扫等功能，可编挂于捣固车之前，对捣固前道床进行整形、布砟，方便捣固；也可编挂于捣固车之后，对道床进一步整理成形，同时将散落在轨枕或扣件上的道砟清扫干净。

图 1-7-23　DPZ-440 配砟整形车

该车型使用内燃动力，采用液压传动，最高自运行速度 100 km/h，最高作业走行速度 15 km/h。通过中犁、侧犁等工作装置完成道床的配砟整形作业，使道床布砟均匀，道床断面按技术要求成形；具有枕面、轨侧、垂直、精细四种清扫装置，可有效将作业时残留于轨枕和扣件上的道砟清扫并收集至砟斗，能根据需要进行局部集砟和补砟。DPZ-440 配砟整形车作业状态如图 1-7-24 所示。

图 1-7-24　DPZ-440 配砟整形车作业状态

5. QS-650 清筛车(图 1-7-25)

QS-650 清筛车是用来清筛道砟的大型机械，它能将脏污的道砟挖出，进行筛分后，将清洁道砟回填至道床，将筛出的污土抛至线路外。

该车型使用内燃动力，采用液压传动，最高自运行速度 100 km/h，作业效率不小于 650 m^3/h。其可在不拆除轨排的情况下，通过挖掘链运动将轨排下的道砟挖出，振动筛对挖出的道砟进行筛分，污土由污土输送带抛到该机前方线路的两侧或物料运输车内，清洁道砟可直接回填到道心内，也可由回填输送带回填到挖掘链后方钢轨两侧的道床内。QS-650 清筛车作业状态如图 1-7-26 所示。

图 1-7-25　QS-650 清筛车

图 1-7-26　QS-650 清筛车作业状态

6. WY-100Ⅲ物料运输车（图 1-7-27）

WY-100Ⅲ物料运输车用于运送物料，并能将物料抛至指定位置。

图 1-7-27　WY-100Ⅲ物料运输车

该车型使用内燃动力，采用液压传动，最高作业走行速度 2.5 km/h。在清筛作业时，其可承接清筛机抛出的废弃污料，并能适时运走。WY-100Ⅲ物料运输车作业状态如图 1-7-28 所示。

图 1-7-28　WY-100Ⅲ物料运输车作业状态

7. YHG-1200_K 焊轨车（图 1-7-29）

YHG-1200_K 焊轨车用于现场钢轨焊接作业，焊接质量可达到或接近厂焊钢轨的水平。

图 1-7-29　YHG-1200_K 焊轨车

该车型使用内燃动力，采用液压传动，最高自运行速度为 100 km/h。该车型采用闪光焊机，满足线上焊、线下焊等工况；整车左右两侧设置拉轨对正系统，用于钢轨焊接时钢轨的拉伸与对位。YHG-1200_K 焊轨车作业状态如图 1-7-30 所示。

图 1-7-30　YHG-1200_K 焊轨车作业状态

8. GTC-80_J 钢轨探伤车(图 1-7-31)

GTC-80_J 钢轨探伤车用于探测线路钢轨内部各种伤损。

图 1-7-31　GTC-80_J 钢轨探伤车

GTC-80_J 钢轨探伤车作业状态如图 1-7-32 所示。该车型使用内燃动力，采用液力传动，最高自运行速度 120 km/h，最高检测速度 80 km/h。该车采用超声波探伤设备和微机处理系统对钢轨伤损的类型、位置、程度，以及累计变化进行自动检测、分析、显示、记录和打印。同时还装有一套钢轨表面擦伤和波浪磨耗的检测装置，能对钢轨表面擦伤和波浪磨耗进行检测。

图 1-7-32　GTC-80_J 钢轨探伤车作业状态

第四节　自轮运转特种设备发展展望

在铁路发展的征程中，自轮运转特种设备将在技术创新方面，不断提升智能化水平，实现更加精准的作业控制，更加友好的人机交互界面，更加快速的故障诊断和更加便捷的应急维护等。通过更加先进的传感器技术、AI 仿真技术、物联网和大数据分析算法，机器人运用等，能够实时监测、立即响应、自动化驾驶和作业。

一、作业效率

在作业效率上，自轮运转特种设备将不断突破。更高功率的设备、更精准的装置，更优化的作业流程，将大幅缩短作业时间，减少对铁路运输的影响。同时，多车协同作业将更加高效，不同类型的自轮运转特种设备能够科学搭配、紧密配合，共同完成复杂的任务。

二、环　　保

在环保方面，新一代的自轮运转特种设备将更加注重节能减排，采用更加清洁的动力源和节能技术，普及双动力、实现氢能源，降低能源消耗和环境污染。并且在作业过程中减少噪声和粉尘排放，为铁路沿线创造更加舒适的环境。

三、可靠性和耐久性

在可靠性和耐久性方面，通过不断改进设计和制造工艺，提高自轮运转特种设备的源头质量和稳定性。延长设备的使用寿命，降低维护成本，实现更高的经济效益。

总之，自轮运转特种设备将以更先进的技术、更高的效率、更环保的理念、更可靠的质量为铁路基础设施保驾护航，为铁路事业的蓬勃发展提供坚实保障。

复习思考题

1. 简述轨道作业车的分类。
2. 简述轨道作业车的传动方式。
3. 简述轨道作业车的主要用途。
4. 简述接触网作业车的主要用途。
5. 简述 JJC 型接触网检修车列的特点。
6. 钢轨打磨车、焊轨车共同的作业对象是什么？
7. 铁路基础设施检测车主要包括哪些类型的大型养路机械？

技能篇

项目一

安 全 管 理

项目描述

安全是铁路运输生产的永恒主题，通过建立和完善安全管理体系，实施执行严格的操作规程和规章制度，确保设备和作业人员的人身安全；通过持续的安全教育和培训，提高作业人员的安全意识和自我保护能力，确保作业过程都符合安全标准。在作业现场加强安全监督和隐患排查，利用科技手段提高安全管理水平，保障铁路作业安全。

学习目标

1. 知识目标

(1)掌握预防机车车辆伤害的各项规定。

(2)掌握预防高处坠落伤害的各项规定。

(3)掌握预防触电伤害的各项规定。

(4)掌握铁路工务作业安全工作规程的各项规定。

(5)掌握铁路电务作业安全工作规程的各项规定。

(6)掌握铁路供电和自轮运转特种设备作业安全工作规程的各项规定。

(7)掌握密闭、有限空间作业安全工作规程的各项规定。

2. 能力目标

(1)自觉执行预防机车车辆伤害工作规程。

(2)自觉执行预防高处坠落伤害工作规程。

(3)自觉执行预防触电伤害工作规程。

(4)自觉执行铁路工务作业安全工作规程。

(5)自觉执行铁路电务作业安全工作规程。

(6)自觉执行铁路供电和自轮运转特种设备作业安全工作规程。

(7)自觉执行密闭、有限空间作业安全工作规程。

3. 素质目标

(1)具有“安全高于一切，责任重于泰山”的意识。

（2）树立团队协作精神，能够在铁路基础设施检查作业实施过程中与团队成员保持良好沟通与协作。

（3）紧密关注铁路基础设施新设备和新技术，不断学习新知识，提升解决安全问题的能力。

任务一　劳动安全

任务描述

作业人员应具备必要的劳动安全知识，知悉职业环境风险隐患和劳动安全控制措施，掌握岗位安全操作技能。铁路企业通过劳动安全培训达到铁路操作技能人员接受人身安全教育的目的，体现铁路企业"以人为本"的理念，促进铁路企业可持续高质量发展。

任务实施

一、预防机车车辆伤害

机车车辆伤害是铁路运输生产过程中的主要伤害之一。铁路作业人员在站场与线路上行走侵入限界、盲目穿越线路、避车安全距离不够、施工作业防护不当、未执行作业安全标准等，极易造成机车车辆伤害。掌握预防机车车辆伤害安全知识和作业防护技能，是确保铁路劳动安全的前提。

（一）机车车辆伤害事故类型

机车车辆伤害是指铁路机车车辆在运行过程中碰、撞、轧、压、挤、摔等造成铁路作业人员伤亡的事故。铁路机车车辆是指在铁路线路上运行的铁路机车、客车、货车、动车组及各类自轮运转特种设备等。

按其造成伤害的主要因素可以分为：

（1）作业人员违章抢道、走道心、翻越车辆、钻车底、超速上下车、在机车车辆上未抓牢站稳、以车代步、作业侵限等人为因素造成的伤害。

（2）线路上作业不设防护、作业防护不到位、作业环境不良、未按固定走行路线行走、违章使用手机等通信设备、违章指挥等管理因素造成的伤害。

（二）机车车辆伤害安全风险辨识

铁路作业人员在生产过程中，容易造成机车车辆伤害的危险和有害因素较多，根据事故致因理论，事故致因因素包括人的因素（如作业人员侵入机车车辆限界、违章上道作业等）、物的因素（如作业设备存在缺陷等）、环境因素（如恶劣天气等）和管理因素（如监督检查不到位等）等。

（三）预防机车车辆伤害安全知识和防控措施

铁路作业人员在施工维修作业、调车作业等生产活动中，违反预防机车车辆伤害的安全规定，不执行作业防护措施，是造成机车车辆伤害的直接原因。

施工维修作业安全相关规定具体如下：

(1)施工、维修均应编制作业方案，并按规定审批。作业方案审核通过后不得擅自调整，作业过程中遇特殊情况确需调整时，应由施工(维修)负责人研判风险，经段分管副职及以上人员批准，并采取相应保障措施，通知驻站(驻调度所)联络员、现场防护员、作业组负责人、施工车辆及相关配合单位负责人后方可实施。

(2)施工(维修)负责人和施工项目经理、副经理，安全、技术、质量等主要负责人应经过铁路局集团公司有关部门或指定单位营业线施工安全培训，未经培训或培训不合格的人员不得担任上述工作。

(3)施工单位的安全员、防护员、联络员、带班人员和工班长应经过铁路局集团公司有关部门或指定单位培训。未经培训或培训不合格的人员担任上述工作，追究施工单位领导的责任；未严格履行培训考试程序发放培训合格证书的，追究培训部门的责任。

(4)参加营业线施工的劳务派遣工和业务外包用工应由具有带班资格的正式职工(即带班人员)带领，不准上述劳务人员单独上道作业。劳务派遣工由劳务派遣单位进行必要的安全生产教育和培训，用工单位应当将被派遣劳动者纳入本单位从业人员统一管理，进行岗位安全操作规程和施工安全培训，并记录备案；业务外包用工由业务承包单位负责施工安全培训，设备管理单位可提供师资支持，并对培训情况进行监管。上述劳务人员应先培训，培训合格后方可上岗。对营业线施工的轨道、桥隧、通信信号、接触网等技术复杂、可能危及行车安全的作业项目，严禁分包、转包。上述劳务人员不准担任营业线施工的施工安全防护员和带班人员等工作，不准单独使用各类作业车辆。

(5)施工(维修)作业应召开点前布置会和点后总结会。点前布置会和点后总结会应由施工(维修)负责人组织召开，线路大修施工、段组织的两个及以上车间联合作业，应由施工(维修)主体单位(车间)组织召开。所有作业人员均应参加点前布置会和点后总结会，作业人员数量较多时可分级召开。

(6)凡影响行车、人身安全的施工和维修作业及发生线路故障地点，均应设置防护。未设好防护，禁止开工。

(7)施工和维修作业前应按规定设置驻站(驻调度所)联络员、现场防护员，驻站(驻调度所)联络员和现场防护员施工维修期间不得临时调换。

(8)防护员必须熟悉设备、设施分布和设置特点，以及地形情况、作业组织，清楚当日作业计划、作业范围、人员分工和安全注意事项。防护人员须按规定佩带口笛、列调对讲设备或GSM-R手持终端、信号旗(灯)等防护用品、工具，作业前须检查确认防护用品、工具设备状态良好。

(9)施工(维修)负责人、现场防护员在收到驻站(驻调度所)联络员可以上道的通知后，方可通知作业人员上道。严禁作业人员擅自上道。现场防护员应根据施工作业现场地形条件、列车运行特点、施工人员和机具布置等情况确定站位和移动路径，并做好自身防护。

(10)驻站(驻调度所)联络员应密切注视、监听车站接发列车、调车(转场、取送)车列及调车作业情况，及时向现场防护员预告列车运行情况及调车作业动态。

(11)作业人员应相对集中，在防护可控范围内，不得过于分散，应严格遵守作业人员和机具避车制度，采取措施保证行车和作业人员安全。

(12)作业过程中，驻站(驻调度所)联络员与现场防护员必须保持通信畅通并定时联系，确认通信良好。一旦联控通信中断，作业负责人应立即命令所有作业人员下道。铁路局集团公司应制定驻站(驻调度所)联络员、现场防护员及施工负责人之间的联控办法，明确通信设备管理要求，对联控时机、联控内容、联控对象、联控标准用语及复诵确认等环节进行规范。

二、预防高处坠落伤害

高处作业在众多的生产环节中与铁路安全生产紧密相连，息息相关，因而对运输安全生产要求很高。由于高处作业危险性较大，不安全因素较多，一次失职，一个失误，一个不经意的疏忽，都有可能会造成事故。因此，熟悉和掌握高处作业安全技术，做好高处作业的安全管理和安全防护、监护工作，是高处作业安全的重点内容。

(一)高处坠落事故类型

1. 高处作业等级

按照不同的坠落高度，高处作业的等级可分为以下四级：

(1)高度在 2 m 至 5 m 时，称为Ⅰ级高处作业。

(2)高度在 5 m 以上至 15 m 时，称为Ⅱ级高处作业。

(3)高度在 15 m 以上至 30 m 时，称为Ⅲ级高处作业。

(4)高度在 30 m 以上时，称为Ⅳ级高处作业。

2. 高处坠落事故主要类型

依据高处坠落事故对人体伤害的坠落方式，高处作业人员工作时所处的部位区别不同，大体可分为 10 种类型：

(1)攀登作业坠落事故(铁塔上、电杆上、设备上、构架上、树上及其他各种物体上坠落等)。

(2)临边作业坠落事故(预留口、通道口、楼梯口、电梯口、阳台口、洞、沟、坑、池坠落等)。

(3)悬空作业坠落事故。

(4)脚手架上坠落事故。

(5)坡面上作业坠落事故。

(6)屋面上作业坠落事故。

(7)拆除工程中坠落事故。

(8)梯子上作业坠落事故。

(9)操作平台作业坠落事故。

(10)石棉瓦等轻型屋面坠落事故。

(二)高处坠落伤害风险辨识

高处作业因施工环境和作业条件差，不安全因素随着施工项目和作业过程变化而变化，事故隐患较多，其主要原因是：作业人员缺乏高处作业的安全技术知识；防高处坠落的安全设施、设备不健全；高处作业环境恶劣的影响；安全管理上存在的缺陷。

如不按规定正确佩戴安全帽和使用安全带(绳)；在转移作业地点时没有及时系好安全

带或安全带拴挂不牢；不按规定搭设脚手架，架上的脚手板、架子管强度不够而弯曲变形、断裂而失稳；劳动防护用品缺陷，安全帽、安全带、安全绳、防滑鞋等用品因内在缺陷而破损、断裂等；现场施工作业场地不平整，孔洞、坑凹及操作平台、高处边缘缺乏栏杆、盖板，钢管、扣件等材料因壁厚不足、腐蚀、扣件不合格而折断、变形失去防护作用；作业前不对现场进行勘察，未制订安全技术措施并组织交底，不向作业人员交代作业任务和安全注意事项等。

（三）高处坠落的防控措施

1. 高处作业人员要求

（1）凡从事高处作业的人员必须身体健康，并必须定期进行体格检查。严禁患高处作业禁忌症的人员从事高处作业。身体不适、情绪不稳定、服用降低判断力和行动能力的药品期间，不得从事高处作业。

（2）凡从事高处作业的人员，必须经高处作业上岗前安全技术培训，熟知现场环境和施工安全要求，经培训合格后持证上岗。

（3）凡从事高处作业的人员，工作中必须服从分工，听从指挥，了解本工作的作业内容和作业区域的环境条件，相互密切配合，行动统一，在保证作业安全的条件下开展作业。

（4）从事高处作业必须设立并明确现场监护人员。对于违章指挥，作业人员有权抵制；对于违章作业，施工作业负责人和监护人有权制止与批评教育；对于不听劝阻者，监护人有权要求其停止作业。相关管理人员应随时检查高处作业情况。

（5）从事高处作业的人员，必须正确穿戴好劳动防护用品，戴好安全帽、系好安全带（绳），穿好防护鞋，扎紧袖口、扣好纽扣、束好衣服下摆、扎好裤管口，不能穿过于宽松和飘逸的衣服，做到衣着灵便。

（6）使用安全防护用品前应检查各部位是否完好无损，安全带的安全绳、系带有无撕裂、开线、霉变，金属配件是否有裂纹、是否有腐蚀现象，弹簧弹跳性是否良好，以及其他影响安全带性能的缺陷。如发现存在影响安全带强度和使用功能的缺陷，则应立即更换。检查安全帽各配件有无破损、装配是否牢固、帽衬调节部分是否卡紧、插口是否牢靠、绳带是否系紧等，确保各部件完好后方可使用。

（7）作业中必须系好安全带（绳），并且拴挂在作业处上方（高挂低用）牢固的挂点上，不准钩在转动设备或移动部件上。悬空高处作业使用双挂钩，移动过程中应保证至少一个挂钩有效，移动作业时应随摘随挂。调车作业上高闸台使用人力制动机（溜放、防溜）时，要做到上车先挂钩、下车先摘钩。人员攀登时应扶牢、踩稳。

（8）坡面（陡坡）作业安全桩及固定结构安设应稳固，严禁一个安全桩拴两根及以上安全绳，或一根安全绳同时供两人及以上使用，防止保护失效。

（9）在石棉瓦、玻璃钢瓦、瓦楞铁、塑料屋顶（或薄板材料、轻型材料）作业时，必须铺设人字梯、木板，并做好必要的固定措施，以便工作和行走，严禁直接踩踏。

（10）进行打扫卫生、贴刷标语、擦玻璃等高处作业时，严禁手拉门、窗攀登。

（11）从事高处作业的人员严禁岗前饮酒，作业中严禁追逐、嬉闹、开玩笑或在作业的高处睡觉。作业中严禁因争抢时间而违章冒险作业；防止疲劳作业，工间休息应选择安全的地方。

2. 高处作业环境要求

(1)高处作业场所应设定警戒范围并设置围挡,凡有危险的作业点应及时设置安全警示标志,不得擅自移动。

(2)高处作业场所必须有安全通道,通道不得堆放过多物件、垃圾和废料,边缘及孔洞设置符合安全规定的栏杆或盖板。悬空作业处应有牢靠的立足处,必须配置防护栏网或其他安全设施。夜间进行高处作业必须有足够的照明设备。

(3)脚手架搭设符合规程要求并经常检查维修,工作面必须铺设好脚手板,接头应设置在撑竿上,不得悬空,探头板应采取双边捆绑的防护措施。凡开裂严重、斜纹裂痕、腐朽、硬伤、有空洞、严重变形、有大结疤等缺陷,以及厚度小于 5 cm 或板宽小于 25 cm 的脚手板,严禁投入高处作业使用。

(4)遇有六级及以上大风及暴雨、大雪、大雾、沙尘暴等恶劣天气时,应停止露天高处作业。风息、雨停复工前,必须检查已检修安装的构件、设备、架子等是否牢固,如发现问题,应及时处理,处理妥当后,方可复工作业。

(5)轻型或简易结构屋面上作业,应铺木板分散应力,以免踩踏屋面。临时使用搭设的支架应稳妥牢固,满足施工作业需要,上方作业面应铺设好脚手板并捆绑牢固,须经验收合格后方可使用。

(6)临边作业应设置防护围栏和安全网。栏杆下方应设踢脚板拦护,以防人员和物件坠落,平台上的脚手板应铺设稳妥,不得有探头板和空洞。临空处下方应设有安全网防护,安全网应悬挑出平台边缘。悬空作业应有可靠的安全防护设施。

(7)因工作需要移动或临时拆除的脚手板、安全网、栏杆、安全标志等安全设施,作业完工后必须立即恢复。

(8)架设的辅助设施(如缆风绳、拉索、吊索、支撑)要设有标志,专人监护,防止有人移动。遇特殊情况需高处作业的应架设可靠的安全防护辅助设施后,方可进行作业。

(9)冬季施工要做好防冻、防滑、防寒措施,爬梯、杆、柱上要采用防滑措施;霜冻、雨雪天气要先清除霜冻后再进行作业;作业场地有水、油等易滑物要先清理后再进行作业。

(10)从事高处作业时,必须注意架空电线,保持规定的安全距离,并要注意防止运送的导电材料触碰电线。靠近电源线路作业前,应先联系停电,确认停电后方可进行工作。

(11)在高温或低温环境下作业时,作业人员应穿戴适合的防护装备,提供足够的饮用水或防暑降温物资,防止作业人员脱水或中暑。考虑作业时间,尽量避开一天中最热或最冷的时段。

(12)在有毒有害、易燃易爆、粉尘的环境中进行高处作业时,应首先对作业点进行检测,合格后方可进行作业。

3. 高处作业安全管理要求

(1)除非必要,应以非高处作业替代高处作业(作业位置降到 2 m 以下),尽量以低级别高处作业替代高级别高处作业。

(2)作业前要进行安全分析,制订安全技术措施并组织交底,向作业人员交代作业任务和安全注意事项,详细了解作业内容和作业部位及周边状况。

(3)作业前应对施工现场进行检查督促,落实安全技术措施。要对人员行走的通道,行走和站立的脚手板,临空处的栏杆、安全网,上下梯子等进行检查,确认符合安全要求后方可作业。搭设完毕的设施,必须经全面检查验收后方能使用。

(4)使用移动作业架,特别是移动作业架钩挂在桥梁作业通道栏杆上时,应详细检查作业通道、托架U形螺栓和作业架,同时应检算作业通道受力控制点的强度和梁体倾覆稳定性。未经检查或检算及检算结果不符合有关安全规定时,不得上架作业。

(5)钢管脚手架、外墙作业吊篮、小型吊具必须按《建筑施工安全检查标准》(JGJ 59)规定搭设,作业前必须经专业部门检查确认固定牢靠方可使用。外墙作业吊篮必须有检测合格证。移动式脚手架搭设不准超过三层并固定可靠。严禁在不稳固的脚手架或结构上行走或未采取防护措施进行作业。同时,还要及时清理脚手架上的工件和零散物品。

(6)作业完毕要对作业场所进行检查,确认安全无误后方可下班。有交接班的作业必须认真进行交接班,做好交接班记录。

三、预防触电伤害

电流通过人体叫触电。人体触电方式有直接接触触电和间接接触触电。间接接触触电包括跨步电压触电、感应电压触电、雷电触电和静电触电。触电时人体会受到某种程度的伤害,按其形式可分为电击和电伤。

(一)电气化区段作业一般安全规定

电气化铁路牵引供电设备带有高压电,禁止直接或间接与上述设备接触,应保持足够的安全距离。电气化铁路沿线路内外各单位均需组织学习《电气化铁路有关人员电气安全规则》的相关内容。电气化铁路相关作业人员每年须进行一次安全考试,考试合格后,方准参加作业。牵引供电专业人员除了遵守《电气化铁路有关人员电气安全规则》规定外,还须执行牵引供电的专业规定。

(1)为保证人身安全,除牵引供电专业人员按规定作业外,任何人员及所携带的物件、作业工机具等须与牵引供电设备高压带电部分保持2 m以上的距离,与回流线、架空地线、保护线保持1 m以上距离,距离不足时,牵引供电设备须停电。

(2)电气化铁路区段,具有升降、伸缩、移动平台等功能的机械设备进行施工、装卸等作业时,作业范围与牵引供电设备高压带电部分须保持2 m以上的距离,与回流线、架空地线、保护线保持1 m以上距离,距离不足时,牵引供电设备须停电。

(3)在距牵引供电设备高压带电部分2 m以外,与回流线、架空地线、保护线1 m以外,邻近铁路营业线作业时,牵引供电设备可不停电,但须按照铁路营业线施工安全管理有关规定执行。

(4)机车、动车及各种车辆上方的接触网设备未停电并办理安全防护措施前,禁止任何人员攀登到车顶或车辆装载的货物上。

(5)电气化区段上水、保洁、施工等作业,不得将水管向供电线路方向喷射,站车保洁不得采用向车体上部喷水方式洗刷车体。

(6)牵引供电设备故障时,与牵引供电设备相连接的支柱、接地引下线、综合接地线等可能出现高电压，未采取安全措施前，禁止与其接触，并保持安全距离。

（7）发现牵引供电设备断线及其部件损坏，或发现牵引供电设备上挂有线头、绳索、塑料布或脱落搭接等异物，均不得与之接触，应立即通知附近车站，在牵引供电设备检修人员到达未采取措施以前，任何人员均应距已断线索或异物处所 10 m 以外。

（8）牵引供电设备支柱及各部接地线损坏，回流吸上线与钢轨或扼流变压器连接脱落时，禁止非专业人员与之接触。

（9）距牵引供电设备支柱及牵引供电设备带电部分 5 m 范围以内具备接入综合接地条件的金属结构应纳入综合接地系统；不能接入综合接地系统的金属结构须装设接地装置，接地电阻一般不大于 10 Ω。

（10）站内和行人较多的地段，牵引供电设备支柱在距轨面 2.5 m 高处均要设白底黑字“高压危险”并有红色闪电符号的警示标志。禁止借助接触网支柱搭脚手架，必须借助接触网支柱登高时，必须有供电专业人员现场监护。

（11）天桥、跨线桥靠近或跨越牵引供电设备的地方，须设置防护栅网，防护栅网安设“高压危险”标志。

（12）电气化铁路区段车站风雨棚、跨线桥、隧道等构建物应安装牢固，状态良好，不得脱落。距牵引供电设备 2 m 范围内不得出现漏水、悬挂冰凌等现象。附挂在跨线桥、渠上的管路，以及通信、照明等线缆，须设专门固定设施，并且安装可靠，不得脱落。

（13）电气化铁路附近发生火灾时，须遵守下列规定：距牵引供电设备带电部分不足 4 m 的燃着物体，使用水或灭火器灭火时，牵引供电设备必须停电。距牵引供电设备带电部分超过 2 m 的燃着物体，使用沙土灭火时，牵引供电设备可不停电，但须保持灭火机具及沙土等与带电部分的距离在 2 m 以上。

（14）电力线路、光电缆、管路等跨越电气化铁路施工时，须在接触网停电并做好安全防护措施后进行。

（二）触电的防控措施

（1）牵引供电停电作业时，专业作业人员（包括所持的机具、材料、零部件等）与周围带电设备的距离不得小于下列规定：330 kV 为 5 000 mm；220 kV 为 3 000 mm；110 kV 为 1 500 mm；25 kV 和 35 kV 为 1 000 mm；10 kV 及以下为 700 mm。

（2）各种受力和绝缘工具应有合格证并定期进行试验，并按规范进行保养、存放，使用前进行必要的检测；禁止使用未经试验、试验不合格或超过试验周期的绝缘工具。

（3）利用作业车进行作业时，工作平台严禁向未封锁、有电的线路侧旋转。

（4）遇有雨、雪、雾恶劣天气时，一般不进行接触网 V 形天窗作业。若必须利用 V 形天窗进行检修和事故抢修时，应增设接地线。

（5）需攀登牵引供电设备支柱的电力检修，由牵引供电设备专业人员现场监控进行。

（6）电气化铁路区段进行架空电力线路维修、施工作业时，在与铁路长距离平行作业区段内至少每隔 1 km 加装 1 组接地线。

（7）电气化铁路区段整修电缆时，电缆铠装及电缆芯两端须装设临时接地线，作业地点铺设干燥绝缘垫或作业人员穿高压绝缘靴进行作业。

(8)接触网隔离开关操作人员须经过培训并取得由供电设备管理单位颁发的安全操作证后,才能担任工作。操作隔离开关执行一人操作、一人监护制度;操作隔离开关前操作人必须戴安全帽,穿绝缘靴和绝缘手套,监护人须穿绝缘靴和戴安全帽,双方检查确认隔离开关及其操作机构正常,接地线良好,方准按程序操作;遇雷雨天气时,禁止操作隔离开关;严禁带负荷操作隔离开关。

(9)断开、更换钢轨、拆换接头夹板或调整轨缝前应在钢轨两端轨节间纵向位置,安设一条截面不少于70 mm^2 的铜连接线,铜连接线两端用夹子牢固夹持在相邻的轨底上,夹持位置应除锈,连接可靠后方可开始作业。

(10)工务作业需拆开接触网接地线、吸上线,电务扼流变压器钢轨引线等设备时,应由专业设备管理单位按专业分工进行作业,并及时恢复。

(11)大型养路及施工机械作业,如施工机械不超出机车车辆上部限界,且作业人员及所持机具与接触网带电部分保持2 m以上距离时,接触网可不停电。不符合上述条件时,应按照规定办理停电手续并做好安全防护措施后,方能作业。

(12)维修或更换信号设备扼流变压器、中心连接板、轨道电路送(受)电的扼流变压器引接线、站内横向连接线等器件时,应按规定采取保证牵引回流畅通措施后,方可开始作业。

(13)电气化铁路区段电缆在切割电缆外皮或打开电缆套管之前,要将电缆(不含全塑电缆)外皮两端连通并临时接地,在作业地点铺设干燥的绝缘垫或作业人员穿高压绝缘靴进行作业。

(14)各种车辆和行人通过电气化铁路平交道口必须遵守下列规定:

①通过道口车辆限界及货物装载高度(从地面算起)不得超过4.5 m,超过时,应绕行立交道口或进行货物倒装。

②通过道口车辆上部或其货物装载高度(从地面算起)超过2 m通过平交道口时,车辆上部及装载货物上严禁坐人。

③行人持有长大、飘动等物件通过道口时或跨越电气化铁路时,不得高举挥动,应与牵引供电设备带电部分保持2 m以上的距离。

任务二　作业安全

任务描述

铁路作业人员应熟知岗位安全作业项点、红线要求等相关规定,严格遵守作业安全规定,保证铁路行车和人身安全,保持列车正常运输秩序,适应铁路运营要求。

任务实施

一、工务作业安全

(一)线路作业

(1)多人一起作业时应统一指挥,相互间应保持一定的安全距离,防止工具碰撞伤人。

(2)多组捣固机械同时捣固时,前后距离不得小于 3 m,走行应保持同步。

(3)在道岔区段作业,未采取安全措施情况下,人员不得将手、脚放在道岔尖轨与基本轨、可动心轨与翼轨间,避免道岔扳动时被挤伤。

(4)翻动钢轨时,必须使用翻轨器,不得使用撬棍翻动钢轨。使用撬棍拨道时,应插牢撬棍,听从指挥,统一行动,严禁骑压或肩扛撬棍拨道。

(二)桥隧、路基作业

(1)在坠落高度基准面 2 m 及以上的高处及陡坡上作业,必须按规定戴好安全帽、系好安全带或安全绳,不得穿带钉或易溜滑的鞋。

(2)临边作业应设置防护围栏和安全网。悬空作业应有可靠的安全防护设施。未设置隔离设施的高处作业,人员不得垂直施工。使用移动式梯子时,梯脚应坚实,梯子上端应有固定措施。

(3)脚手架必须符合国家标准。脚手架搭设应配合工程进度,不宜搭设过高。应有专人负责搭拆脚手架安全和日常检查整修工作。搭拆脚手架时,脚手架下不准人员停留或通过。靠近架空电线搭拆脚手架时,应严格按照供电安全规定留出安全距离(动力线 2 m 以上,照明线 1 m 以上);作业中严禁碰触架空电线。脚手架应搭设牢固,脚手板外伸悬臂应有专人负责,经常检查整修,不得浮起活动。脚手架搭设完毕,必须经检查验收合格后方能使用。

(4)在无作业通道桥上拧动护木螺栓及钩螺栓时不得向桥外方向用力。桥面及作业通道上,不得有露尖的铁钉。进行钢梁喷砂除锈、喷漆、喷铝和圬工梁灌化学浆液时应戴防护面具或口罩、护目眼镜及手套。喷砂嘴或喷射嘴不得对着人、车、船;不得带风、带砂修理喷砂设备和更换零件。

(5)使用移动作业架时,特别是移动作业架钩挂在桥梁作业通道栏杆上时,应详细检查作业通道、托架 U 形螺栓和作业架,同时应检算作业通道受力控制点的强度和梁体倾覆稳定性。未经检查或检算及检算结果不符合有关安全规定时,不得上架作业。人员攀登时应扶牢、踩稳。未设置隔离设备时,严禁双层作业。

(6)在隧道内处理松动衬砌、危石及翻修衬砌时,必须有预防塌落伤人的安全措施。

(7)桥涵大维修作业,遇山洪暴发、江河水位暴涨时,不得下水作业。

(8)水害抢险时,应检查工地和建筑物附近有无冲空、坍塌和其他异状,发现问题及时采取安全防护措施。

二、电务作业安全

(一)电务作业

严格执行电务“三不动”“三不离”“七严禁”、通信电路纪律“十不准”基本安全制度。

(1)三不动:未登记联系好不动;对设备性能、状态不清楚不动;正在使用中的设备(指已办理好进路或闭塞的设备)不动。

(2)三不离:工作结束后,不彻底试验良好不离;影响正常使用的设备缺点未修好前不离;发现设备有异状时,未查清原因不离。

(3)七严禁:严禁甩开联锁条件,借用电源动作设备;严禁采用封连线或其他手段封连各种信号设备电气接点;严禁在轨道电路上拉临时线构通电路造成死区间,或盲目用提高轨道电路送电端电压的方法处理故障;严禁信号机灯光灭灯时,用其他光源代替;严禁甩开联锁条件,人为构通道岔假表示;严禁未登记要点使用手摇把转换道岔;严禁代替行车人员按压按钮、转换道岔、检查进路、办理闭塞和开放信号。

(4)通信电路纪律"十不准":不准任意中断电路或业务;不准任意加、甩、倒换设备;不准任意变更电路;不准任意配置、修改数据;不准任意切断告警;不准借故推迟故障处理时间和隐瞒谎报故障;不准泄露用户信息;不准泄露系统口令;不准在系统上进行与维护无关的操作;不准关闭业务联络电话。

(二)道岔转辙设备作业

(1)进行电动转辙机维护作业时,应先打开遮断器,断开安全接点再作业。

(2)安装、拆装机械设备时不得将手指探入螺孔或销子孔内。

(3)转辙机内部作业时禁止戴手套。

(三)轨道电路设备作业

(1)维修或更换扼流变压器、中心连接板、轨道电路扼流变压器引接线、站内横向连接线等器件时,应使用"两横一纵"连接线构通牵引电流后,方可开始作业。

(2)更换轨道电路绝缘时,作业人员应在确认扼流变压器连接线各部连接良好后,方可开始作业。

(3)检查轨道电路时,在轨道变压器与扼流变压器连接的低压线圈断开之前,禁止切断其高压线圈回路。

(4)配合工务换轨、换岔时,作业人员必须先检查确认工务部门安装的构通牵引回流的引接线连接良好后,方可进行作业。

三、供电作业安全

(一)变配电作业

(1)未按规定参加安全考试和未取得安全合格证的人员,在安全等级不低于三级的人员监护下,方可进入牵引变电所高压设备区。

(2)外单位来牵引变电所作业的人员,应进行安全教育,必要时进行安全考试,经设备运营维护管理单位许可且在安全等级不低于三级的人员监护下,方可进入。

(3)高处作业(距离地面 2 m 以上)人员要系好安全带,戴好安全帽,在作业范围内的地面作业人员也必须戴好安全帽。

(4)雷电时禁止在室外设备及与其有电气连接的室内设备上作业。遇有雨、雪、雾、风(风力在五级及以上)的恶劣天气时,禁止进行带电作业。

(5)高处作业时要使用专门的用具传递工机具、零部件和材料等,不得抛掷传递。登梯前作业人员要先检查梯子是否牢靠,梯脚要放稳固,严防滑移,梯子上只能有一人作业。

(6)使用携带型火炉或喷灯时，不得在带电的导线、设备及充油设备附近点火。作业时其火焰与带电部分之间的距离：电压为 10 kV 及以下者不得小于 1.5 m，电压为 10～220 kV 不得小于 3 m，330 kV 不小于 4 m。

(7)牵引变电所发生高压(对地电压为 250 V 以上)接地故障时，在切断电源之前，任何人与接地点的距离：室内不得小于 4 m；室外不得小于 8 m。

(二)接触网作业

(1)雷电时(在作业地点可见闪电或可闻雷声)禁止在接触网上进行作业。遇有雨、雪、雾或风力在五级及以上恶劣天气时，一般不进行 V 形天窗作业。

(2)在接触网上进行作业时，除遇有危及人身或设备安全的紧急情况，供电调度发布的倒闸命令可以没有命令编号和批准时间外，接触网的所有作业必须有供电调度命令。

(3)接触网 V 形天窗停电作业时，须撤除向相邻线供电的馈线开关重合闸功能，断开相应可能向作业线路送电的所(亭)开关。作业人员作业前，工作领导人(监护人员)应向作业人员指明停、带电设备的范围，加强监护，并提醒作业人员保持与带电部分的安全距离，确保人员、机具不侵入邻线限界；在牵引供电回路开口作业时，应事先采取旁路、等电位措施；吸上线与钢轨及扼流变压器中性点连接处一般不进行拆卸作业，确需拆卸处理时，必须采取旁路措施，按分界由专业设备管理部门配合。

(4)接触网巡视不少于两人，其中一人的安全等级不低于三级；巡视人员应穿戴工作服、安全帽、反光防护服，携带望远镜、个人工具和通信工具，夜间及隧道巡视还要有充足的照明灯具。

(5)任何情况下巡视，对接触网都必须以有电对待，巡视人员不得攀登支柱，巡视过程中原则上不得上道巡视，如确需上道观察设备或穿越铁路时，必须相互监护进行，并时刻注意避让列车。

(6)在有轨道电路的区段作业时，不得使长大金属物体(长度大于或等于轨距)将线路两根钢轨短接。

(三)电力作业

(1)电力作业人员必须具备必要的专业知识、熟悉电力安全规则的有关内容，安全考试合格并取得“电力安全合格证”后，方可参加作业。

(2)任何作业必须采取工作票制度，抢修作业时凭调度命令执行。

(3)对工作较复杂、有触电危险的作业，应设置专职监护人；停电、检修、接地封线时必须执行“一人作业，一人监护”。

(4)停电作业前必须完成停电、检电，接地封线，悬挂标示牌及装设防护物等安全措施。在杆(塔)上接触或接近导线的作业，应使用个人保安线。

(5)任何情况下都必须与带电设备保持足够的安全距离。

(6)巡视电力线路时发现导线断线，应设置防护物，并悬挂“止步，高压危险!”的警告牌，防止行人接近断线地点 8 m 以内，并迅速报告电力调度和有关领导，等候处理。

(7)登杆作业前必须确认作业范围、检查登杆工具、安全腰带等是否合格，使用梯子时必须有人扶持和采取防滑措施。

（8）上树砍剪枝时，不应攀抓脆弱和枯死的树枝，应站在坚固的树干上，系好安全带，面对线路方向；为防止树木（枝）倒落在导线上，应用绳索将被砍剪的树枝拉向与导线相反的方向。

（9）巡视电缆线路时，巡视人员只能在路肩上行走，严禁上道行走。

四、自轮运转特种设备运行作业安全

（一）运行安全

（1）出乘前，机车乘务员应按规定检查并全面掌握自轮运转特种设备技术状态，严禁带病上线。

（2）运行中，机车乘务员应集中精力，严格执行“彻底瞭望、确认信号、准确呼唤、手比眼看”的“十六字令”，按规定执行车机联控，确认行车凭证，遵守各种允许及限制速度，严禁超速和臆测行车。

（3）列车无线调度通信设备、轨道车运行控制设备必须全程运转，严禁擅自或变相关闭。

（二）搭乘人员安全

（1）严禁搭乘与工作无关的人员，乘坐人员应听从指挥，不准喧哗打闹，不得影响机车乘务员瞭望及操作，非操纵端机车乘务员位严禁与驾驶无关的人员入座。

（2）车未停稳，严禁上、下车。机车乘务员确认乘坐人员上、下车完毕且车门关闭后，方可动车。平台升降、旋转时，严禁作业人员上、下作业平台。

（3）搭乘人员需下车上道作业时，应做好防护，并与自轮运转特种设备保持安全距离。

（三）作业防护

（1）大型养路机械移动作业（钢轨、道岔打磨及钢轨铣磨除外）时，应设置移动隔离，对大型养路机械前后的集中作业人员进行防护。

（2）自轮运转特种设备及附挂车辆需摘挂作业时，应明确解列或连挂地点、各自作业范围、连挂时间、防护措施、联系方式等。在同一区间有多辆自轮运转特种设备作业时，应按要求明确各自作业范围，并做好各车（组）之间的防护。

（3）装有黄色警示灯或声光报警设备的自轮运转特种设备，遇有降雾、暴风雨（雪）、扬沙等恶劣天气及夜间运用时应开启。在夜间或隧道作业时，现场应有充足的照明。

（四）电气化区段作业安全

在电气化铁路使用自轮运转特种设备应执行《电气化铁路有关人员电气安全规则》的有关规定，未确认停电和采取安全措施前，应严格遵守以下规定：

（1）严禁攀登车顶，严禁使用或攀登作业平台、高处作业斗等作业机构。

（2）不得用水冲洗车辆。

（3）装卸长大物料时，不得高抬翻转，严禁竖立，并应注意避开接触网设备。

（4）任何人员及所携带的物件、作业工机具等必须与牵引供电设备带电部分保持 2 m 以上的距离。

(5)在距接触网带电部分不足 2 m 处作业时,接触网须停电,具体按有关规定办理。

(五)装载安全

(1)货物装载与加固的基本要求是使货物均衡、稳定、合理地分布在平车地板上,不超载、不偏载、不集重、不偏重、不超限;能够经受正常的调车作业,在列车运行中,不致发生移动、滚动、倾覆、倒塌、坠落等情况;未达到装载加固要求,不得动车。

(2)运送散件物料的平车应有侧板和端板,插销、锁件应齐全有效,散件物料应放入牢固的包装箱(袋),并加固锁定。

(3)作业平台严禁超载、偏载,临时上车的工机具及物料应专管专用。

(4)卸车时不得偏卸,卸下的工机具及物料不得侵入本线或邻线建筑限界。

五、密闭、有限空间作业安全

有限空间是指封闭或者部分封闭,与外界相对隔离,出入口较为狭窄,作业人员不能长时间在内作业,自然通风不良,易造成有毒有害、易燃易爆物质积聚或者氧含量不足的空间。有限空间作业风险大,对作业人员可能会造成缺氧窒息、溺水、机械伤害、触电等伤害。

(一)常见有限空间作业场所

有限空间作业场所分为封闭或半封闭设备、地下有限空间和地上有限空间三类。

(1)封闭或半封闭设备指窑炉、炉膛、船舱、储罐、车载槽罐、反应塔(釜)、冷藏箱、压力容器、管道、锅炉及烟道等。

(2)地下有限空间指地下管道、地下室、地下仓库、地下工程、地下污水泵房、暗沟、隧道、涵洞、地坑、深基坑、废井、地窖、污水池(井)、沼气池及化粪池、集水井、阀门井、通信井、下水道、消防井、建筑孔桩、地下电缆沟等。

(3)地上有限空间指储藏室、发酵池、蓄水塔(池)、垃圾站、腌制池、酒糟(发酵)池、纸浆池、温室、冷库、粮仓、烟道、污水处理设施、垃圾填埋处理设施等。

(二)密闭、有限空间作业安全规定

(1)有限空间作业须遵守“先通风、再检测、后作业”的原则。自然通风或强制通风,使空间气体浓度检测符合安全要求后,方可进入。在未准确测定前,严禁进入作业场所,作业过程中应持续通风。

(2)应在有限空间出入口等醒目位置设置明显的安全警示标志或风险告知牌,标识主要危险有害因素、可能导致的事故及后果、防护要求等情况,并及时更新。

(3)进入作业现场前,应设置监护员,要详细了解现场情况和以往事故情况,监护员对作业人员进行安全交底,对通风、检测和必要的隔断、清除、置换等风险管控措施逐项进行检查。应结合实际,确认配备符合国家标准或者行业标准的气体检测报警仪器、机械通风设备、呼吸防护用品、照明设备、通信设备、全身式安全带等防护用品和应急救援装备,相关用品、装备应进行经常性维护、保养和定期检测,确保正常使用。在垂直区域作业,应配备救生绳、救援三脚架;在排污管道、隧道、涵洞、电缆沟等场所内作业,应配备符合国家标准的隔离式空气呼吸防护用品。存在爆炸风险的,应配备防静电工作服、鞋

和防爆灯具、工具，采取消除或者控制措施，相关电气设施设备、照明灯具、应急救援装备等应当符合防爆安全要求。

（4）进入作业现场后，首先对有限空间进行氧气、可燃气、硫化氢、一氧化碳等气体检测，确认安全后方可进入。

（5）对作业面可能存在的电，高、低温及危害物质进行有效隔离。

（6）进入有限空间时应佩戴隔离式空气呼吸器，或佩戴相应的过滤式呼吸器，并携带氧气报警器。

（7）进入有限空间时应携带有效的通信工具，根据场所结构特征、风险类别、作业方式等选择合适的劳动防护用品，正确使用安全带。

（8）监护员和应急救援人员履职尽责。监护员应全程进行监护，与作业人员保持实时联络，不得离开作业现场或者进入有限空间参与作业。应急救援人员应做好应急救援准备，确保及时有效处置突发情况。

（9）发现异常情况时，监护员应立即组织作业人员撤离现场。发生有限空间作业事故后，应立即按照现场处置方案进行应急处置，组织科学施救。未做好安全措施盲目施救的，监护员应当予以制止。现场应立即报告地方应急救援部门进行救援。

（10）作业过程中，应当安排专人对作业区域持续进行通风和气体浓度检测。作业中断的，作业人员再次进入有限空间作业前，应当重新通风，气体检测合格后方可进入。

（11）严格安全管理，落实作业许可。

（12）冬季在用煤炉取暖的作业或休息地点，要采取通风措施，防止煤气中毒。

复习思考题

1. 简述预防机车车辆伤害安全知识和防控措施。
2. 简述预防高处坠落的作业安全要求。
3. 简述电气化区段作业一般安全规定。
4. 简述桥隧、路基作业安全规定。
5. 简述电务专业“七严禁”基本安全制度。
6. 简述变配电作业安全规定。
7. 简述接触网作业安全规定。
8. 简述自轮运转特种设备运行“十六字令”。

项目二

线路设备基本作业

项目描述

线路设备是铁路的主要技术装备之一，通过线路设备检查维修作业，消除线路设备质量缺陷，保持线路设备状态完好，保证列车以规定的速度安全、平稳和不间断地运行，并尽量延长设备使用寿命，是线路维护的基本任务。本项目主要介绍线路设备动静态的检查作业、有砟轨道几何尺寸整修作业、无砟轨道线路（道岔）精调、钢轨打磨作业、线路标志安设及标志标识刷新作业。

学习目标

1. 知识目标

（1）熟悉线路动态检查仪器及其检查项目。

（2）掌握线路静态检查作业工机具及检查方法。

（3）掌握有砟轨道几何尺寸整修、无砟轨道线路（道岔）精调、钢轨打磨、线路标志安设及标志标识刷新的作业内容、质量要求和安全要求。

2. 能力目标

（1）具备识别线路动静态检查的各种仪器仪表，使用简单的线路检查工具和量具，如轨距尺、弦线、平直尺、塞尺等，进行精确的测量和检查。

（2）具备线路轨道结构初步检查能力。

（3）会详细记录检查数据，并进行初步分析，为后续的维修决策提供依据。

（4）能进行有砟轨道几何尺寸整修作业、无砟轨道线路（道岔）精调、钢轨打磨作业、线路标志安设及标志标识刷新作业。

3. 素质目标

（1）培养铁路工务标准化作业的安全意识。

（2）培养爱护仪器设备、合理使用检查工具的良好习惯。

（3）树立团队协作精神，能够在线路设备检查作业实施过程中与团队成员保持良好沟通与协作。

（4）紧密关注铁路线路新设备和新技术，不断学习新知识，提高创新能力。

任务一　线路设备检查作业

任务描述

“动态检查为主，动、静态检查相结合，结构检查与几何尺寸检查并重”是做好高速铁路线路设备检查的原则。通过采用先进的线路检查设备进行检查作业，不断提高线路检查质量和效率，并加强线路设备动静态检查数据的综合分析，以全面掌握设备状态和变化规律，科学指导线路维修。本任务主要介绍线路动态检查和静态检查。

任务实施

一、线路动态检查

线路动态检查以综合检测列车和探伤车检测为主要依据，综合巡检车、巡检设备、车载式线路检查仪和添乘检查作为动态检查的辅助手段，采用高速综合检测列车、综合巡检车、钢轨探伤车、车载式线路检查仪等移动检测设备对正线线路进行周期性检查。

(一)高速综合检测列车

高速综合检测列车(图 2-2-1)是进行高速铁路基础设施检测的重要技术装备，可对轨道几何状态、加速度、轮轨力、接触网几何参数、弓网动态作用、供电参数、通信、应答器、轨道电路等进行动态检测、综合分析和评价，对于保证高速铁路安全高效运营具有十分重要的作用。

图 2-2-1　高速综合检测列车

(二)综合巡检车

综合巡检车是对铁路工务、供电、电务等固定设施外观状态进行巡检的综合性检测装备。综合巡检车在运行过程中实时采集固定设施的高分辨率图像，通过对巡检图像数据智能分析，实现了对钢轨表面伤损、扣件异常、接触网悬挂装置零部件异常、轨腰塞钉异常和应答器异常等典型设备故障的自动识别。综合巡检车的最高检测速度可达 160 km/h，车辆的整体布局和设备组成如图 2-2-2 所示。

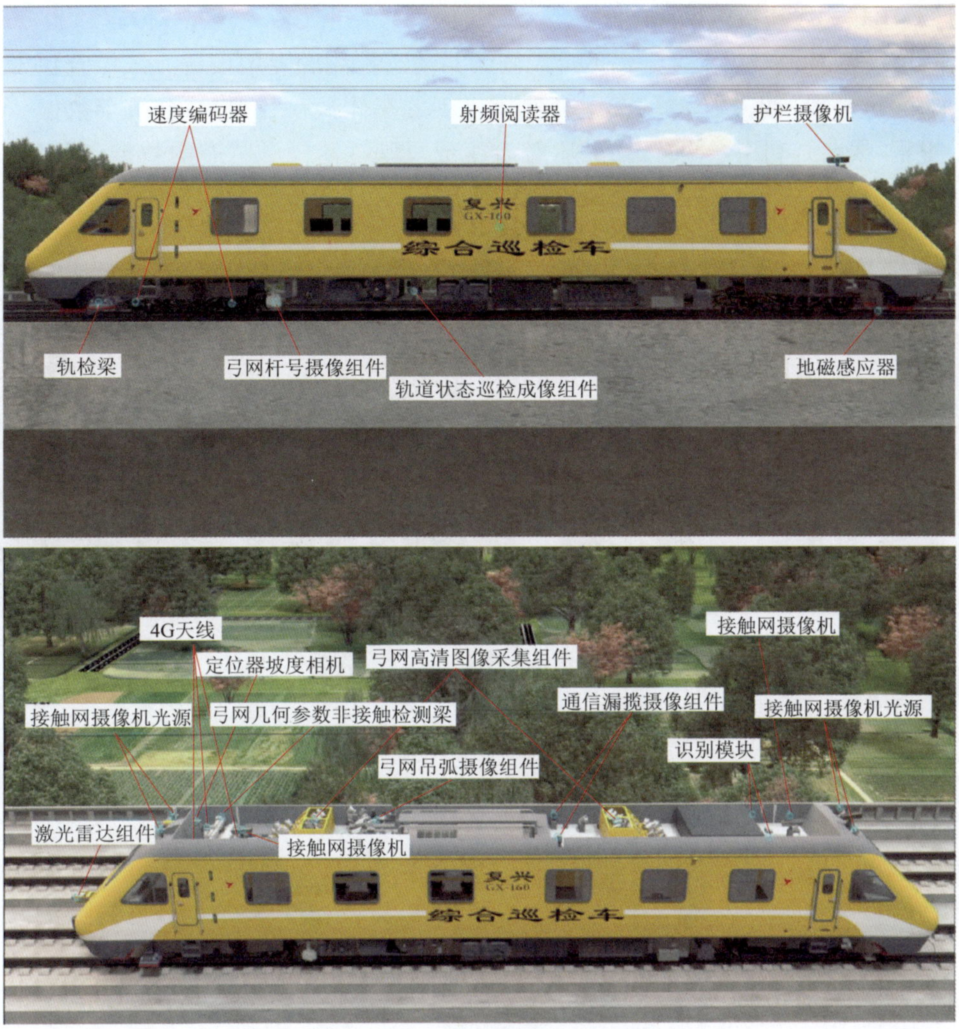

图 2-2-2　综合巡检车组成

(三)钢轨探伤车

钢轨探伤车是自轮运行的大型专用检测设备，主要对在役钢轨内部伤损进行超声波无损检测，是保证钢轨服役安全的重要手段。高速铁路使用的钢轨探伤车均为 GTC-80 型，其最高检测速度为 80 km/h，探伤作业系统采用转向架承载机构，探头对中方式为二维激光对中。$GTC\text{-}80_X$ 钢轨探伤车如图 2-2-3 所示。

图 2-2-3　$GTC\text{-}80_X$ 钢轨探伤车

(四)车载式线路检查仪

车载式线路检查仪(图 2-2-4)是全天候线路动态检测的专用设备。该检查仪安装在机车上,通过密集采集机车或动车组高速运行下的车体振动数据,结合机车数据(车型、速度、里程、线名),利用系统智能判断,综合生成反映线路平顺状态的数据,实时动态检测线路状况,及时发现线路不良处所,具备实时报警和历史数据对比等功能。

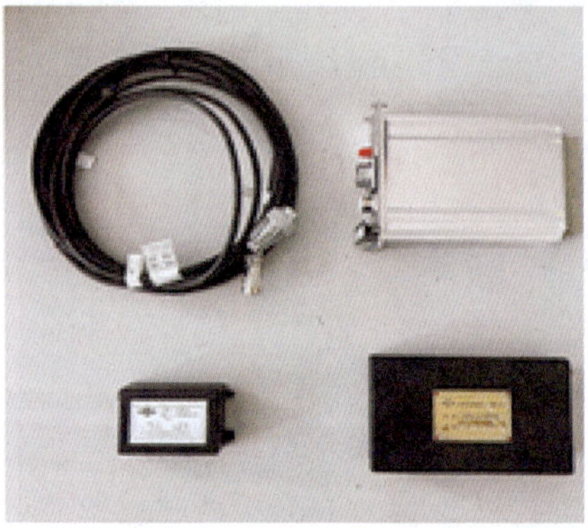

图 2-2-4　HGDJ-SS 车载式线路检查仪

二、线路静态检查

线路静态检查是指利用轨道检查仪、轨道测量仪等检测工具对轨道质量状态进行的检查,为轨道病害整治和质量评价提供技术依据。轨道静态检查一般包括轨道几何尺寸,钢轨平直度和廓形,无缝线路位移、轨温及应力,以及扣件、轨枕、有砟道床、无砟道床状态、线路附属设备、线路标志等。

(一)常用检查设备

1. 轨道检查仪

轨道检查仪(图 2-2-5)具有相对测量功能,能够快速一次性地对轨距、超高、水平、轨向、高低、三角坑、轨距变化率等轨道几何参数进行检测。

图 2-2-5　轨道检查仪

2. 轨道测量仪

基于CPⅢ和惯性测量的轨道测量仪(图2-2-6),在每个测量区段(约60 m)的起点和终点通过CPⅢ点引入绝对位置,起终点之间利用惯性测量其相对位置,通过计算获取轨道的绝对位置,计算出设计线形与实测线形偏差,用于线路评价和轨道精调。

图2-2-6　轨道测量仪

视频

轨距尺操作使用

3. 轨距尺和弦线

(1)轨距尺测量

轨距尺(图2-2-7)是检测线路轨距和水平的主要量具,具有测量精度高、显示清晰直观等特点。轨距尺按准确度分为0级、1级、2级三个等级。0级轨距尺适用于测量允许速度不大于350 km/h的线路,1级轨距尺适用于测量允许速度不大于250 km/h的线路,2级轨距尺适用于测量允许速度不大于160 km/h的线路。

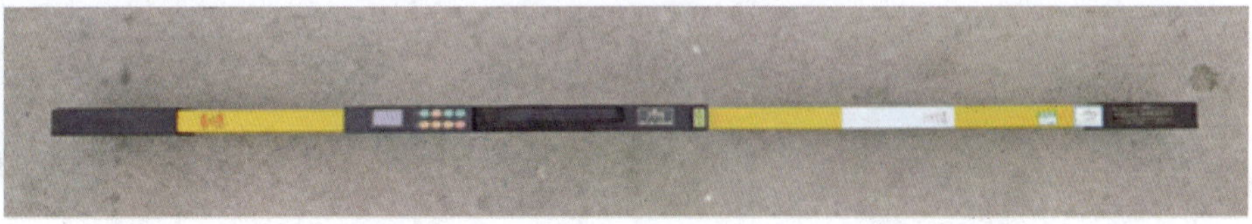

图2-2-7　轨距尺

轨距尺测量轨距时(图2-2-8),将两端测座搭在两股钢轨上,拉动提手测头与钢轨作用边接触,移动测头位置,读数最小时,待显示数据稳定后,读取轨距值。测量水平时,水平的检查部位应与轨距检查部位相对应。开始测量时,可先在两股钢轨同一位置上采用将轨距尺调转180°的方法,检验水平是否正确;然后将两端测座搭在两股钢轨上,待显示数据稳定后,读取水平值或超高值。

图 2-2-8　轨距尺检查

(2)弦线测量

线路的高低、轨向、曲线正矢可采用弦线检测,需要配合钢板尺使用。测量直线高低、轨向时,通常采用 10 m 弦;测量曲线正矢时,根据曲线要素,合理选择弦长(10 m 或者 20 m)。

视频

道岔静态几何尺寸检查作业

(二)线路静态轨道几何尺寸检查

对线路几何尺寸进行周期性检查或对动态检测超限处所进行复核,为线路病害整治及计划制订提供依据。线路(道岔)静态检查作业时,主要采用"查、看、量、测"的方式有序开展。

(1)采用轨距尺、弦线、支距、降低值测量仪等检查线路(道岔)几何尺寸、框架等。

①采用轨距尺、弦线检查轨距、水平,如图 2-2-9 所示。

确定基准轨:校核轨距尺后,确定基准轨。

检查作业:将轨距尺卡在左右两股钢轨间,取轨距最小时的轨距、水平值,并做好记录。

②采用弦线、钢板尺检查线路高低、轨向,如图 2-2-10 所示。

图 2-2-9　轨距尺检查线路轨距和水平

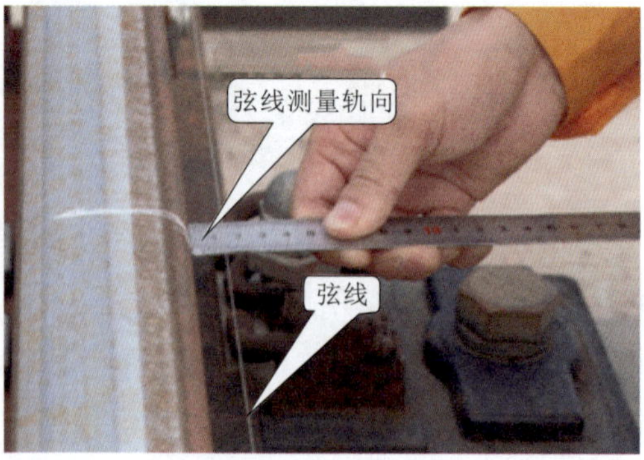

图 2-2-10　轨向测量

③采用弦线检查曲线正矢，如图 2-2-11 所示。检查范围内有曲线时，在检查完轨距、水平后，用弦线按既有桩点号检查、记录数据，并与各点的计划正矢相对应。

图 2-2-11　曲线正矢测量

④用支距尺检查道岔支距，如图 2-2-12 所示。道岔支距起点均从尖轨后接头直股轨端为起点（即第一点），向后 2 m 设置一个支距点，支距标识均设在外直股钢轨外侧轨腰上。

图 2-2-12　使用支距尺检查道岔支距

⑤用钢板尺检查道岔护轨轮缘槽宽度，如图 2-2-13 所示。

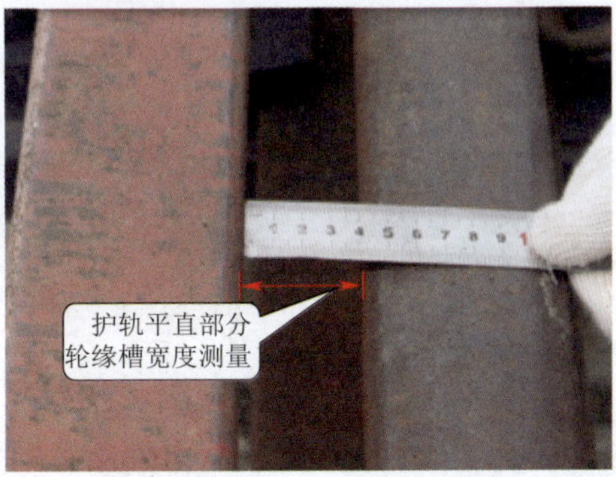

图 2-2-13　护轨轮缘槽检查

⑥用降低值测量仪检查降低值。降低值为尖（心）轨相对于基本轨（翼轨）的高差值，如图 2-2-14 所示。

图 2-2-14　降低值测量仪测量作业

（2）采用 0 级轨道检查仪检查。测量轨距、轨距变化率、水平、三角坑、轨向、高低等几何尺寸，如图 2-2-15 所示。

（3）采用轨道测量仪对线路高程、平面进行测量，如图 2-2-16 所示。

图 2-2-15　0 级轨道检查仪检查作业

图 2-2-16　轨道测量仪检查作业

（三）钢轨检查

钢轨检查分探伤、外观及表面伤损检查。钢轨探伤分母材探伤、道岔和调节器探伤、焊缝探伤。

钢轨探伤是发现钢轨伤损降低断轨风险的重要技术手段。目前钢轨伤损无损检测方法包括超声检测、涡流检测等，超声检测主要用于对钢轨内部伤损进行探伤，国内外应用最广泛；涡流检测主要用于钢轨踏面表面裂纹类伤损的检测。各种探伤仪器及作业如图 2-2-17～图 2-2-22 所示。

图 2-2-17　单轨式钢轨超声波探伤仪

图 2-2-18　单轨式钢轨超声波探伤仪探伤作业

图 2-2-19　双轨式钢轨超声波探伤仪

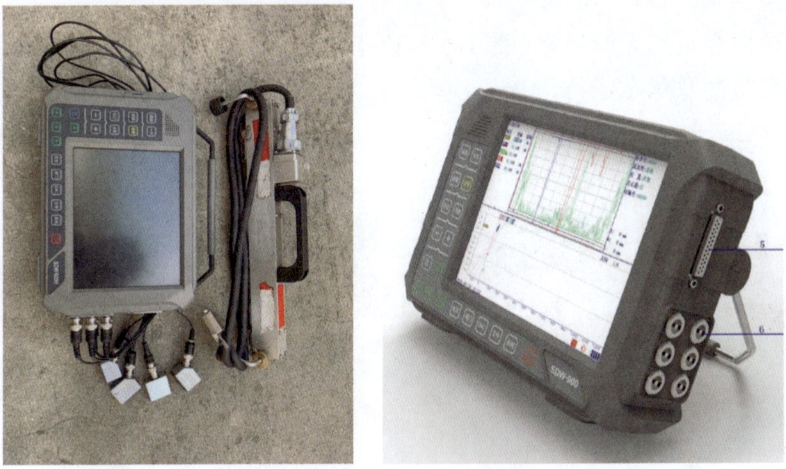

图 2-2-20　焊缝探伤仪

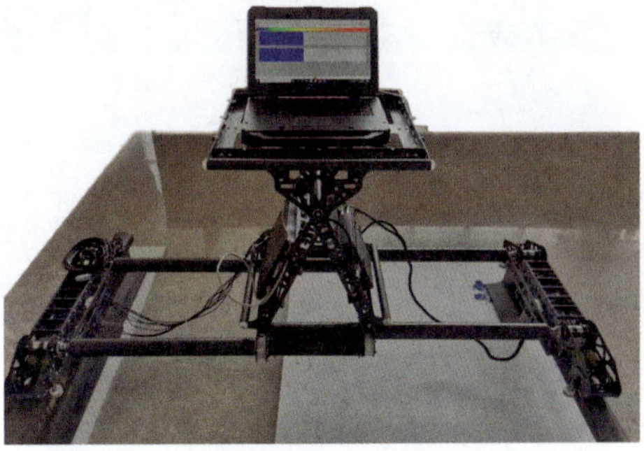

图 2-2-21　手推式道岔钢轨涡流检测仪

图 2-2-22　钢轨表面质量检查

(四)钢轨廓形测量仪测量

钢轨廓形测量(图 2-2-23)技术发展历经接触式、非接触式、车载式三个阶段。非接触式测量方法和接触式测量方法的主要区别是前端测量传感器的不同,其测量传感器采用激光扫描轨头的方法来采集钢轨廓形数据,利用图像处理法解析出轨头轮廓线参数,通过匹配标准钢轨轨头轮廓，求得断面轮廓和磨耗值，并设计相关算法求得轨底坡。

图 2-2-23　钢轨廓形测量仪测量钢轨廓形

(五)轨道结构检查

轨道结构检查是对无砟道床(图 2-2-24)、有砟道床及轨枕(图 2-2-25)、道岔、调节器、扣件等结构完整性及状态进行检查。

图 2-2-24　无砟道床轨道结构检查

图 2-2-25　有砟道床轨道结构检查

任务二　有砟轨道几何尺寸整修作业

任务描述

为满足列车形式的高可靠性、高稳定性、高平顺性的要求，通过对有砟轨道线路起道、拨道、改道作业使轨道框架整体稳定。

任务实施

一、作业目的

通过调整线路几何尺寸，提高轨道的平顺性。

二、作业条件

落实各项作业前准备工作，遵守无缝线路作业轨温条件及有关规定。天窗点内，按规定办理登销记手续，待调度命令下达，按规定设置防护后，方可进行作业。

三、作业主要工机具

防护备品、0级轨道检查仪、轨距尺、液压起道器、液压拨道器、弦线、扭矩扳手、内燃捣固镐、撬棍、轨温表等。

四、作业项目及标准

(一)有砟轨道起道作业

(1)确定基准轨,如图2-2-26所示。

(2)数据复核。使用轨距尺对现场的轨距、水平进行复查检查,如图2-2-27所示,确保基准轨动道位置及动道量与动道方案保持一致。将复核后的起道数据标注于钢轨(轨枕)上。

图2-2-26　现场检查确定基准轨

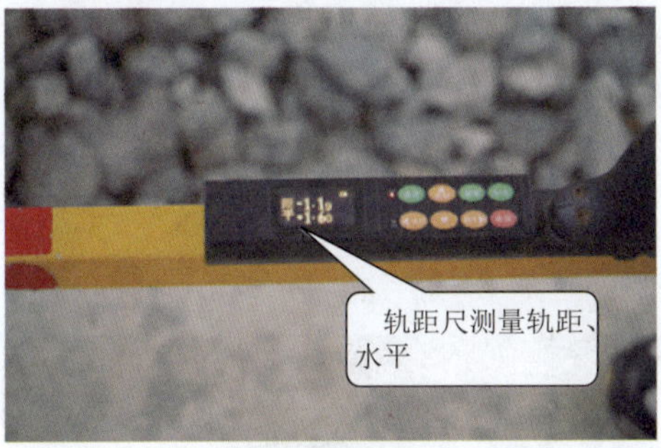

图2-2-27　采用轨距尺复核数据

(3)安放液压起道器。扒开枕盒内道砟,安放液压起道器,如图2-2-28所示,确保放置平稳,严禁放在绝缘接头、铝热焊焊缝处。液压起道器操作人员要密切注视看道者的指挥,正确放置液压起道器,动作敏捷,如图2-2-29所示。

(4)人工捣固,如图2-2-30所示。当基准轨起道完成且回检高低、水平等几何尺寸达到标准后,将起道处道砟捣固密实,保证撤出起道器后轨道不回落。

(5)起平另一股钢轨。基准轨起平后,再用轨距尺找平另一股;同一流程进行起道作业,起道作业中轨距尺尽量靠近液压起道器,如图2-2-31所示。

图2-2-28　液压起道器安放

图2-2-29　液压起道器起道

图 2-2-30　人工捣固作业

图 2-2-31　起平另一股钢轨作业

(6)质量回检。作业质量应达到作业验收标准。

(7)恢复道床。将安放液压起道器及捣固后的道砟镐窝整平,整理道床。

(二)有砟轨道拨道作业

(1)数据复核。使用轨距尺、弦线对现场的轨距、方向等几何尺寸进行复查检查,如图 2-2-32 所示,确保拨道量与动道方案保持一致。将复核后的拨道数据标注于钢轨(轨枕)上。

(2)安放液压拨道器,如图 2-2-33 所示。用铁锨刨松拨道方向轨枕端头的道砟,扒开轨枕枕盒内道砟后一般安设 3 台液压拨道器,严禁放在绝缘接头或焊缝处。

图 2-2-32　弦线测量轨向

图 2-2-33　液压拨道器安放

(3)拨道作业,如图 2-2-34 所示。考虑预留的回弹量,按照测量数据控制拨道量。达到预定拨道量后,先将拨道方向后面的液压拨道器放下,并用捣镐镐尖逐根轨枕头夯实,以减少回弹量,再放下拨道方向前面的液压拨道器,依次将线路拨正。

图 2-2-34　线路拨道作业

(4)质量回检。作业质量应达到作业验收标准。

(5)恢复道床。拨道结束后,将扒出的道砟和液压拨道器窝整平,道砟埋实、整平并夯实。

(三)有砟轨道改道作业

(1)确定基准轨。根据精测数据确定基准轨。

(2)数据复核。使用轨距尺对现场的轨距、方向等几何尺寸进行复查,确保改道量与动道方案保持一致。将复核后的改道数据标注于钢轨(轨枕)上。

(3)基准轨改道作业。根据无缝线路轨温作业条件,松开螺栓,然后通过调整扣件进行改道作业,如图 2-2-35 所示。

(4)调整另一股钢轨。基准轨平面经复核达标后,然后根据轨距、方向等变化值通过调整扣件进行另一股改道作业。

(5)扣件修整。结合改道作业,应对改道地点前后的伤损、歪斜等扣件进行更换整正,对锈蚀的扣件进行涂油,如图 2-2-36 所示。

(6)质量回检。作业质量应达到作业验收标准。

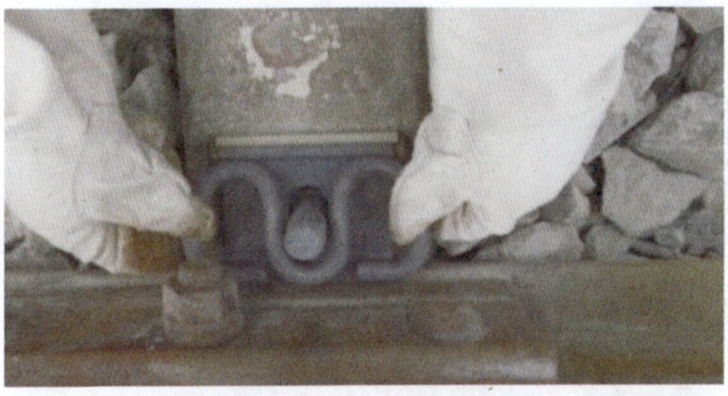

图 2-2-35　扣件调整

图 2-2-36　扣件涂油

五、作业风险管控

(1)做好进出网人员、工机具、材料的清点,防止遗漏。

(2)按规定执行上下道制度,设好防护。

(3)检查前,校准测量工具。

任务三　无砟轨道精调

任务描述

无砟轨道精调是根据轨道测量数据对轨道进行的精确调整,提高轨道的平顺性,以满足高速行车条件。

任务实施

一、作业目的

通过调整线路几何尺寸,提高轨道的平顺性。

二、作业条件

落实各项作业前准备工作,遵守无缝线路作业轨温条件及有关规定。天窗点内,按规定办理登销记手续,待调度命令下达,按规定设置防护后,方可进行作业。

三、作业主要工机具

防护备品、0级轨道检查仪、轨距尺、支距尺、活口扳手、扭矩扳手、机动螺栓扳手、电动扳手、液压改道器、液压起道器、弦线、轨温表、照明灯具等。

四、作业项目及标准

(一)无砟轨道线路精调

(1)精调数据标注,如图2-2-37所示。根据精测数据,确定基准轨,将基准轨高程调整量、平面动道量、目标轨距值用石笔标注在轨顶、轨底上表面、道床、轨枕等对应位置。

(2)配发材料。按照标注数据逐枕配发相匹配的精调材料,如图2-2-38所示。

图2-2-37 数据标注

图2-2-38 精调材料

(3)松卸扣件,如图2-2-39所示。使用机动螺栓扳手根据当日作业轨温松卸相应扣件。

图2-2-39 松卸扣件

(4)基准轨高程调整。使用液压起道器(图2-2-40)将钢轨抬升。按照高程精调数据更换调高垫板等相应精调材料,以达到高程调整的目标,如图2-2-41所示。

(5)基准轨平面调整。使用撬棍横向挪动钢轨位置对WJ-7型扣件的平面进行调整,直至轨距达到目标轨距值后拧紧地锚螺栓。WJ-8、W300-1型等扣件平面调整通过更换不同型号的轨距挡板、绝缘轨距块实施。

图 2-2-40　液压起道器

图 2-2-41　更换调高垫板作业

(6)质量回检。使用轨距尺或 0 级轨道检查仪对基准轨改动后的轨距值与目标轨距值进行复核,如图 2-2-42 所示;对目标轨距值不达标处进行改正,同步对扣件系统进行检查、调整,如图 2-2-43 所示。

图 2-2-42　0 级轨道检查仪回检作业

图 2-2-43　扣件扭矩检查作业

(7)另一股高程调整。基准轨平面、高低位置调整到位后,按照基准轨高程调整方式对另一股钢轨高程进行调整。

(8)另一股平面调整。另一钢轨高程调整到位后,对轨距进行调整,同时复查水平。

(9)质量验收。精调后几何尺寸需满足《高速铁路线路维修规则》(TG/GW 115—2023)和《普速铁路线路修理规则》(TG/GW 102—2019)相关规定。

(二)无砟轨道道岔精调

(1)确定基准轨、数据标注。确定基准轨,标注基准轨精调数据至钢轨上,按照标注数据逐枕配发相匹配的材料。

(2)基本轨位置调整。使用机动螺栓扳手按照无缝线路作业轨温条件松卸扣件,如图 2-2-44 所示;使用液压起道器将钢轨抬升,根据高程精调数据更换调高垫板,如图 2-2-45 所示;按照平面精调数据更换型号匹配的缓冲调距块(偏心锥),如图 2-2-46 所示,拧紧螺栓;若需要通过轨距块进行平面调整,则松开道岔 T 形扣件,更换型号匹配的道岔轨距块,拧紧扣件;使用轨距尺对基准轨改动后的轨距值与目标轨距值进行复核;对目标轨距值不达标处进行改正、同步对扣件系统进行检查、调整。

(3)另一股高程、平面调整。标注另一股高程数据至外侧轨底,按同样方式调整另一股高程,同步对轨距进行调整;与电务共同对工电结合部进行检查、调试。

(4)对曲股高程、平面进行调整。导曲部分基准轨高程采用弦线测量确认调整量、更换调高垫板,曲下股根据水平进行更换调高垫板。轨距用支距控制导曲基准轨方向,再调整曲下股轨距。辙叉部分曲下股依据岔心水平、轨距进行调整。

图 2-2-44　松卸扣件

图 2-2-45　更换调高垫板调整高程

图 2-2-46　更换偏心锥调整平面

(5)质量验收。道岔精调后几何尺寸需满足《高速铁路线路维修规则》(TG/GW 115—2023)和《普速铁路线路修理规则》(TG/GW 102—2019)相关规定。

五、作业风险管控

(1)做好进出网人员、工机具、材料的清点,防止遗漏。
(2)按规定执行上下道制度,设好防护。
(3)检查前,校准测量工具。

任务四　钢轨打磨作业

任务描述

为消除钢轨鱼鳞纹、波磨、光带不良等病害,采取大型养路机械(以下简称大机)、小型养路机械(以下简称小机)相结合的方式对病害进行打磨,以改善轮轨关系,提高轨面平顺性。

任务实施

一、作业目的

通过钢轨打磨对钢轨表面病害进行修理,消除病害,改善轮轨关系,提升设备质量。

二、作业条件

落实各项作业前准备工作，遵守作业规定。天窗点内，按规定办理登销记手续，待调度命令下达，按规定设置防护后，方可进行作业。

三、作业主要工机具

防护备品、钢轨精磨机、仿形打磨机、钢轨垂直打磨机、钢轨廓形测量仪、轨距尺、塞尺、深度尺、平直尺、里氏硬度计、照明灯具等。

视频

小机打磨作业

四、作业项目及标准

(一)小机打磨

1. 焊缝及绝缘接头小机打磨

使用平直尺检测焊缝及绝缘接头平直度，如图 2-2-47 所示，根据测量结果对钢轨进行打磨。胶接绝缘接头小机打磨前后对比如图 2-2-48 所示。

图 2-2-47　焊缝平直度检查

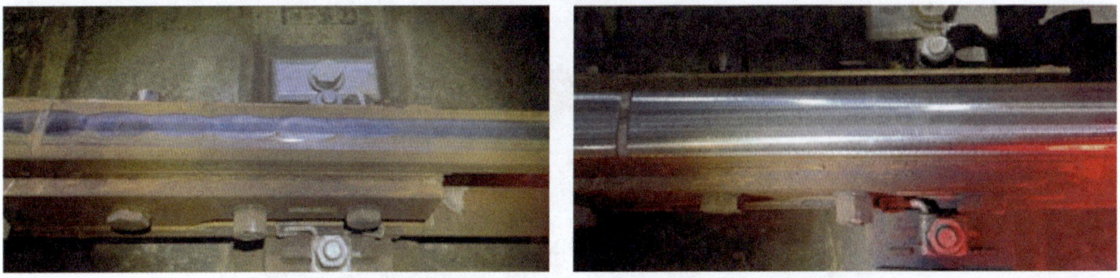

(a) 打磨前　　(b) 打磨后

图 2-2-48　胶接绝缘接头小机打磨前后对比

2. 钢轨及道岔轨件小机打磨

(1)打磨廓形设计。钢轨廓形测量仪作业如图 2-2-49 所示;廓形设计图如图 2-2-50 所示。

图 2-2-49　钢轨廓形测量

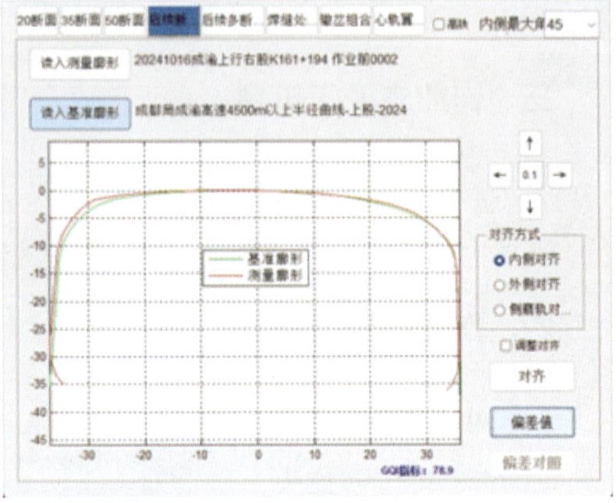

图 2-2-50　廓形设计图

(2)钢轨打磨。钢轨打磨作业如图 2-2-51 和图 2-2-52 所示。

图 2-2-51　仿形打磨机作业

图 2-2-52　钢轨垂直打磨机作业

(3)道岔打磨。道岔打磨机作业如图 2-2-53 所示。

图 2-2-53　道岔打磨机作业

钢轨及道岔轨件小机打磨前后对比如图 2-2-54～图 2-2-57 所示。

（a）打磨前　　　　（b）打磨后

图 2-2-54　钢轨波磨打磨作业前后对比

（a）打磨前　　　　（b）打磨后

图 2-2-55　钢轨掉块打磨作业前后对比

（a）打磨前　　　　（b）打磨后

图 2-2-56　钢轨擦伤打磨作业前后对比

（a）打磨前　　（b）打磨后

图 2-2-57　钢轨硌伤打磨作业前后对比

(二)大机打磨

大机打磨如图 2-2-58 所示。

图 2-2-58　大机打磨

五、作业风险管控

(1)作业时注意前后距离,防止工机具伤人。

(2)打磨过程中防止打磨过量。

(3)避免原地“下刀”“收刀”,应在打磨机行进中逐步增加或减少打磨进给量,确保顺坡均匀。

(4)打磨车打磨前须对现场作业环境进行检查,避免因打磨火花起火,同时须备好灭火器材。

(5)每换一个作业点,工机具、材料须随时移动并确认无遗漏。

(6)作业完毕后,应严格作业质量回检标准。对人员、材料、工机具清点,确认出网,开通线路。

任务五　线路标志安设及标识标记刷新作业

任务描述

为保持良好的线容线貌,在工务日常作业中需对线路外观常态化保持以及标志标识进行修补，达到整齐、统一、美观、实用的目标。

任务实施

一、作业目的

通过对线路标识标记进行刷新作业，确保标识标记设置齐全、正确、清晰。

二、作业条件

落实各项作业前准备工作，遵守作业规定。天窗点内，按规定办理登销记手续，待调度命令下达，按规定设置防护后，方可进行作业。

三、作业主要工机具

防护备品、照明灯具、钢刷、石笔、卷尺、字模、标志、油漆等。

四、作业流程及标准

（一）标识标记刷写

（1）确定标识标记刷写位置。

（2）除锈、除尘，如图 2-2-59 所示。

（3）涂刷底色，如图 2-2-60 所示。

图 2-2-59　钢轨除锈

图 2-2-60　标识标记底漆涂刷

（4）刷写标识标记，如图 2-2-61 所示。

图 2-2-61　标识标记刷写

(二)粘贴标识标记

绝缘接头编号标识粘贴,如图 2-2-62 所示。

图 2-2-62　绝缘接头编号标识粘贴

五、作业风险管控

(1)做好进出网人员、工机具、材料的清点,防止遗漏。

(2)按规定执行上下道制度,设好防护。

(3)检查前,校准测量工具。

复习思考题

1. 简述线路设备检查的基本原则。
2. 简述线路静态几何尺寸检查作业的常用检查设备。
3. 简述检查轨距、水平的作业步骤。
4. 如何检查道岔支距?
5. 有砟轨道起道作业的流程是什么?
6. 无砟轨道线路精调作业的流程是什么?
7. 钢轨打磨作业的项目及流程是什么?
8. 铁路线路标志标识安设刷新作业的工机具有哪些?

项目三

路基、桥隧建筑物及安全防护设施基本作业

项目描述

铁路路基、桥涵、隧道及安全防护设施是确保铁路安全、稳定运行的关键基础设施，通过对路桥设备及安全防护设施的日常检查和检修作业，确保设备及设施安全、可靠、稳定运行。本项目主要介绍路基、桥涵、隧道及安全防护设施的日常检查作业，同时介绍路基及桥隧地段声屏障的日常检查内容。

学习目标

1. 知识目标

(1)掌握路基、桥涵、隧道、安全防护设施的检查内容、安全要求。

(2)掌握路基、桥涵、隧道、安全防护设施检查的主要项点。

(3)掌握路基及桥隧地段声屏障的检查内容、安全要求。

2. 能力目标

(1)能够进行路基、桥梁、隧道、安全防护设施的外观性检查。

(2)具备开展路基、桥梁、隧道、安全防护设施检查的能力。

(3)能够进行路基及桥隧地段声屏障的外观性检查。

3. 素质目标

(1)培养铁路路桥标准化作业的安全意识。

(2)培养学生爱护仪器设备、合理使用检查工具的良好习惯。

(3)树立团队协作精神，能够在路桥设备检查作业实施过程中与团队成员保持良好沟通与协作。

(4)紧密关注铁路路桥新设备和新技术，不断学习新知识，提高创新能力。

任务一　路基设备检查作业

任务描述

路基设备是保证铁路安全、稳定运行的关键基础设施之一。通过对路基设备的检

查，发现设备问题，采取相应措施，达到控制风险、消除隐患的目的。

视频

路基设备检查作业

任务实施

一、作业目的

通过对路基本体设备、路基防护与加固设备、路基排水设施等进行检查，掌握设备状态。

二、作业条件

落实各项作业前准备工作，遵守作业规定。纳入天窗点内的作业项目，按规定办理登销记手续，待调度命令下达，按规定设置防护后，方可进行作业。

三、作业主要工机具

无人机、镰刀、检查锤、钢卷尺、塞尺、测距仪、喷漆、石笔、检查记录本、照明设备等。

四、作业项目及标准

(一)路基本体设备检查

检查路基面、路肩、基床、边坡及基底设备状态；路基面无下沉开裂，封闭层无起壳开裂等；圬工路肩无破损、积水；过渡段无下沉、开裂；周边环境无改变，无深坑开挖、违建乱堆等，如图 2-3-1 所示。

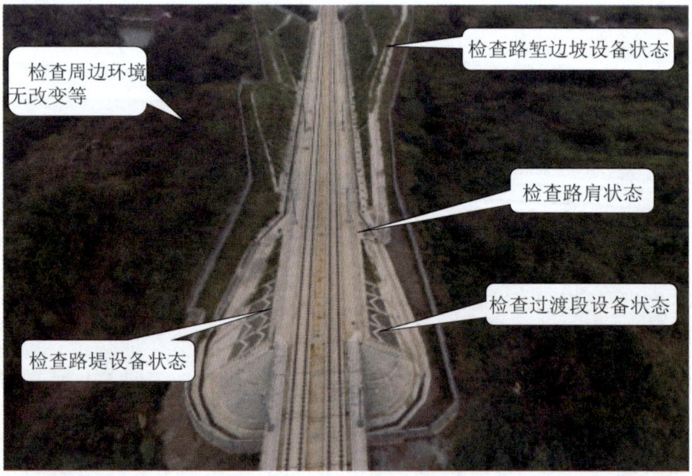

图 2-3-1　路基本体设备检查

(二)路基防护与加固设备检查

检查防护与加固设备无开裂、变形、破损；泄水孔及设备上无堵塞、长草、长树；周边杂草无侵入设备，结构上无土石堆积；基础无冲空；安全检查设施牢固、无锈蚀和破损；防护设施构件无缺失、脱落等，如图 2-3-2 所示。

图 2-3-2　路基防护与加固设备检查

(三)路基排水设备检查

检查排水设备圬工结构无破损、开裂、变形,排水设备无淤堵、长草,沟帮无弃土、弃石和杂物,渗沟、盲沟出口流水通畅等,如图 2-3-3 所示。

图 2-3-3　路基排水设备检查

五、作业风险管控

(1)按规定设置防护,并按要求进行联控。

(2)堑坡及临边高处作业须按规定使用安全带、安全绳等劳动保护用品。

(3)无人机严禁在线路正上方使用,避免大风等恶劣天气使用。

(4)作业完毕后,对工机具进行清点,确认现场无遗漏。

任务二 桥涵设备检查作业

任务描述

桥涵设备是保证铁路安全、稳定运行的关键基础设施之一。通过对桥涵设备的检查,发现设备问题,采取相应措施,达到控制风险、消除隐患的目的。

视频

桥涵设备检查作业

任务实施

一、作业目的

通过对桥梁钢结构、梁(拱)、墩台、支座、防落梁挡块以及涵渠设备进行检查,确认设备状态。

二、作业条件

落实各项作业前准备工作,遵守作业规定。纳入天窗点内的作业项目,按规定办理登销记手续,待调度命令下达,按规定设置防护后,方可进行作业。

三、作业主要工机具

无人机、检查锤、钢卷尺、直尺、检查梯、扭矩扳手、望远镜、检查记录本、照明设备等。

四、作业项目及标准

(一)钢结构检查

检查钢结构各部杆件无锈蚀、开裂、变形等,检查联结螺栓无脱落、折断等,检查焊缝状态等,如图 2-3-4 所示。

图 2-3-4 钢结构检查

(二)混凝土梁(拱)检查

检查无砟桥面防水层(保护层)无破损、开裂、起鼓;泄水孔(管)无堵塞、破损;梁缝挡板无脱落、位移,止水带无脱落、破损等;桥面栏杆无松动、缺失、锈蚀,作业通道盖板无缺失、破损等;混凝土梁(拱)无裂纹、露筋、剥落等,如图 2-3-5 和图 2-3-6 所示。

图 2-3-5　混凝土梁(拱)检查(无砟桥面)

图 2-3-6　混凝土梁(拱)检查(有砟桥面)

(三)混凝土墩台检查

检查混凝土墩台无下沉、倾斜,墩台混凝土无裂缝、腐蚀等,桥台护锥无开裂、下沉等,墩台周无堆积、冲刷等,吊围栏设施无缺失、破损等,如图 2-3-7 所示。

(四)支座检查

检查支座螺栓无缺失、折断、松动等,支座钢构件无锈蚀、裂纹、脱焊等,支座位移、转角无超限,上下座板无脱空,支承垫石无开裂、压溃等,如图 2-3-8 所示。

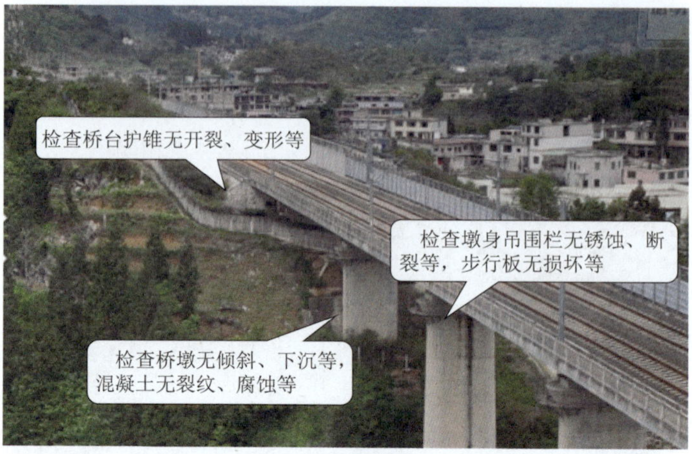

图 2-3-7　混凝土墩台检查

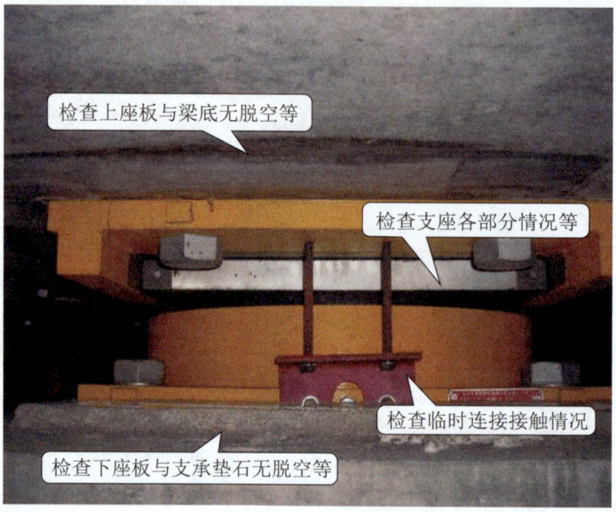

图 2-3-8　支座检查

（五）防落梁挡块检查

检查防落梁挡块与支承垫石之间的空隙无过大或顶死，防落梁挡块无约束相邻跨梁体的自由伸缩，防落梁挡块和螺栓无松动、损坏、丢失、锈蚀等，如图 2-3-9 所示。

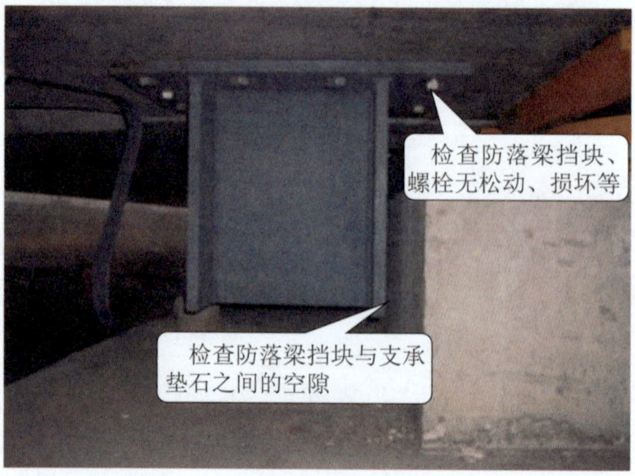

图 2-3-9　防落梁挡块检查

(六)涵洞检查

检查涵身无变形、裂损、露筋、漏水、漏土,涵内无淤积,基底无冒水、潜流、基底淘空等,铺砌、河调等防护设施无损坏,涵洞两侧排水无淤堵,如图 2-3-10 所示。

图 2-3-10　涵洞检查

五、作业风险管控

(1)按规定设置防护,并按要求进行联控。

(2)高处作业须按规定使用安全带、安全绳等劳动保护用品。

(3)无人机严禁在线路正上方使用,避免大风等恶劣天气使用。

(4)作业完毕后,对工机具进行清点,确认现场无遗漏。

任务三　隧道设备检查作业

任务描述

隧道设备是保证铁路安全、稳定运行的关键基础设施之一。通过对隧道设备的检查,发现设备问题,采取相应措施,达到控制风险、消除隐患的目的。

视频

隧道设备检查作业

任务实施

一、作业目的

通过对隧道洞内、洞外设备进行检查,掌握设备状态。

二、作业条件

落实各项作业前准备工作,遵守作业规定。纳入天窗点内的作业项目,按规定办理登销记手续,待调度命令下达,按规定设置防护后,方可进行作业。

三、作业主要工机具

无人机、检查锤、塞尺、钢卷尺、钢直尺、撬棍、检查记录本、照明设备等。

四、作业项目及标准

(一)隧道洞内检查

检查衬砌无裂缝、腐蚀、掉块、渗漏水等，施工缝、变形缝无渗漏水、结冰、掉块、变形、错台等，道床基底无沉陷，排水设施无淤积，盖板无缺损等，如图 2-3-11 所示。

图 2-3-11　隧道洞内检查

(二)隧道洞外检查

检查隧道洞口天沟、吊沟、截水沟无淤堵，洞口边仰坡无崩塌落石、滑坡，边坡防护设施无损坏，如图 2-3-12 所示。

图 2-3-12　隧道洞口检查

五、作业风险管控

(1)按规定设置防护，并按要求进行联控。

(2)隧道内及夜间作业需携带好照明设备。

(3)接触网安全距离内作业,须供电配合停电后方可作业。

(4)无人机严禁在线路正上方使用,避免大风等恶劣天气使用。

(5)作业完毕后,对工机具进行清点,确认现场无遗漏。

任务四　安全防护设施检查作业

任务描述

安全防护设施是保证铁路安全、稳定运行的基础设施之一。通过对安全防护设施的检查,发现设备问题,采取相应措施,达到控制风险、消除隐患的目的。

任务实施

一、作业目的

通过对桥涵限高防护架、防护栅栏、公铁并行护栏、桥梁防护网、防撞护栏、碰撞监测报警设施等设备进行检查,掌握设备状态。

二、作业条件

落实各项作业前准备工作,遵守作业规定。纳入天窗点内的作业项目,按规定办理登销记手续,待调度命令下达,按规定设置防护后,方可进行作业。

三、作业主要工机具

无人机、测距仪、钢卷尺、皮尺、检查锤、直尺、检查记录本、照明设备等。

四、作业项目及标准

视频

桥涵限高防护架检查作业

(一)限高防护架检查

检查限高防护架标志标牌无缺失、失效,限高防护架净高满足要求,立柱、横杆等构件无锈蚀、变形、开裂,焊接部位无脱焊、断裂;联结螺栓无缺失,限高防护架基础无下沉、外露,限高防护架油漆无失效、模糊等,如图 2-3-13 所示。

(二)防护栅栏检查

检查防护栅栏无破损、歪斜、变形,立柱与栏片连接构件无脱落、缺失,钢构件无锈蚀、缺失等,如图 2-3-14 所示。

(三)公铁并行地段护栏检查

检查护栏无破损、歪斜,护栏基础无悬空、外露,警示标识无失效、模糊等,波形梁护栏各部构件无缺失、锈蚀、失效等,如图 2-3-15 和图 2-3-16 所示。

(四)桥梁防护网检查

检查桥梁防护网立柱无歪斜,网片无变形,钢构件无脱落、失效、锈蚀等,如图 2-3-17 所示。

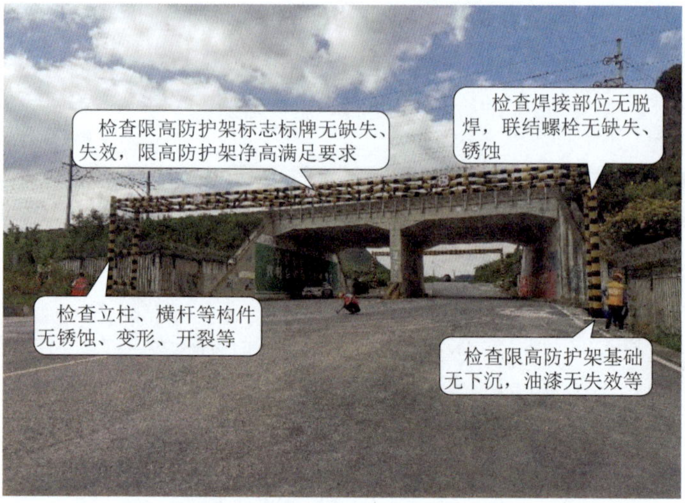

图 2-3-13　限高防护架检查

图 2-3-14　防护栅栏检查

图 2-3-15　公铁并行地段护栏检查(混凝土护栏)

图 2-3-16　公铁并行地段护栏检查(波形梁护栏)

图 2-3-17　桥梁防护网检查

(五)防撞护栏检查

检查公跨铁桥面防撞护栏及铁跨公墩台防撞护栏无破损、歪斜,警示标识无缺失、模糊;检查通航桥墩防撞浮筒无缺失、损坏等。墩台防撞护栏检查如图 2-3-18 所示。

图 2-3-18　防撞护栏检查(铁跨公墩台)

(六)碰撞监测报警设施检查

检查碰撞监测报警设施无构架脱落、缺失、损坏等,传输系统正常传输等,如图 2-3-19 所示。

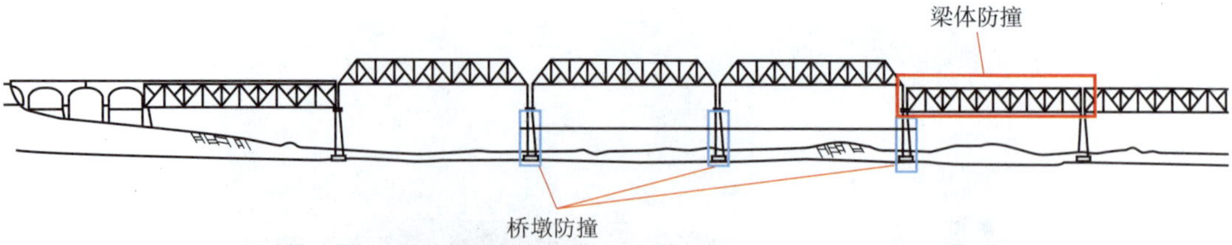

图 2-3-19　碰撞监测报警设施检查

五、作业风险管控

(1)按规定设置防护,并按要求进行联控。

(2)高处作业须按规定使用安全带、安全绳等劳动保护用品。

(3)无人机严禁在线路正上方使用,避免大风等恶劣天气使用。

(4)道路上作业前设置好反光警示锥筒防护,跨越道路加强瞭望,注意过往车辆。

(5)作业完毕后,对工机具进行清点,确认现场无遗漏。

任务五　声屏障检查作业

任务描述

安全防护设施是保证铁路安全、稳定运行的基础设施之一。通过对路基与桥梁地段声屏障的检查,发现设备问题,采取措施,达到控制风险、消除隐患的目的。

任务实施

一、作业目的

通过对路基与桥梁地段声屏障设备进行检查,掌握设备状态。

二、作业条件

落实各项作业前准备工作,遵守作业规定。纳入天窗点内的作业项目,按规定办理登销记手续，待调度命令下达，按规定设置防护后，方可进行作业。

三、作业主要工机具

无人机、钢卷尺、检查锤、直尺、检查记录本、照明设备等。

四、作业项目及标准

检查声屏障基础无沉降、破损、掉块，联结螺栓无缺少、松动、锈蚀，立柱无歪斜，立柱间距无超标，立柱连接处无积水、锈蚀，单元板无破损、开裂、窜动、脱落、横向晃动等，橡胶垫(条)等橡胶制品及铆钉等部件无缺失、脱落，金属构件无锈蚀，安全通道门状态、综合接地状态良好等，如图 2-3-20 所示。

图 2-3-20　声屏障检查

五、作业风险管控

(1)按规定设置防护，并按要求进行联控。

(2)夜间作业须携带好照明设备。

(3)无人机严禁在线路正上方使用，避免大风等恶劣天气使用。

(4)作业完毕后，对工机具进行清点，确认现场无遗漏。

复习思考题

1. 路基设备检查包含哪些主要项点?
2. 桥涵设备检查包含哪些主要项点?
3. 隧道设备检查包含哪些主要项点?
4. 安全防护设施设备检查包含哪些主要项点?
5. 声屏障设备检查包含哪些主要项点?

项目四

信号设备基本作业

项目描述

铁路信号设备是保证列车安全可靠运行的主要设备之一，通过对铁路信号设备日常检查和检修作业，保证信号设备安全、可靠、稳定运行。本项目主要介绍道岔转辙设备（含道岔融雪）、轨道电路、信号机、信号传输线路、室外 LEU 及应答器、室内设备的检修作业。

学习目标

1. 知识目标

（1）掌握道岔转辙设备调整方法，转辙机、密贴检查器和道岔融雪设备的检修内容、安全要求。

（2）掌握轨道电路设备钢轨绝缘检查、测试方法，轨道电路箱盒、线缆等设备检修内容、安全要求。

（3）掌握铁路信号机灯光显示标准，信号机机柱、机构、箱盒及蛇管检修内容、安全要求。

（4）掌握信号传输线路标识标记、埋设深度等检修标准，电缆径路检修内容、安全要求。

（5）掌握室内设备开关机，报警确认，设备检修内容、安全要求。

2. 能力目标

（1）具备对道岔转辙设备进行日常调整及状态检查确认的能力。

（2）能够进行轨道电路设备的检查及绝缘测试，并判断轨道电路的状态。

（3）能够确认铁路信号机的显示、轨旁设备的安装状态是否达标，并具备问题处理的能力。

（4）具备对信号传输线路进行巡视检查及径路状态确认的能力。

（5）能够熟练进行室内设备的开关机作业及报警确认的基本操作。

3. 素质目标

（1）培养铁路信号设备检修标准化作业的安全意识。

（2）培养爱护仪器设备、合理使用检修工具的良好习惯。

（3）树立团队协作精神，能够在铁路信号设备检修作业实施过程中与团队成员保持良好沟通与协作。

(4)紧密关注铁路信号新设备和新技术,不断学习新知识,提高创新能力。

任务一　道岔转辙设备检修作业

任务描述

道岔转辙设备是保证道岔的正常转换、可靠锁闭和正确表示,以及故障报警的设备。本任务包含转辙设备、外锁闭装置、安装装置、密贴检查器、道岔融雪设备的检修。

任务实施

视频

道岔转辙设备检修作业

一、作业目的

通过对道岔转辙设备的检修,检查道岔杆件、转辙机、箱盒配线、密贴检查器、融雪设备等部件状态,改善道岔装置转换阻力,提升设备质量。

二、作业条件

落实各项作业前准备工作,遵守作业规定。天窗点内,按规定办理登销记手续,待调度命令下达,按规定设置防护后,方可进行作业。

三、作业主要工机具

通信工具、照明灯、安全木楔、钢丝钳、活口扳手(450 mm)、活口扳手(300 mm)、塞尺、钢卷尺、套筒、螺丝刀、刷子、钥匙、万用表等。

四、作业项目及标准

(一)内锁闭道岔转辙设备检修作业项目及标准

(1)检查基础硬面化完整、清洁,转辙机箱盒安装紧固、加锁良好,铭牌齐全、正确,蛇管连接、固定良好,如图 2-4-1 所示。

(2)检查转辙机安装装置螺丝齐全、安装紧固,各部绝缘齐全、良好,动作杆空动距离达标,如图 2-4-2 所示。

(3)检查道岔密贴位,尖轨和基本轨密贴达标,如图 2-4-3 所示。

(4)检查设备无外界干扰和异状,尖轨和基本轨间无异物。内锁闭道岔调整时,先调整密贴,再调整表示缺口,如图 2-4-4 所示。

(二)外锁闭道岔转辙设备检修作业项目及标准

(1)检查基础硬面化完整、清洁,转辙机箱盒安装稳固、加锁良好,铭牌标识齐全、正确,蛇管连接、固定良好,如图 2-4-5 所示。

(2)检查外锁闭装置各部螺丝齐全、紧固,道岔辊轮齐全、作用良好,各部绝缘齐全、良好,如图 2-4-6 所示。

图 2-4-1　内锁闭道岔转辙机检查

图 2-4-2　转辙机安装装置检查

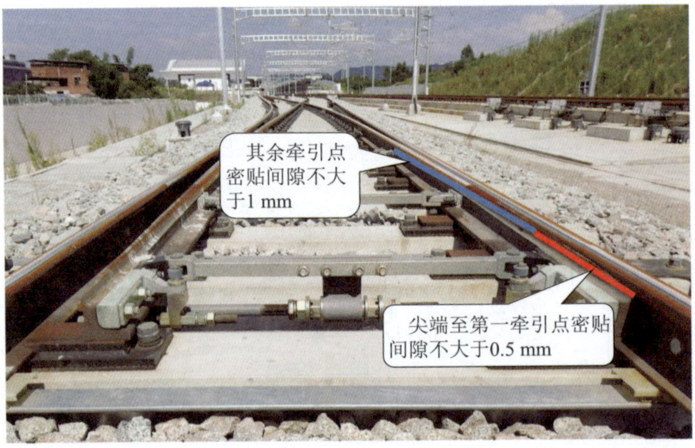

图 2-4-3　内锁闭道岔密贴检查

图 2-4-4　内锁闭道岔调整

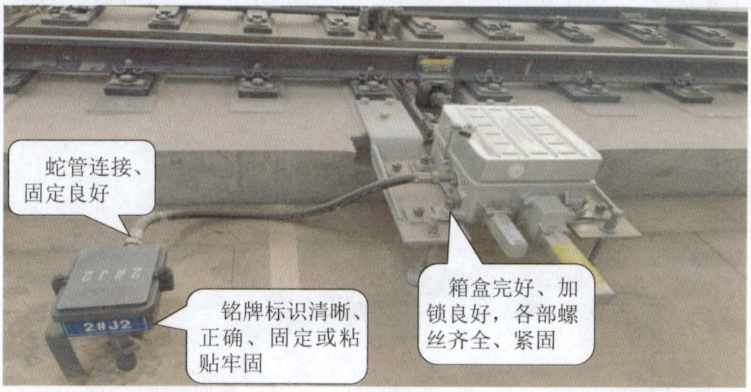

图 2-4-5　外锁闭道岔转辙机箱盒检查

图 2-4-6　外锁闭装置及绝缘检查

(3)检查道岔密贴位，尖轨和基本轨、心轨和翼轨密贴达标，如图 2-4-7 所示。

(4)检查设备无外界干扰和异状，尖轨和基本轨间无异物。外锁闭道岔调整时，先调整道岔密贴，再调整道岔表示缺口，如图 2-4-8 所示。

图 2-4-7　外锁闭道岔密贴检查

图 2-4-8　外锁闭道岔调整

(三)道岔密贴检查器检修作业项目及标准

检查密贴检查器箱盒安装螺丝齐全、紧固，加锁良好，各部杆件螺丝齐全、紧固，绝缘齐全、良好，蛇管连接、固定良好，如图 2-4-9 所示。

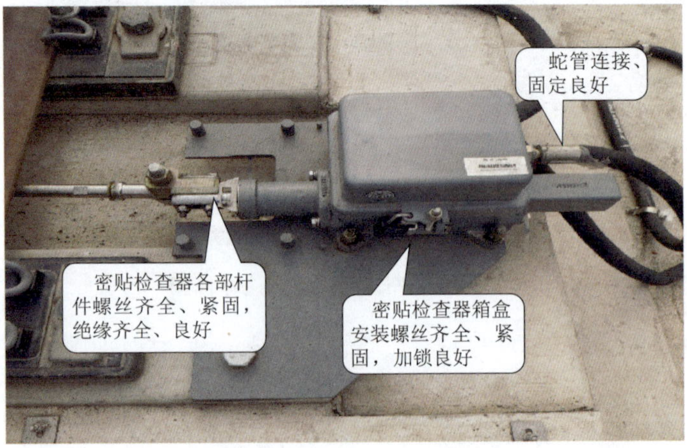

图 2-4-9　密贴检查器外部检查

(四)道岔融雪设备检修作业项目及标准

检查融雪电加热元件、轨温传感器等安装牢固,固定卡具作用良好,如图 2-4-10 所示。

图 2-4-10　道岔融雪设备检查

五、作业风险管控

(1)按规定设置防护体系,通信工具试验良好,按规定路径行走。

(2)作业过程中,室内外做好联系呼唤应答。

(3)作业完毕后,清点工机具、材料、人员,确保现场工完料清,人员按规定走行路径撤离现场。

任务二　轨道电路设备检修作业

任务描述

轨道电路是以两根钢轨作为导体,两端加以绝缘节,连接送电端设备和受电端设备,实现区段空闲、占用及传递信息的电气回路。本任务包含钢轨绝缘检查,轨道电路箱盒、引接线、接续线等设备的检修。

任务实施

一、作业目的

通过对轨道电路设备的检修,检查送电端设备、受电端设备、引接线、钢轨绝缘、连接线等部件状态,提升设备质量。

二、作业条件

落实各项作业前准备工作，遵守作业规定。天窗点内，按规定办理登销记手续，待调度命令下达，按规定设置防护后，方可进行作业。

三、作业主要工机具

通信工具、照明灯、钢丝钳、活口扳手（300 mm）、套筒、螺丝刀、刷子、钥匙、万用表、轨道绝缘在线测试仪、移频表等。

视频

25 Hz 相敏轨道电路设备检修作业

四、作业项目及标准

（一）25 Hz 相敏轨道电路检修作业项目及标准

（1）检查基础硬面化完整、清洁，铭牌标识正确、清晰、固定良好，如图 2-4-11 所示。

图 2-4-11　基础检查

（2）检查箱盒及扼流变压器各部螺丝紧固，油饰、加锁装置良好，如图 2-4-12 所示。

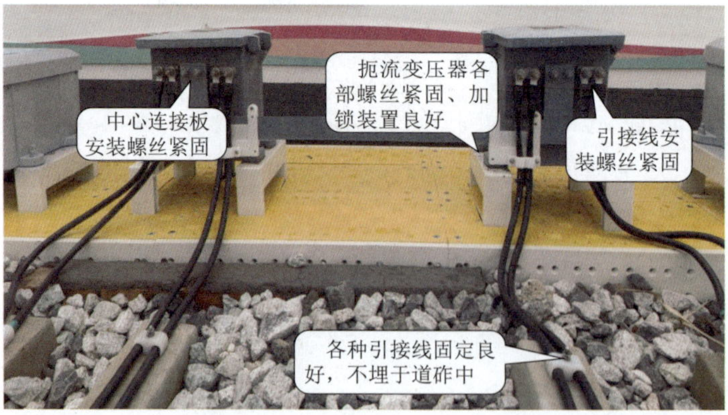

图 2-4-12　扼流变压器、引接线检查

（3）检查钢轨引接线、接续线及跳线连接、固定、防混良好，并且不被道砟掩埋。塞钉头密封及打入深度符合标准，如图 2-4-13 和图 2-4-14 所示。

图 2-4-13　25 Hz 相敏轨道电路引接线检查

图 2-4-14　接续线检查

(4)检查结合部、轨缝标准，扣件与钢轨连接夹板(鱼尾板)无接触，如图 2-4-15 所示。

(5)绝缘检查测试。绝缘节外观良好，测试绝缘阻值，阻值达标，如图 2-4-15 所示。

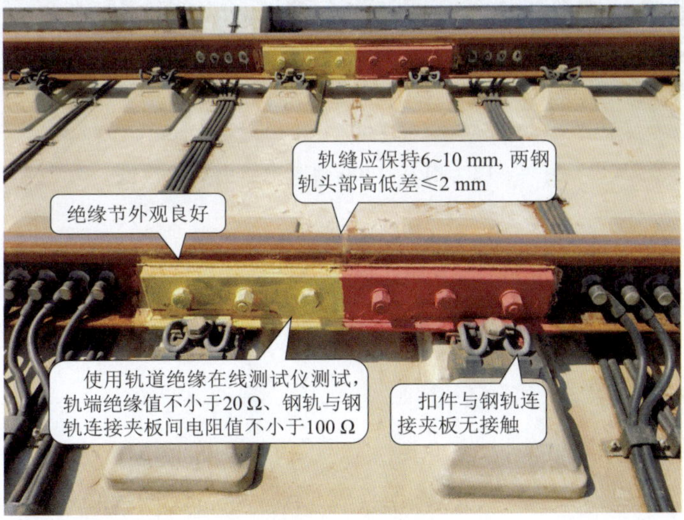

图 2-4-15　结合部检查

视频

ZPW-2000 轨道电路检修作业

(二)ZPW-2000 轨道电路检修作业项目及标准

(1)检查基础硬面化完整、清洁,箱盒各部螺丝紧固、油饰、加锁装置良好,设备铭牌标识正确、清晰、固定良好,如图 2-4-16 所示。

图 2-4-16　基础及箱盒检查

(2)检查引接线连接、固定、防混良好,塞钉头密封及打入深度符合标准,如图 2-4-17 所示。

图 2-4-17　ZPW-2000 轨道电路引接线检查

(3)检查补偿电容罩齐全、固定良好,电容引接线安装紧固,如图 2-4-18 所示。

(4)检查轨道电路调谐区标志标识正确、安装紧固、不侵限,如图 2-4-19 所示。

(5)电气绝缘阻值测试:测试调谐匹配单元阻抗达标。

五、作业风险管控

(1)按规定设置防护体系,通信工具试验良好,按规定路径行走。

(2)电气化区段更换钢轨、引接线、扼流变压器(中连板)等,必须提前设置好“两横一纵”线后,方可进行作业。

(3)作业完毕后,清点工机具、材料、人员,确保现场工完料清,人员按规定走行路径撤离现场。

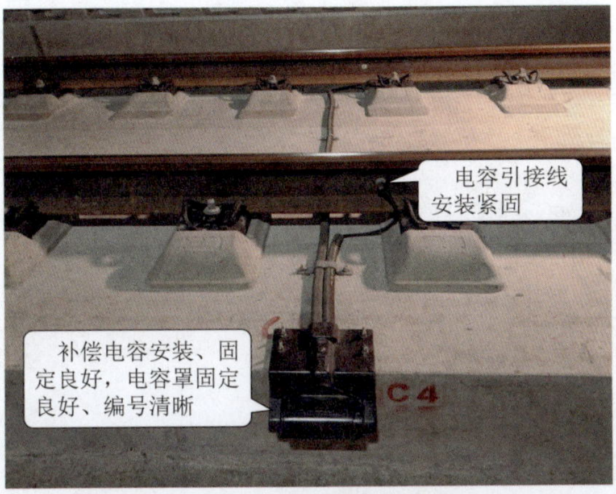

图 2-4-18　补偿电容检查

图 2-4-19　轨道电路调谐区标志检查

任务三　信号机检修作业

任务描述

信号机是通过不同的灯光显示,用于指示列车运行及调车作业的固定信号。本任务包含信号机显示检查,信号机机柱、机构、箱盒及蛇管的检修。

视频

信号机
检修作业

任务实施

一、作业目的

通过对信号机的检修,掌握信号机机柱、机构、箱盒、蛇管、显示等状态,提升设备质量。

二、作业条件

落实各项作业前准备工作，遵守作业规定。天窗点内，按规定办理登销记手续，待调度命令下达，按规定设置防护后，方可进行作业。

三、作业主要工机具

通信工具、照明灯、钢丝钳、活口扳手(250 mm)、套筒、螺丝刀、刷子、钥匙、万用表等。

四、作业项目及标准

(一)信号机检修作业项目及标准

(1)检查基础硬面化完整、清洁，箱盒及机构各部螺丝齐全、安装紧固，加锁装置良好，如图 2-4-20 所示。

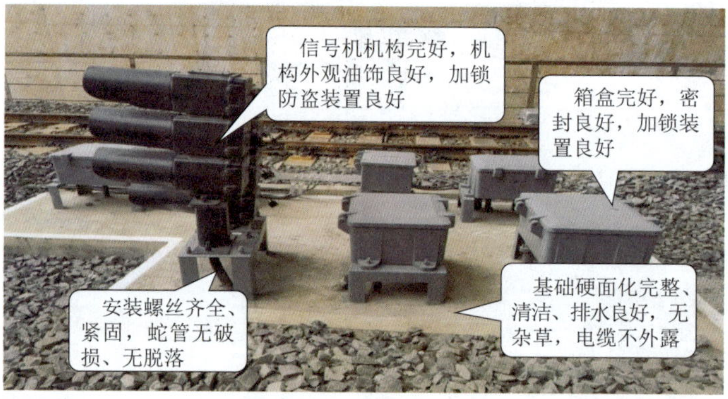

图 2-4-20　基础及信号机机构检查

(2)检查设备铭牌标识正确、清晰、固定良好，设备无外界干扰，外透镜清洁，密封良好，信号机显示距离达标，如图 2-4-21 所示。

图 2-4-21　信号机检查

(3)检查高柱信号机机柱及梯子外观完好,安装稳固,地线连接良好,机柱引入孔封堵良好,蛇管安装紧固,如图 2-4-22 和图 2-4-23 所示。

(a)　　(b)

图 2-4-22　高柱信号机机柱检查

(a)　　(b)

图 2-4-23　高柱信号机梯子检查

(二)信号标志检修作业项目及标准

检查各类信号标志安装紧固、标识正确、不侵限,如图 2-4-24 所示。

五、作业风险管控

(1)按规定设置防护体系,通信工具试验良好,按规定路径行走。

(2)高柱信号机作业时,严禁上下重叠作业,严禁上下抛递工具、材料。离开梯子作业时必须使用安全带,人员及工机具距离回流线不得少于 1 m,距离接触网不得少于 2 m。

(3)作业完毕后,清点工机具、材料、人员,确保现场工完料清,人员按规定走行路径撤离现场。

(a)　　(b)

图 2-4-24　信号标志检查

任务四　信号传输线路检修作业

任务描述

信号传输线路是室内外信号设备连接及信息传输的通道。本任务包含信号传输线路标识标记、箱盒检修、电缆槽检修。

视频

信号传输线路检修作业

任务实施

一、作业目的

通过对信号传输线路的检修,检查电缆槽盖板、箱盒、电缆、标识等设备状态,提升设备质量。

二、作业条件

落实各项作业前准备工作,遵守作业规定。天窗点内,按规定办理登销记手续,待调度命令下达,按规定设置防护后,方可进行作业。

三、作业主要工机具

通信工具、照明灯、尖嘴钳、活口扳手(300 mm)、套筒、螺丝刀、刷子、钥匙等。

四、作业项目及标准

(1)检查电缆径路及电缆径路标识、标牌齐全,字迹清晰、正确,如图 2-4-25 所示。

图 2-4-25　电缆径路标识检查

(2)检查箱盒外观完好、安装螺栓紧固、加锁装置良好,基础硬面化完整、清洁,如图 2-4-26 所示。

图 2-4-26　电缆箱盒基础检查

(3)检查电缆沟(槽)盖板齐全、封堵良好、安装紧固,如图 2-4-27 和图 2-4-28 所示。

五、作业风险管控

(1)按规定设置防护体系,通信工具试验良好,按规定路径行走。

(2)严禁倚靠桥梁栏杆,临边或高处作业时,按规定使用安全带。严禁踩踏裂纹、破损、底部不实、桥梁接缝处等有安全隐患的盖板。

(3)作业完毕后,清点工机具、材料、人员,确保现场工完料清,人员按规定走行路径撤离现场。

图 2-4-27　电缆沟检查

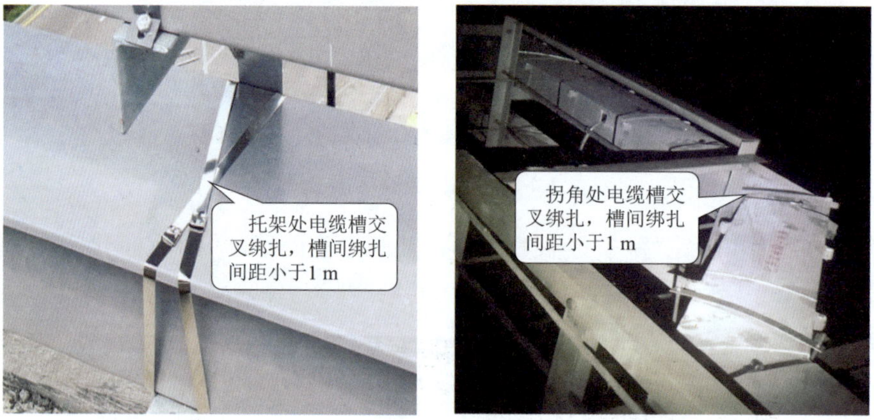

(a)　(b)

图 2-4-28　电缆槽检查

任务五　LEU 和应答器检修作业

任务描述

地面电子单元(LEU)是有源应答器与列控中心之间的接口设备,应答器是采用电磁感应原理构成的高速点式数据传输设备,用于在特定地点实现地面与列车间的相互通信。本任务包含室外 LEU 和应答器的检修。

视频

LEU 和应答器检修作业

任务实施

一、作业目的

通过对室外 LEU 和应答器的检修,检查设备箱箱门、箱体限界是否达标,设备箱内端子配线紧固、整齐、零部件状态,检查应答器周围环境、安装尺寸、自身状态,提升设备质量。

二、作业条件

落实各项作业前准备工作，遵守作业规定。天窗点内，按规定办理登销记手续，待调度命令下达，按规定设置防护后，方可进行作业。

三、作业主要工机具

通信工具、照明灯、尖嘴钳、活口扳手、套筒、螺丝刀、刷子、钥匙、应答器专用工具等。

四、作业项目及标准

(一)室外 LEU 设备检修作业项目及标准

(1)检查室外 LEU 设备箱外观完好、螺丝紧固、加锁装置良好，地线安装紧固，如图 2-4-29 所示。

图 2-4-29　室外 LEU 外观检查

(2)检查 LEU 设备箱内配线整齐、各端子紧固，如图 2-4-30 所示。

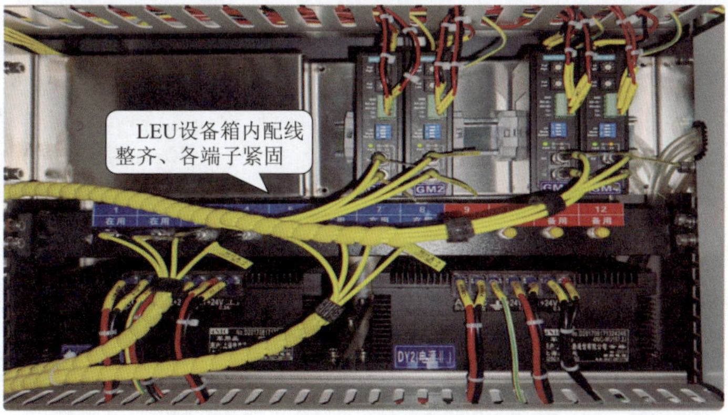

图 2-4-30　LEU 设备箱内检查

(二)应答器设备检修作业项目及标准

(1)检查应答器、电缆盒安装稳固，尾缆固定线卡齐全、固定良好，如图 2-4-31 所示。

（2）检查应答器四周无金属异物，支架安装稳固、无锈蚀，表面没有覆盖物，如石块、金属件、粉尘等，如图 2-4-32 所示。

图 2-4-31　有源应答器尾缆检查

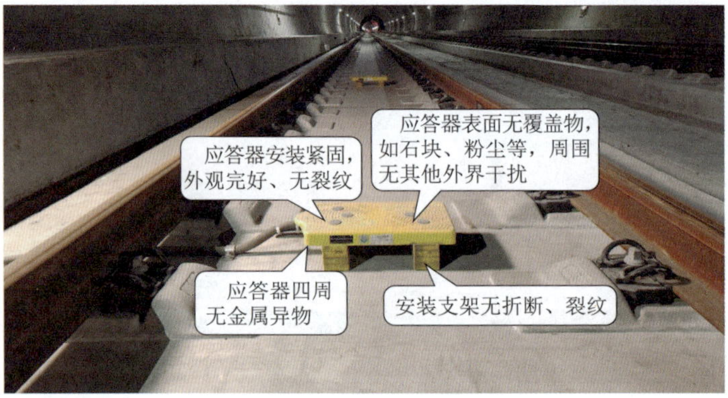

图 2-4-32　应答器安装检查

五、作业风险管控

（1）按规定设置防护体系，通信工具试验良好，按规定路径行走。

（2）作业完毕后，清点工机具、材料、人员，确保现场工完料清，人员按规定走行路径撤离现场。

（3）检修完毕后，调阅信号集中监测和列控维护终端，确认设备正常。

任务六　室内设备检修作业

任务描述

室内信号设备是用于控制、显示和处理铁路信号相关信息的设备，以指挥列车运行，保障行车安全。本任务包括行车室内信号设备、联锁设备、列控设备、CTC 设备、移频设备、组合架、电源屏、分线盘等的检查，报警确认和监测分析、电气特性测试等。

任务实施

视频

室内信号设备检修作业

一、作业目的

通过对室内设备的检修和测试，确保室内设备运用稳定可靠，使机房内设备端子、配线、板卡及防雷接地等处于紧固状态，保证鼠标、音响、显示器等处于良好状态，提升设备质量。

二、作业条件

落实各项作业前准备工作，遵守作业规定。天窗点内，按规定办理登销记手续，待调度命令下达后，方可进行作业。

三、作业主要工机具

通信工具、照明灯、尖嘴钳、套筒、螺丝刀、刷子、万用表等。

四、作业项目及标准

(1)检查行车室信号设备。检查显示器、鼠标、音响工作正常，如图 2-4-33 所示。控制台内配线整齐、端子紧固、内部清洁、标识清晰，如图 2-4-34 所示。

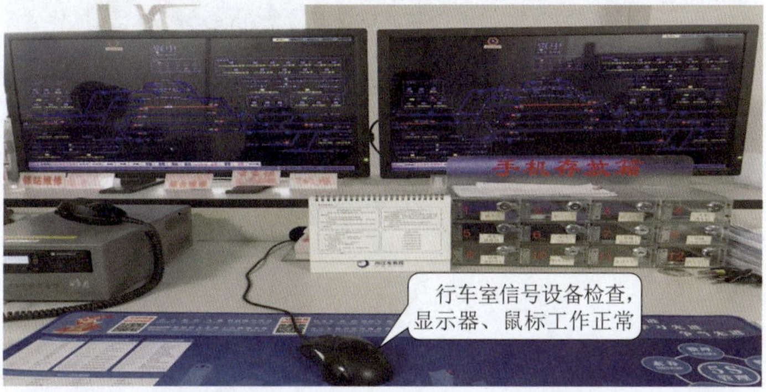

图 2-4-33　行车室显示器、鼠标检查

图 2-4-34　控制台内部检查

（2）检查机械室机柜内设备。检查配线整齐、端子紧固、各部螺丝紧固、标识清晰正确、各部件功能正常、各部指示灯显示正常、USB 口封堵良好、防雷接地良好、板卡插接良好、工况图显示状态良好，如图 2-4-35 所示。

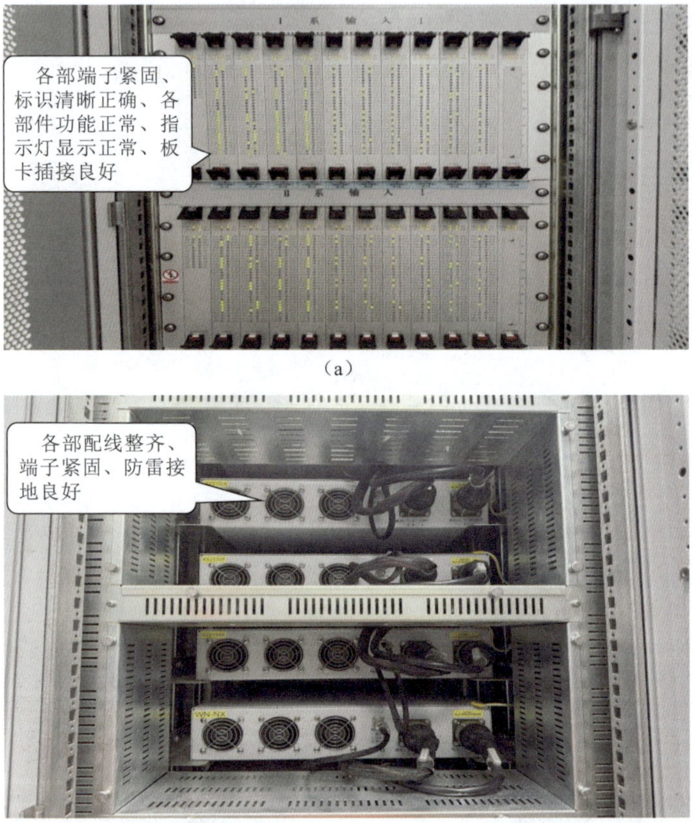

（a）

（b）

图 2-4-35　机柜内部检查

（3）报警确认和监测分析。根据报警信息确认设备状态，同时进行监测数据调阅分析浏览，进一步判断设备工作状态，如图 2-4-36 所示。

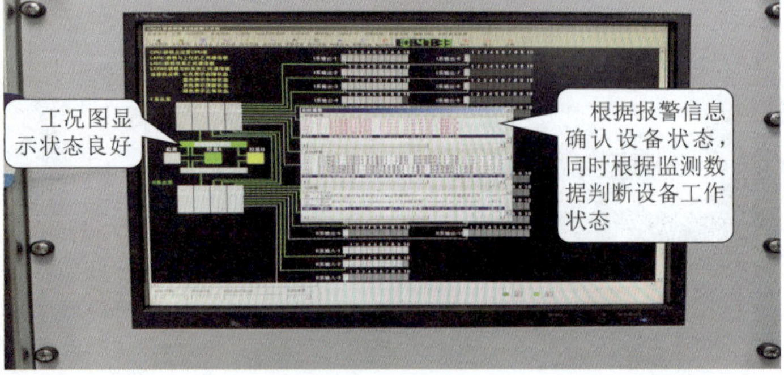

图 2-4-36　计算机联锁维护终端调阅

(4)电气特性测试。按规定周期和测试项目，对设备电源电压、电流进行数据读取、监测调阅、仪表测量，如图 2-4-37 所示。

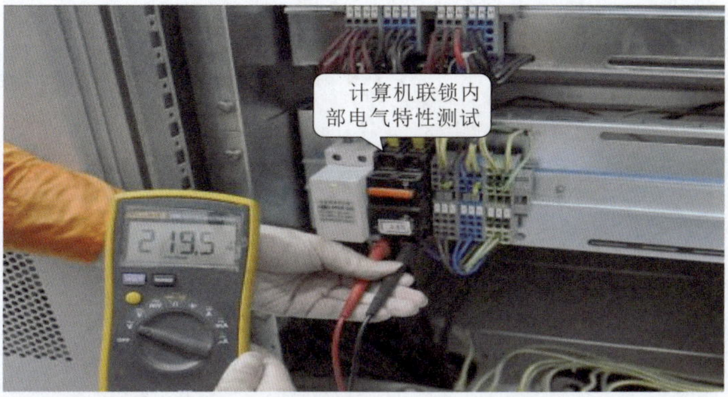

图 2-4-37　计算机联锁电气特性测试

五、作业风险管控

(1)作业时应使用带绝缘的工具，电子设备作业应佩戴防静电手环。

(2)禁止同时对两系设备实施检修，严禁带电插拔各类板卡。

(3)检修后确认设备状态正常，控制台无异常报警。

复习思考题

1. 内锁闭、外锁闭道岔调整时，为什么要先调整密贴，再调整表示缺口？
2. 轨道电路设备检修作业钢轨绝缘测试标准是什么？
3. 信号机检修作业的标准有哪些？
4. 信号传输线路检修作业标准主要有哪些？
5. 简述 LEU 和应答器检修作业的风险管控措施。
6. 机械室机柜内设备的检查项目有哪些？

项目五

通信设备基本作业

项目描述

铁路通信设备是保证列车安全可靠运行，保证运输指挥畅通的关键设备之一，通过通信设备日常检修作业，提高设备运用质量，保证通信设备安全可靠稳定运行。本项目主要介绍通信线路、光纤直放站、天馈系统、通信杆(塔)、综合视频监控系统(前端设备)、隧道应急电话的检修作业。

学习目标

1. 知识目标

(1)熟悉通信线路、光纤直放站、天馈系统(漏泄电缆)、综合视频监控系统(前端设备)、通信杆(塔)、隧道应急电话的检修内容、安全要求。

(2)掌握各类区间设备检修标准、安全要求。

(3)掌握隧道应急电话操作使用方法。

2. 能力目标

(1)能按作业程序检修通信线路、光纤直放站、天馈系统(漏泄电缆)、综合视频监控系统(前端设备)、通信杆(塔)、隧道应急电话。

(2)能对检修中发现设备的松脱风险进行简单应急捆绑处理。

(3)掌握隧道应急电话通话试验的基本要求。

3. 素质目标

(1)培养铁路通信设备检修标准化作业的安全意识。

(2)培养爱护仪器设备、合理使用检查工具的良好习惯。

(3)树立团队协作精神，能够在铁路通信设备检修作业实施过程中与团队成员保持良好沟通与协作。

(4)紧密关注铁路通信新设备和新技术，不断学习新知识，提高创新能力。

任务一　通信线路检修作业

任务描述

通信线路是铁路通信网络最重要的基础设施，通过对通信线路及附属设施的日常检修，保持通信线路标识标志清晰、路由可靠，防止光电缆外露、光电缆槽脱落，消除水毁、火烧、鼠咬、冻胀、径路上动土施工等隐患，保持光电缆线路畅通。本任务包含光纤直放站、天馈系统（漏泄电缆）、综合视频监控系统、通信杆（塔）、隧道应急电话的检修。

任务实施

一、作业目的

通过对通信线路的日常巡检，确认通信设施的状态正常、结构完整，防止发生通信线路设施倾倒、松脱侵入铁路限界的风险，提升设备质量。

二、作业条件

落实各项作业前准备工作，遵守作业规定，按规定办理登销记手续。天窗点内施工作业，待作业命令下达后方可上道，按规定设置防护后，方可进行作业。

三、作业主要工机具

通信工具、人（手）孔钥匙、照明灯、螺丝刀、活口扳手、克丝钳、铁锨、镐、有害气体检测仪等。

四、作业项目及标准

（1）巡视线路、管槽道径路周围无异状和外界的影响。光电缆径路稳固、光电缆无外漏，周围无大型机械施工，槽道盖板平整稳固、无缺损，如图 2-5-1 所示。

图 2-5-1　光电缆槽检查

（2）巡视检查标桩，警示牌，人（手）孔，桥、隧、涵线路防护设施及线路附属设备。线路标桩、警示牌埋设位置准确、标志清晰、正直完整，线路标桩偏离光缆的距离不大于

10 cm,周围 0.5 m 范围内无杂草、无杂物;隧道口两端各 5 m 槽道盖板用水泥勾缝;桥涵有防护、防盗措施,严禁防护钢管外露,如图 2-5-2 所示。

图 2-5-2　光电缆径路标桩、桥梁引下光缆防护检查

(3)巡视检查杆路、光缆及线路附属设备。通信杆须垂直,电杆牢固整洁、电杆周围培土坚实牢固,杆根周围 0.5 m 内无杂草、无积水坑,杆上及光缆无异物悬挂,如图 2-5-3 所示。

图 2-5-3　通信杆路检查

五、作业风险管控

(1)有限空间作业必须严格实行作业审批制度,严禁擅自进入;必须做到"先通风、再

检测、后作业”，严禁通风、检测不合格作业；必要时配备个人防中毒窒息等防护装备，设置安全警示标识，严禁无防护监护措施作业。

(2)在野外检修时，要穿长衣、长裤和高帮鞋，并将裤脚绑紧。尽量不要使皮肤裸露在外。

(3)夏季野外作业时，尽量不要走入野生草丛。如不可避免需要穿过草丛时，可用棍棒边打草丛边通过。

(4)野外作业时，应防止蛇、虫咬伤，发生蛇、虫咬伤要及时就医处置。

任务二　光纤直放站检修作业

任务描述

光纤直放站是实现铁路沿线通信网络覆盖的关键设备，要保持光纤直放站的强度良好、运行状态正常，避免出现网络信号覆盖盲区。本任务通过对移动通信设备的日常检修，确保移动通信设备运用稳定，为通信网络运行安全提供保障。

任务实施

一、作业目的

通过对光纤直放站的巡视，确认光纤直放站及附属设备的状态正常，防止发生光纤直放站及线缆等附属设备松脱侵入铁路限界的风险，确保设备运用安全，提升设备质量。

二、作业条件

落实各项作业前准备工作，遵守作业规定，按规定办理登销记手续。天窗点内施工作业，待作业命令下达后方可上道，按规定设置防护后，方可进行作业。

三、作业主要工机具

通信工具、照明灯、螺丝刀、活口扳手、克丝钳、钢扎带等。

四、作业项目及标准

(1)检查设备外观及强度。外观无破损、牢固件、紧固螺丝无锈蚀，如有锈蚀，及时做除锈处理；设备柜门关闭良好，柜体良好，无破损、锈蚀现象。

(2)检查设备引线外观及强度。引入、引出线缆固定良好，无烧焦、破皮，引入、引出口封堵良好；地线连接牢固无松动，无烧焦、破皮，如图 2-5-4 所示。

五、作业风险管控

(1)雷雨天气禁止对光纤直放站天馈线和防雷地线进行检修。

(2)在电气化区段作业时,作业人员身体与携带物件(如长杆、导线、工具等)与接触网带电部分,必须保持 2 m 以上的距离,与回流线有 1 m 以上的距离。

(3)作业结束后,确保设备柜门、通道防护门锁闭良好。

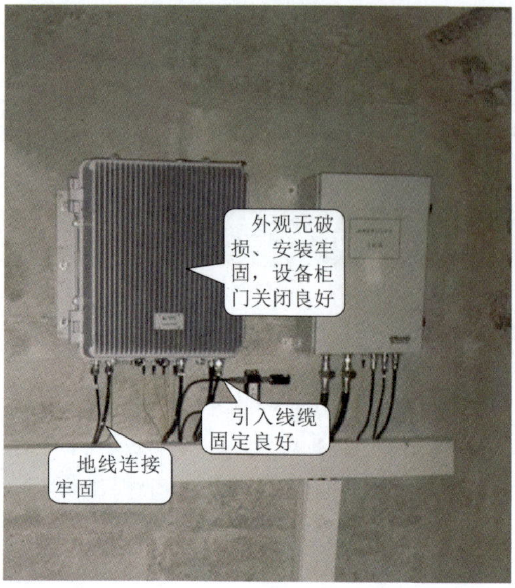

图 2-5-4　光纤直放站检查

任务三　天馈系统(漏泄电缆)检修作业

任务描述

天馈系统(漏泄电缆)是实现铁路沿线通信网络覆盖的重要附属设施。本任务通过对天馈系统(漏泄电缆)的日常检修,确保天馈系统(漏泄电缆)安装牢固、运用稳定。

任务实施

一、作业目的

通过对天馈系统(漏泄电缆)外观强度的检查,确认天馈系统(漏泄电缆)安装牢固,防止发生天馈漏泄电缆等侵入铁路限界的风险,提升设备质量。

二、作业条件

落实各项作业前准备工作,遵守作业规定,按规定办理登销记手续。天窗点内施工作业,待作业命令下达后方可上道,按规定设置防护后,方可进行作业。

三、作业主要工机具

通信工具、望远镜、照明灯、螺丝刀、扳手、克丝钳、钢扎带等。

四、作业项目及标准

(1)检查天馈线、杆(塔)外观。天馈线无破损、无变形,杆(塔)基础牢固。

(2)检查漏泄电缆径路。漏泄电缆无破损、无老化、无龟裂、无污垢,架空平直,吊索无锈蚀,吊挂牢固,挂钩均匀,如图 2-5-5 所示。

图 2-5-5　漏泄电缆径路检查

(3)检查接头。接头紧固、接触良好、无松动、防水良好,如图 2-5-6 所示。

图 2-5-6　天馈系统(漏泄电缆)接头检查

(4)检查天馈线、杆(塔)紧固件。结构完整,抱箍、螺栓无松动、无锈蚀。

(5)检查天馈线密封、强度。现场巡视天馈线接头防水良好,天线安装牢固可靠。

(6)检查漏泄电缆吊挂件、吊线、固定件。现场巡视吊索无锈蚀,吊挂牢固,挂钩均匀,如图 2-5-7 所示。

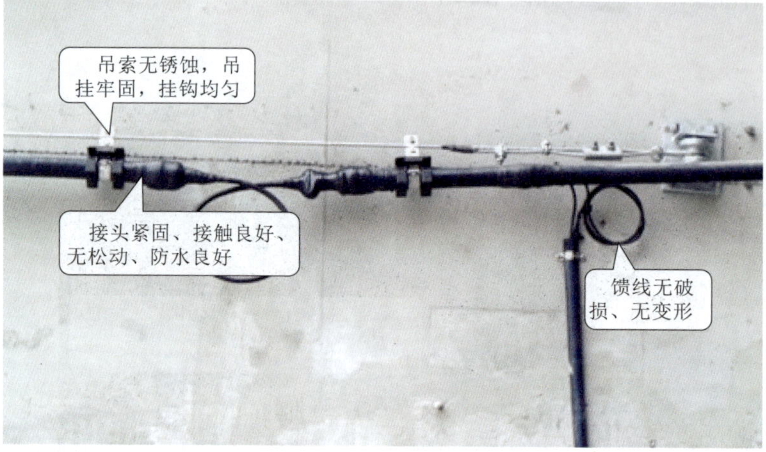

图 2-5-7　天馈系统(漏泄电缆)检查

五、作业风险管控

(1)雷雨天气禁止对天馈系统进行检修。

(2)在电气化区段作业时,作业人员身体与携带物件(如长杆、导线、工具等)与接触网带电部分,必须保持 2 m 以上的距离,与回流线有 1 m 以上的距离。

任务四　综合视频监控系统(前端设备)检修作业

任务描述

铁路综合视频监控系统负责铁路线路周边环境的视频监控。本任务通过对综合视频监控系统(前端设备)的日常检查,确保设备安装牢固、运用稳定。

任务实施

一、作业目的

通过对综合视频监控系统(前端设备)中的摄像机、室外设备控制箱及附属设备的日常检查,确保设备设施安装稳固,防止发生设备松脱侵入铁路限界的风险,提升设备质量。

二、作业条件

落实各项作业前准备工作,遵守作业规定,按规定办理登销记手续。天窗点内施工作业,待作业命令下达后方可上道,按规定设置防护后,方可进行作业。

三、作业主要工机具

通信工具、照明灯、螺丝刀、扳手、克丝钳、钢扎带等。

四、作业项目及标准

（1）检查、加固摄像机、云台、防护罩等设备外观、强度、连接线。目视设备外观良好、无破损等。

（2）检查、处理视频杆（塔）外观、结构、强度、垂直度。现场检查杆（塔）构件外镀锌表面、强度、基础情况。确认杆（塔）体无变形，镀锌层均匀光滑，无开裂、无翘皮、无锈蚀；杆（塔）体基础底部水泥包封完整、无开裂；杆（塔）体基础 1 m^2 范围内硬面化或土质地面无开裂、无沉降。

（3）检查、加固、整理室外设备控制箱（含内部附属设备）。现场检查外部走线口密封良好、控制箱门牢靠、箱体安装牢固无破损，箱体无锈蚀，标识清楚，箱门锁闭功能良好，如图 2-5-8 所示。

图 2-5-8　综合视频监控系统（前端设备）检查

五、作业风险管控

（1）登高作业严格执行登高作业规定，按规定使用劳保用品。严禁使用半身式（三点式）安全带。

（2）在电气化区段作业时，作业人员身体与携带物件（如长杆、导线、工具等）与接触网带电部分，必须保持 2 m 以上的距离，与回流线有 1 m 以上的距离。

任务五　通信杆(塔)检修作业

任务描述

通信杆(塔)是铁路通信重要的基础设施。本任务通过对通信杆(塔)日常检修,确保通信杆(塔)稳定牢固、状态正常,防止倒伏风险。

任务实施

一、作业目的

通过对通信杆(塔)的日常检修,检查通信杆(塔)及其附属设备状况,确保杆(塔)设施外观、强度良好,消除通信杆(塔)倒斜侵限隐患。

二、作业条件

落实各项作业前准备工作,遵守作业规定,按规定办理登销记手续。天窗点内施工作业,待作业命令下达后方可上道,按规定设置防护后,方可进行作业。

三、作业主要工机具

通信工具、望远镜、照明灯、螺丝刀、扳手、克丝钳、钢扎带等。

四、作业项目及标准

(1)检查铁塔、杆塔外观结构,以及地锚、螺栓。目测铁塔外观结构情况正常,地锚、螺栓无锈蚀;远视杆(塔)无明显倾斜现象。

图 2-5-9　铁塔底部螺栓检查

(2)检查铁塔、杆塔平台,以及爬梯、防护网、天线支架等附属构件外观。爬梯、平台、防护网牢固可靠;天线与抱杆连接使用双螺母,螺栓紧固、无松脱;铁塔构件牢固,无缺损、无扭曲、无弯折、无裂缝、无塑性变形、无焊缝、无开裂、无严重锈蚀,各部位螺栓、螺母齐全、无松动;法兰盘连接牢固、平整;塔脚底板与基础面接触良好。

(3)检查铁塔、杆塔基础状态及周围环境。地面基础无塌陷、无下沉、无开裂,周围无积水;塔基周围防洪设施或边坡无塌陷或损坏;未使用水泥包封铁塔基础螺栓的防护帽(套)完好、紧固,防护帽(套)内螺栓黄油完好、无锈蚀,如图 2-5-9 所示。

(4)检查铁塔、杆塔地线连接情况。地线各连接点连接紧密、无松动,各焊接点有防锈处理措施。

(5)检查铁塔航空标志灯、安全警示标志牌。航空标志灯紧固、无松脱、闪烁正常;安全警示标志牌牢固、无松脱。

(6)检查杆(塔)上安装的附属设备、天馈系统。天线、摄像机等安装固定牢靠,各物件无锈蚀、无缺损,如图 2-5-10 所示。

图 2-5-10　通信杆(塔)检查

五、作业风险管控

(1)铁塔作业人员必须要经过培训合格,持有效的高处作业证书后方可上岗。严禁未取得证书人员进行登塔作业。

(2)高处作业人员必须戴好安全帽,按规定使用安全带(绳、网),作业前必须确认工机具、设施和用品完好。

(3)登杆作业前检查电杆的各部位强度和质量,电杆未回填夯实前不得登杆作业。禁止手持工机具、零件、携带电线登杆或在角杆内侧利用拉线上下电杆。

(4)杆(塔)上有人工作时,在杆(塔)下的可能坠落范围半径内不得有人逗留,杆(塔)下防护人员应戴安全帽并保持安全距离。

任务六 隧道应急电话检修作业

任务描述

隧道应急电话是隧道防灾疏散救援系统重要的联络设备。本任务通过对隧道应急电话的日常检修,确保隧道应急电话运用状态良好、功能测试正常,为隧道应急抢险救援提供通信联络保障。

任务实施

一、作业目的

通过对隧道应急电话的巡视检查,核对应急电话公里标正确,确认标识清晰,测试隧道应急电话功能正常,确保隧道应急通信联络使用时设备正常运行,提升设备质量。

二、作业条件

落实各项作业前准备工作,遵守作业规定,按规定办理登销记手续。天窗点内施工作业,待作业命令下达后方可上道,按规定设置防护后,方可进行作业。

三、作业主要工机具

通信工具、照明灯、螺丝刀、扳手、克丝钳等。

四、作业项目及标准

在有隧道应急电话的区间,结合通信线路步巡作业同步执行。

(1)根据公里标核对隧道应急电话位置、侧别;用毛刷、抹布对隧道应急电话进行清扫、除尘,对标识不清楚或脱落的及时更换、补充,喷涂的标识清晰、无掉色残缺。

(2)检查和整理配线。查看配线是否老化,如老化及时更换。

(3)检查和整修紧固件,防松、防脱、除锈、防潮。

(4)检查引入电缆的钢管防护情况,电缆紧固、无损伤。

(5)按隧道应急电话的标识旋转扳动开关(或按压对应按键)进行通话试验,如图 2-5-11 所示。

图 2-5-11　隧道应急电话检查

五、作业风险管控

（1）行走时注意脚下，防止踏空摔伤。

（2）在线路两侧电缆槽、排水沟盖板上行走时，要注意避开盖板缺损、桥梁伸缩缝及锯齿孔和接触网支柱及拉线处，防止发生绊倒、坠落伤害。

（3）在桥上行走、施工或休息时，身体不能倚靠桥梁护栏，避免发生高处坠落的风险。

复习思考题

1. 进行通信线路检修时，针对线路标桩主要有哪些检修内容？
2. 有限空间作业的重点注意事项有哪些？
3. 光纤直放站检修要达到什么目的？
4. 天馈系统日常检修要达到什么目的？
5. 雷雨天气下，哪些检修工作不能进行？
6. 综合视频监控系统（前端设备）主要有哪些检修作业项目？
7. 通信登高作业有哪些注意事项？

项目六

供电设备基本作业

项目描述

铁路供电设备基本作业涉及牵引供电设备与各专业关联设备，通过执行供电设备巡检作业流程和巡检标准，保障设备运行正常和符合要求，及时处置设备异常和隐患，确保牵引供电设备稳定运行。本项目主要介绍变配电、接触网、电力专业的日常巡视和维护基本作业。

学习目标

1. 知识目标

（1）掌握牵引回流系统巡检作业内容、巡检标准和安全要求。

（2）掌握 27.5 kV 供电线电缆巡检作业内容、巡检标准和安全要求。

（3）掌握接触网远动隔离开关巡检作业内容、巡检标准和安全要求。

（4）掌握变配电基础及外部环境巡检作业内容、巡检标准和安全要求。

（5）掌握接触网巡视作业内容、巡检标准和安全要求。

（6）掌握电力设备巡检作业内容、巡检标准和安全要求。

2. 能力目标

（1）具有按照巡检标准巡检变配电设备的技能。

（2）具有按照巡检标准巡检接触网设备的技能。

（3）具有按照巡检标准巡检电力设备的技能。

3. 素质目标

（1）培养铁路供电设备标准化巡检作业的安全意识。

（2）培养爱护仪器设备、合理使用检查工具的良好习惯。

（3）树立团队协作精神，能够在铁路供电设备巡检作业实施过程中与团队成员保持良好沟通与协作。

（4）紧密关注铁路供电新设备和新技术，不断学习新知识，提高创新能力。

任务一　牵引变电巡检作业

任务描述

牵引变电所是向电气化铁路供电的重要组成部分，与行车密切相关。牵引变电设备是牵引供电系统的重要设备，通过对牵引变电主要电气设备的外观、运行参数、周边环境等进行检查，以便及时发现、处置设备异常和隐患，为保证牵引变电设备运行安全可靠。本任务主要介绍牵引回流系统巡视、27.5 kV 供电线电缆巡视、接触网远动隔离开关巡视、牵引变电所巡检作业、牵引变电所当地倒闸等作业。

任务实施

一、牵引回流系统巡视

(一)作业目的

通过目视巡视的方式，巡视牵引回流系统的路径及回流通道情况，掌握设备状态。

(二)作业条件

落实各项作业前准备工作，遵守作业规定。天窗点内，按规定办理登销记手续，待调度命令下达，按规定设置防护后，方可进行作业。

(三)作业主要工机具

望远镜、对讲机(GSM-R)、记录本、笔、照明灯具、工具包、撬棍、扳手等。

(四)作业项目及标准

(1)检查变电所内电流信息采集正常，集中接地箱电缆接头连接紧固，电流互感器外观无破损，如图 2-6-1 所示。

图 2-6-1　变电所检查

(2)检查回流电缆外皮无破损，电缆无断裂，电缆敷设路径无开挖，电缆盖板无破损，如图 2-6-2 所示。

(3)检查回流电缆接头与扼流变压器、岔线连接紧固，无发热、放电痕迹，如图 2-6-3 所示。

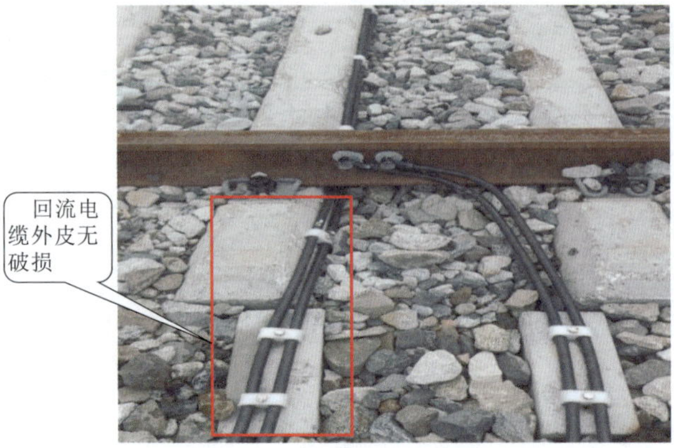

图 2-6-2　回流电缆检查

图 2-6-3　回流电缆接头检查

(4)检查回流线(缆)固定在支架上,隧道壁上的回流线固定金具无明显缺失,回流线(缆)无侵界隐患,如图 2-6-4 所示。

图 2-6-4　回流线(缆)检查

(五)作业风险管控

(1)对回流系统进行巡视时,按要求穿戴劳动防护用品。

(2)与带电部分保持足够的安全距离。

(3)禁止攀爬供电设备支架。

二、27.5 kV 供电线电缆巡视

视频

27.5 kV
供电线电缆
巡视作业

(一)作业目的

通过步行巡视的方式,巡视检查 27.5 kV 供电线电缆,掌握设备状态。

(二)作业条件

落实各项作业前准备工作,遵守作业规定。天窗点内,按规定办理登销记手续,待调度命令下达,按规定设置防护后,方可进行作业。

(三)作业主要工机具

望远镜、对讲机(GSM-R)、红外测温仪、记录本、笔、照明灯具、应急扎带、工具包等。

(四)作业项目及标准

(1)电缆头无破损或放电现象。电气连接端子、线夹连接紧固,无破损或异常发热现象,如图 2-6-5 所示。

(a) 电缆头无破损或放电现象　　(b) 电气连接端子、线夹连接紧固

图 2-6-5　电缆头检查

(2)电缆外护套无破损或裂纹,无发热或烧损痕迹,如图 2-6-6 所示。

图 2-6-6　电缆外护套检查

(3)电缆护层保护器连接紧固,无异常温升或烧损痕迹,如图 2-6-7 所示。

图 2-6-7　电缆护层保护器检查

(4)电缆支架固定牢靠,接地良好。电缆沟盖板完整,无破损,如图 2-6-8 所示。

图 2-6-8　电缆沟盖板检查

(5)对 27.5 kV 高压电缆终端头和电气连接线夹进行红外测温,无异常温升,如图 2-6-9 所示。

图 2-6-9　电缆终端头检查

(五)作业风险管控

(1)巡视时禁止触碰 27.5 kV 高压电缆及电缆附属设施。发现 27.5 kV 电缆异常情况及时联系设备管理部门。

(2)禁止攀爬电缆支架。

(3)与带电部分保持足够的安全距离。

三、接触网远动隔离开关巡视

(一)作业目的

通过外观检查,及时发现接触网远动隔离开关影响安全供电的隐患。

(二)作业条件

落实各项作业前准备工作,遵守作业规定。天窗点内,按规定办理登销记手续,待调度命令下达,按规定设置防护后,方可进行作业。

(三)作业主要工机具

望远镜、对讲机(GSM-R)、活动扳手、克丝钳、记录本、笔、照明灯具、应急扎带、工具包、撬棍。

(四)作业项目及标准

(1)支持绝缘子应清洁,无破损或放电现象。

(2)刀闸位置正确,分闸角度或距离应符合规定。

(3)触头应接触良好,无严重烧伤。

(4)电气连接紧固,无断股或散股现象。接地连接紧固,无松动或脱落现象。接线端子、线夹无松动、变形、开裂或严重发热痕迹。

(5)运行环境正常,无搭挂杂物。

(6)机构箱密封良好,部件完好无锈蚀。

(7)电动操动机构分合闸指示器应与实际状态相符。

接触网远动隔离开关检查如图 2-6-10 所示。

图 2-6-10　接触网远动隔离开关检查

（五）作业风险管控

（1）禁止非专业人员打开机构箱门，若出现机构箱门未锁闭情况，应采取临时措施锁闭。

（2）禁止攀爬接触网设备，与带电部分保持安全距离。

（3）作业前后，清点工具材料和备品，防止遗留在线路上。

四、牵引变电所巡检作业

（一）作业目的

对牵引变电所设备设施进行全面巡视和检查，对重点设备开展必要的检测监测和试验，对运行数据进行查阅分析，确保牵引供电设备稳定运行。

（二）作业条件

落实各项作业前准备工作，遵守作业规定。作业计划已批复，按牵引变电所安全工作规定办理工作票及安全措施后，方可进行作业。

（三）作业主要工机具

望远镜、红外测温仪、记录本、笔、照明灯具、工具包、螺丝刀等。

（四）作业项目及标准

牵引变电所部分设备巡视检查一般设备的巡视项目和要求如下。

（1）绝缘体应清洁，无破损和裂纹，无放电痕迹及现象，如图 2-6-11 所示。

图 2-6-11　绝缘体检查

（2）电气连接部分应连接牢固，接触良好，软母线无过热、断股和散股、过紧或过松，如图 2-6-12 所示。

图 2-6-12　电气连接部位检查

(3)设备位置指示信号与实际设备一致;设备音响正常、无异味,如图 2-6-13 所示。

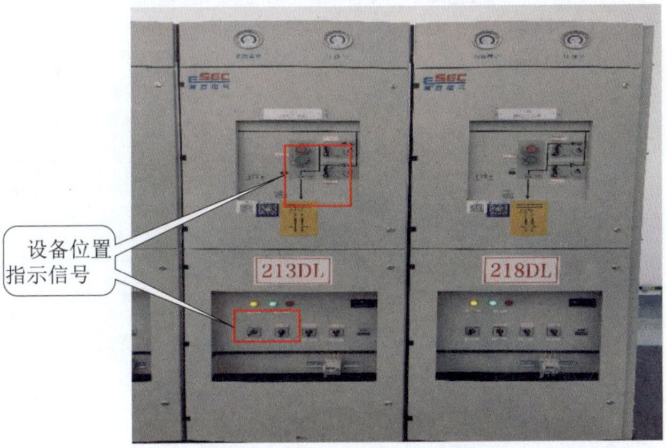

图 2-6-13　设备位置指示信号与设备音响检查

(4)充油设备的油标、油阀、油位、油温、油色应正常,充油、充胶、充气设备应无渗漏、喷油现象。充气设备气压和气体状态应正常,如图 2-6-14 所示。

(a) 检查充油设备

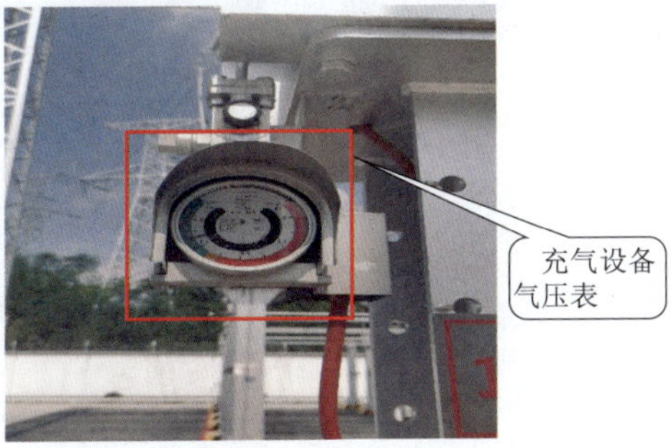

(b) 检查充气设备

图 2-6-14　充油和充气设备检查

(5)设备接地安装牢固、无倾斜,外壳无严重锈蚀,接地良好,基础、支架应无严重破损和变形,如图 2-6-15 所示。设备室和围栅应完好并锁住。

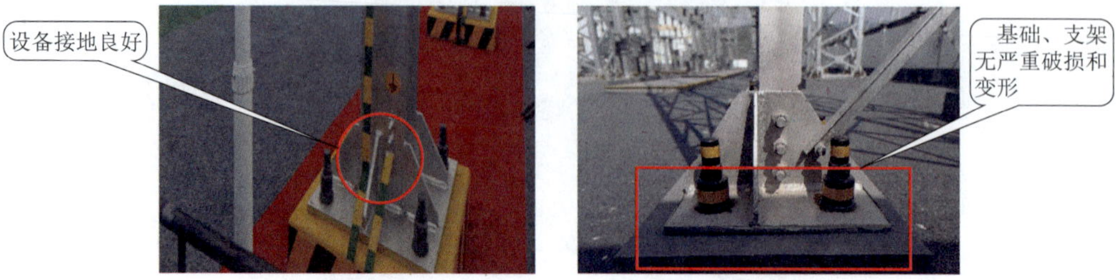

(a) 设备接地检查　　(b) 基础、支架检查

图 2-6-15　设备接地和基础、支架检查

(五)作业风险管控

(1)作业人员(包括所持的机具、材料、零部件等)与周围带电设备保持足够安全距离。

(2)禁止攀登供电设备(杆、塔及各种架空线的支柱)。

五、牵引变电所当地倒闸作业

视频

牵引变电所当地倒闸作业

(一)作业目的

牵引变电所不具备远动功能或远动功能失效时,由供电调度发布倒闸命令进行当地倒闸作业。

(二)作业条件

根据供电调度发布的倒闸命令进行倒闸作业。

(三)作业主要工机具

钥匙、安全帽、绝缘靴、绝缘手套、操作手柄等。

(四)作业项目及标准

(1)当地倒闸作业时,一般由两名值守人员完成,一人操作,一人监护。

(2)当地倒闸作业时,由供电调度发布倒闸作业命令,受令人复诵,供电调度确认无误后,方准给予命令编号和批准时间,如图 2-6-16 所示。

图 2-6-16　受令人复诵

(3)当地倒闸作业应根据供电调度的命令进行，必须一人操作，一人监护。值守人员在接到倒闸作业命令后，要立即进行倒闸。操作前应进行模拟操作，如图 2-6-17 所示。

图 2-6-17　操作前进行模拟操作

(4)当地操作时，隔离开关的倒闸操作要迅速准确，中途不得停留和发生冲击，如图 2-6-18 所示。

图 2-6-18　倒闸操作迅速准确

(5)倒闸操作后，监护人、操作人根据调度命令进行再次确认，如图 2-6-19 所示。

图 2-6-19　根据调度命令再次确认

(6)倒闸作业完成，向供电调度消除倒闸作业命令，如图 2-6-20 所示。

图 2-6-20　消除作业命令

(五)作业风险管控

(1)作业人员与周围带电设备保持足够安全距离。

(2)操作人和监护人均须穿绝缘靴、戴安全帽,同时操作人还要戴绝缘手套。

(3)倒闸作业前复核设备编号。

任务二　接触网巡检作业

任务描述

接触网是电气化铁路重要的行车设备,通过步行、登乘及 6C 系统等方式对设备的外观、运行参数、周边环境等进行检查,以便及时发现、处置设备异常和隐患,确保电气化铁路接触网运行安全可靠。本任务主要介绍接触网巡视检查、验电接(拆)地、地面磁感应器状态检查、推扶车梯、接触线高度调整、设备测温等基本作业。

任务实施

一、步行巡视

(一)作业目的

采用步行的方式对接触网外观、绝缘部件状态、外部环境及电力机车、动车组取流情况进行目视检查。

(二)作业条件

天窗点内作业,按规定办理封锁签认手续,进入防护网后建立防护体系,确认安全卡控措施已准备到位后,方可进行作业。

(三)作业主要工机具

望远镜、记录仪器、防护信号旗(灯)、通信工具、记录本、笔、照明灯具、工具包等。

(四)作业项目及标准

(1)无侵入限界、妨碍列车运行的障碍。

①无因塌方、落石、山洪水害、邻近营业线施工作业及其他周边环境等危及接触网供电和行车安全的现象。

②接触网设备附近的树(竹)、隧道口藤蔓、杂草等无侵界。观察铁路沿线的轻(硬)飘物、广告牌等可能危及接触网安全的建筑物的状态良好。树(竹)侵限如图 2-6-21 所示。

③上跨电线路、光电缆、管路状态良好,无脱落现象。上跨铁路建筑物附挂物绑扎牢固;隧道口上方、临近接触网边坡、跨线桥等位置防护网栅牢固。隧道内、上跨建筑物漏水或结冰不影响接触网。

(2)各种线索(包括供电线、正馈线、加强线、回流线、保护线、架空地线、吸上线和软横跨线索等)、零部件、各种供电附属设施等无烧损、松脱、偏移等情况。接触线端吊弦线夹脱落如图 2-6-22 所示。

图 2-6-21　树(竹)侵限

图 2-6-22　接触线端吊弦线夹脱落

(3)补偿装置无损坏,动作灵活。

补偿装置 a、b 值(含义见图 1-5-29)符合要求,补偿绳无断股(丝),不与其他部件相摩,棘轮补偿止动卡块符合要求,有条件时,托举检查坠砣升降灵活。b 值不符合要求如图 2-6-23 所示。

(4)绝缘部件(包括避雷器、电缆终端)无破损和闪络。平腕臂绝缘子破损如图 2-6-24 所示。

图 2-6-23　b 值不符合要求

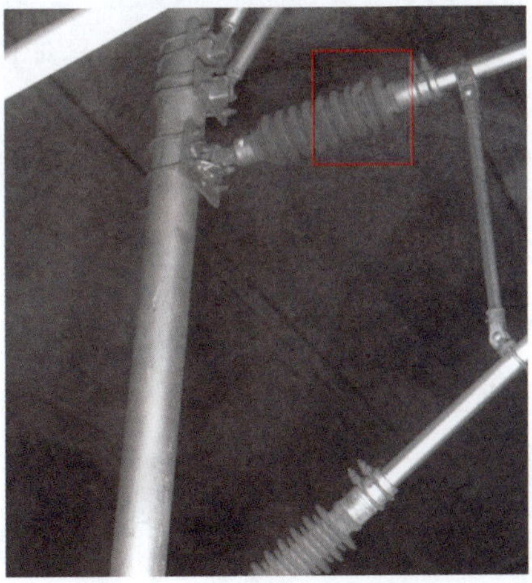

图 2-6-24　平腕臂绝缘子破损

(5)吸上线及各部地线的连接良好。

(6)支柱、拉线与基础无破损、下陷、变形等异常。混凝土支柱无破损、裂纹、下陷、变形、倾斜等异常,钢支柱无锈蚀,主角钢无弯曲变形。邻近铁路的公路等汽车可到达区域的接触网支柱、拉线防撞设施完备。拉线基础脱出如图 2-6-25 所示。

图 2-6-25　拉线基础脱出

(7)限界门、安全挡板或网栅、各种标识齐全、完整。

(8)自动过分相地面磁感应器无缺损、破裂或丢失。

(9)夜间步行巡视还应观察接触网线索、零部件及设备无过热、放电等异常现象。

(五)作业风险管控

(1)高速铁路防护栏内区间一般不进行步行巡视,特殊情况需开展时,严格执行各铁路局集团公司相关安全规定。

(2)任何情况下巡视,对接触网都必须以有电对待,与带电部分保持足够的安全距离,巡视人员不得攀登支柱。

(3)巡视过程中,注意走行路径上沟槽盖板缺失,防止踏空跌落。作业前后,清点备品,防止遗留在线路上。

二、登乘巡视

(一)作业目的

采用登乘的方式对接触网状态及外部环境,电力机车、动车组受电弓取流情况进行目视检查。

(二)作业条件

根据相关规定,登乘电力机车、动车组对接触网设备进行巡视。

(三)作业主要工机具

记录本、笔、2C 装置、通信工具等。

(四)作业项目及标准

(1)接触网设备无明显脱、断、偏移等异常情况。

(2)无因异物、落石、山洪水害、施工作业及其他周边环境等危及接触网供电和行车安全的现象。支柱顶部存在蜂窝、承力索上悬挂异物如图 2-6-26 所示。

(a) 支柱顶部存在蜂窝　　(b) 承力索上悬挂异物

图 2-6-26　支柱顶部存在蜂窝、承力索上悬挂异物

(3)绝缘部件无闪络放电现象,以及电力机车、动车组受电弓无明显异常情况。

(五)作业风险管控

(1)登乘过程中,遵守相关规定,不得妨碍司机乘务人员正常工作。

(2)登、换乘过程中,注意走行路径安全。

视频

验电接地作业

三、验电接(拆)地作业

(一)作业目的

根据停电作业规定,接触网作业前进行验电接地。

(二)作业条件

天窗点内作业,按规定办理封锁停电签认手续,进入防护网后建立防护体系,确认安全卡控措施已准备到位后,方可进行作业。

(三)作业主要工机具

2 500 V 兆欧表、接地杆、验电器、毛巾、扳手、钢丝刷。

(四)作业项目及标准

1. 绝缘工具检查

(1)绝缘工具外观检查,试验合格证内容完整,高压绝缘试验在有效期内,如图 2-6-27 所示。检查绝缘杆、绝缘部分无破损,连接螺纹无损坏、变形。绝缘杆表面无裂纹、断裂、毛刺、划痕、孔洞及明显变形等。组合式绝缘杆检查配套,连接头良好,螺纹完整。并对组合式绝缘杆进行试连接,连接良好、牢固。伸缩式绝缘杆拉伸检查,各节能全部拉出,连接处稳固,部件完整无缺失。

(2)接地杆检查(图 2-6-28),检查地线状态良好,无损伤、断股,塑料套管完整、良好。接地钩状态良好,螺帽齐全,螺纹无损伤。检查挂钩连接线无损伤、脱落;地线鼻子与挂钩连接螺栓紧固。

图 2-6-27　绝缘工具合格证检查

图 2-6-28　接地杆检查

(3)验电器声光检查(图 2-6-29),声光式验电器头完整、无破损,与绝缘杆连接良好、稳固。按下声光式验电器按钮,发出响亮的蜂鸣声,产生较强的闪光。经绝缘摇测合格出库后,有条件时在 25 kV 的接触网设备上进行带电测试,能发出响亮的蜂鸣声,产生较强的闪光。

(4)对绝缘工具摇测检查,对绝缘工具使用干净的毛巾进行擦拭、清洁。用 2 500 V 兆欧表分段测量(电极宽 2 cm,极间距 2 cm)有效绝缘部分的绝缘电阻,不得低于 100 MΩ,或测量整个有效绝缘部分的绝缘电阻不低于 10 000 MΩ。兆欧表检查如图 2-6-30 所示。

图 2-6-29　验电器声光检查

图 2-6-30　兆欧表检查

2. 验　　电

(1)接到监护人可以验电命令后,检查验电器自检良好,确认声、光显示正常(有条件的,还要先在同等电压等级有电设备检查其性能),然后再在停电设备上验电。

(2)将验电器尖端金属部分接触停电设备进行验电,如图 2-6-31 所示。

图 2-6-31　使用验电器验电

3. 接　　地

(1)当验明确已停电后,须立即在作业地点的两端和与作业地点相连、可能来电的停电设备上装设接地线,如图 2-6-32 所示。

图 2-6-32　接地线装设

(2)在装设接地线时,将接地线的一端先行接地,再将另一端与被停电的导体相连。接地线要连接牢固,接触良好。

4. 拆　　地

接到监护人可以拆地命令后,将接地线与被停电的导体相连一端先行拆除,再将接地端拆除,如图 2-6-33 所示。

图 2-6-33　接地线拆除

(五)作业风险管控

(1)验电和装设、拆除接地线必须由两人进行,一人操作,一人监护,监护人员安全等级不低于三级。验电和接地前,首先确认设备是否与停电作业范围相符。

(2)装设和拆除接地线时,人体不得触及接地线,接好的接地线不得侵入限界。连接或拆除接地线时,操作人要借助于绝缘杆进行。绝缘杆要保持清洁、干燥。

(3)接地线与钢轨连接处须用钢丝刷将其接触面的氧化层或油漆清除干净。接地线应可靠接在同一侧钢轨上,且不应跨接在钢轨绝缘两侧、道岔尖轨处。必须跨接在钢轨绝缘两侧时,应封锁线路。地线穿越或跨越股道时,必须采取绝缘防护措施。

视频

地面磁感应器状态检查作业

四、地面磁感应器状态检查

(一)作业目的

根据设备检查周期,定期对接触网地面磁感应器状态进行检查。

(二)作业条件

天窗点内作业,按规定办理封锁手续,进入防护网后建立防护体系,防护措施到位,确认安全卡控措施已准备到位后,方可进行作业。

(三)作业主要工机具

通信工具、个人工具套装、高斯计(或毫特斯拉计,1 mT=10 Gs)等。

(四)作业项目及标准

1. 分相地面磁感应器检测

(1)地面磁感应器设置应符合设计要求,允许偏差±2 m。

(2)地面磁感应器按列车运行方向右—左—右—左依次布置在轨枕的两端。

(3)地面磁感应器应安装牢固,完整无损,表面清洁。

(4)地面磁感应器的磁感应强度应大于 36 Gs。

2. 地面磁感应强度测量

以高斯计测量地面磁感应强度为例,高斯计如图 2-6-34 所示,测量方法如下:

(1)将仪器右端电池盖打开,装上电池,注意电池正负极性,然后在盖上电池盖。

(2)将传感器支架放置在支架底座凸起定位销上,旋转支架调整到位(支架下端标示线与底座上标示线对正)。

(3)将传感器插头安装至仪器面板上的传感器插座上并旋紧。

(4)将电源开关按下置于“开”，显示器若显示“0”表示正确；若不为“0”，调整调零旋钮至显示为“0”(调零时将仪器放置在远离磁场的地方，避免造成测量误差)。

(5)安装好传感器后手持仪器，放置于轨平面。传感头伸向轨道外侧，仪器底部靠边紧靠钢轨内工作边，慢慢推动仪器将传感头推向地面磁感应器正上方(传感头在地面感应器正上方范围内沿钢轨来回匀速推动)。读数显示会一直变化，读出最大读数，如图 2-6-35 所示。

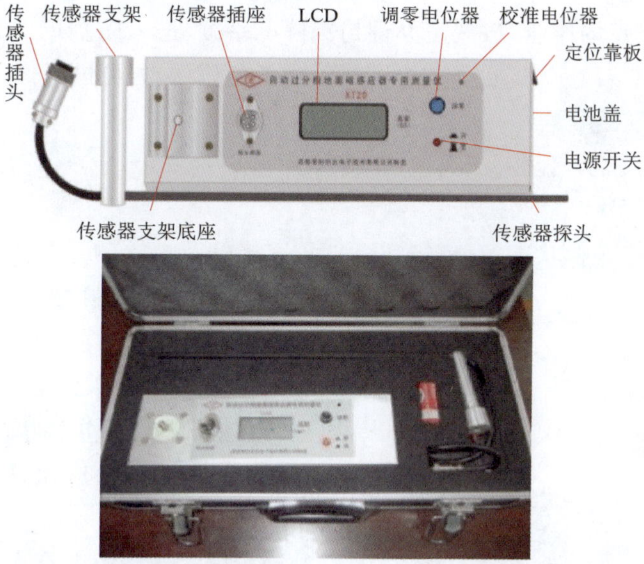

图 2-6-34　高斯计

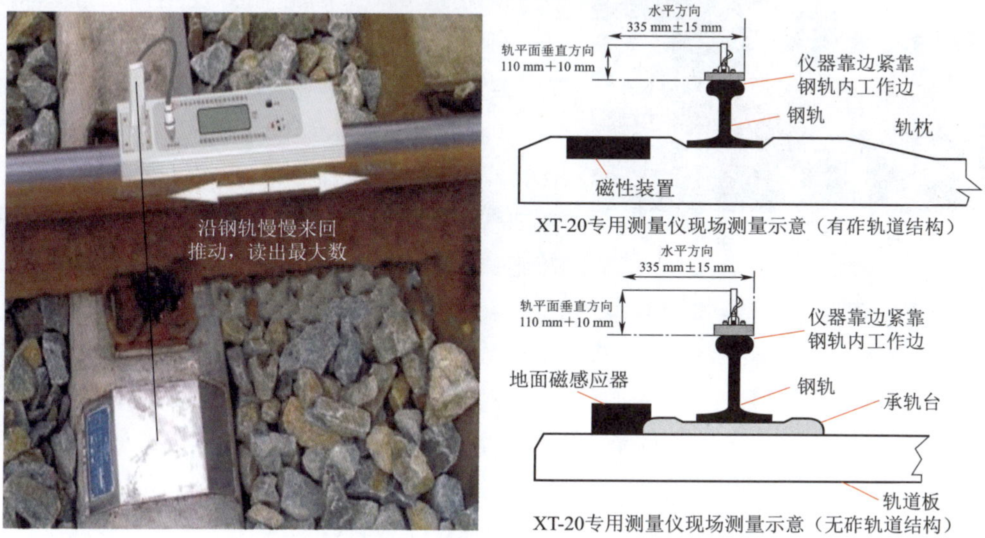

图 2-6-35　地面磁感应强度测量示意

(五)作业风险管控

(1)所有人员(包括所携带的料具)与接触网带电设备部分保持 2 m 以上的安全距离。

(2)进、出铁路防护栅栏时对所携带和消耗后的机具、材料数量认真清点核对，不得遗漏在线路或铁路防护栅栏内。

五、推扶车梯

视频

推扶车梯作业

(一)作业目的

根据车梯作业要求，推扶车梯并确保车梯的稳固状态。

(二)作业条件

天窗点内作业，按规定办理封锁停电手续，进入防护网后建立防护体系，确认接地线装设完毕，安全卡控措施已准备到位后，方可进行作业。

(三)作业主要工机具

通信工具、个人工具套装、工具包、车梯等。

(四)作业项目及标准

(1)作业前检查车梯状态，车梯结实、稳固，连接杆及螺栓(螺帽)齐全，车轮采取可靠的绝缘措施。由工作领导人指定一名车梯负责人。

图 2-6-36　推扶车梯

(2)作业时车梯工作台上的人员不得超过两人，所有的零件、工具等均不得放置在工作台的台面上。作业中推动车梯应服从工作台上人员的指挥。

(3)当车梯工作台面上有人时，推动车梯的速度不得超过 5 km/h，并不得发生冲击和急剧起、停。工作台上人员和车梯负责人要呼唤应答、配合妥当。

(4)车梯负责人和推车梯人员，应时刻注意和保持车梯的稳定状态，如图 2-6-36 所示。当车梯在曲线上或遇大风时，对车梯要采取防止倾倒的措施。

(5)车梯在地面上推动时，工作台上不得有人停留；车梯在推动过程中，人员不得上下车梯。

(五)作业风险管控

(1)冰、雪、霜、雨等天气条件下，车梯的爬梯应设置防滑措施。

(2)在道岔区域作业时，需确认道岔开放位置与车梯运行径路一致。

六、接触线高度调整

(一)作业目的

通过调整接触线高度，满足接触线高度的相关要求。

(二)作业条件

天窗点内作业，按规定办理封锁登销记手续，进入防护网后建立防护体系，确认安全卡控措施已准备到位后，方可进行作业。

(三)作业主要工机具

激光测量仪、扭力扳手、吊弦线及线夹等。

(四)作业项目及标准

(1)测量接触线高度，如图 2-6-37 所示。

(a) 测量吊弦点处导高

(b) 测量定位点处导高

图 2-6-37　导高测量

(2)对整体吊弦进行调整，使导线高度符合要求，如图 2-6-38 所示。

图 2-6-38　吊弦调整

(3)对调整处进行复核，确认调整后符合要求。

(五)作业风险管控

(1)注意激光测量仪的正确使用，确保测量结果准确无误。

(2)高处作业必须按要求系好安全带。

七、设备测温

(一)作业目的

根据设备检查周期，定期对供电线电缆头、上网点等主导电回路进行测温，确保设备安全。

(二)作业条件

天窗点内作业,按规定办理封锁登销记手续,进入防护网后建立防护体系,确认安全卡控措施已准备到位后,方可进行作业。

(三)作业主要工机具

通信工具、个人工具套装、工具包、红外线测温仪(枪)等。

(四)作业项目及标准

测量处所:供电线接续点、电连接线夹、隔离开关设备线夹及触头、吸上线接续点、电缆终端或中间接头等。

(1)利用红外线测温仪测量电气节点状态,应选择在被测点有持续负荷电流时进行。

(2)设备测温所用的环境温度参照体应尽可能选择与被测设备类似的物体,且最好能在同一方向或同一视场中选择。

(3)在安全距离允许的条件下,红外线测温仪宜尽量靠近被测温设备。检测时应记录设备实际温度及环境参照的温度值。

(五)作业风险管控

(1)进行设备测温时,一人操作,一人监护。

(2)正确使用测温设备,防止对人身造成伤害。

(3)任何情况下,不得攀登支柱。一旦联控通信中断,工作领导人应立即命令所有作业人员下道,撤至安全地带。

任务三　电力巡检作业

任务描述

电力是铁路运输生产的重要能源。电力设备安全可靠与提高运输效率,保证行车安全有着密切关系。通过步行、登乘、视频及远动系统等方式对电力设备的外观、运行参数、周边环境等进行巡视检查,以便及时发现、处置设备异常和隐患,确保电力设备稳定运行,不断提高供电质量和可靠性,满足铁路运输生产需要。本任务主要介绍电力电缆、电力架空线路、箱式变电站(电缆分接箱)、10/0.4 kV变电所、投光灯塔(桥)、站区应急发电机巡视检查。

任务实施

一、电力电缆线路巡视

(一)作业目的

通过电力电缆线路巡视,掌握设备外观、周边环境及附属设施状态,及时发现设备异常和隐患。

(二)作业条件

落实各项作业前准备工作,遵守作业规定。天窗点内,按规定办理登销记手续,待调度命令下达，按规定设置防护后，方可进行作业。

(三)作业主要工机具

通信工具、个人工具套装、工具包、小撬棍等。

(四)作业项目及标准

(1)检查电缆线路路径通道无新建侵界建筑物、违章施工、弃土、开挖和塌方等，如图 2-6-39 所示。

(2)检查直埋电缆路径标桩齐全、字迹清晰，如图 2-6-40 所示。

图 2-6-39　电缆线路通道检查

图 2-6-40　电缆线路标志检查

(3)检查电缆沟、槽盖板无破损、缺失、移位，固定牢固；桥梁伸缩缝处减振垫无脱落、缺失，如图 2-6-41 所示。

(a) 电缆沟检查

(b) 桥梁伸缩缝处检查

图 2-6-41　电缆沟、槽及桥梁伸缩缝检查

(4)检查电缆预留井无积水，排水和通风良好，如图 2-6-42 所示。

(5)检查电缆穿越铁路、公路保护管无锈蚀，保护管齐全、封堵良好，如图 2-6-43 所示。

图 2-6-42　电缆预留井检查

图 2-6-43　电缆保护管检查

(6)检查电缆无裸露,无露出电缆沟外情况;电缆同沟情况下物理隔离良好;电缆无被偷盗痕迹,如图 2-6-44 所示。

图 2-6-44　电缆检查

(7)检查悬挂电缆无刮伤痕迹、配件齐全,如图 2-6-45 所示。

(8)检查电缆中间接头处无破损、烧伤;电缆头标志清晰,如图 2-6-46 所示。

图 2-6-45　悬挂电缆检查

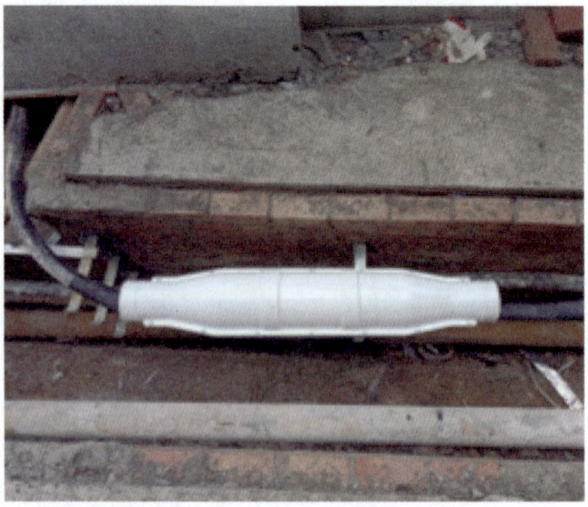

图 2-6-46　电缆中间接头检查

(五)作业风险管控

(1)触电伤害管控:未经停电不得触摸任何带电设备,与带电体保持足够的安全距离。

(2)人身伤害管控:巡视人员不得上道行走;桥上、隧道内行走时注意观察走行板状态;户外注意防止犬咬伤、蛇咬伤、蜂蜇伤等。

(3)设备损伤管控:电缆沟盖板挪动、工机具使用时注意防止损伤电缆。

视频

电力架空线路巡视作业

二、电力架空线路巡视

(一)作业目的

通过电力架空线路巡视,掌握设备外观、周边环境及附属设施状态,及时发现设备异常和隐患。

(二)作业条件

落实各项作业前准备工作,遵守作业规定。

(三)作业主要工机具

通信工具、个人工具套装、工具包、砍刀、望远镜、测距仪、红外热成像仪等。

(四)作业项目及标准

(1)检查线路通道内无树枝接近导线,施工中的建筑物和其他设备未侵入线路限界,电杆附近无杂物堆积,导线对地、建筑物、树木水平和垂直安全距离见表 2-6-1。线路通道检查如图 2-6-47 所示。

表 2-6-1　导线对地、建筑物、树木水平和垂直安全距离

项　　目		距离 10 kV 线路距离/m
最大弛度时对地距离	居民区	6.5
	非居民区	5.5
	交通困难地区	4.5
最大风偏时与山坡、峭壁、岩石的距离	步行可以到达的山坡	4.5
	步行不能到达的山坡	1.5
导线最大弛度或最大风偏时与建筑物凸出部分的距离	垂直距离	3
	水平距离(边导线)	1.5
导线最大弛度或最大风偏时边导线与树木的距离	垂直距离	1.5
	水平距离	2

(2)检查杆塔基础无冲刷、起土、上拔、下沉;杆身无裂纹、歪斜、扭转;电杆接头连接无锈蚀;杆顶无鸟巢,如图 2-6-48 所示。

图 2-6-47　线路通道检查

（a）电杆基础检查

（b）杆身及杆顶检查

（c）电杆接头检查

图 2-6-48　杆塔基础、杆身、接头、杆顶检查

(3)检查导线、接地引线无散股、断股、烧伤痕迹;三相导线弛度平衡,无过紧、过松现象,如图 2-6-49 所示。

图 2-6-49　导线、接地引线检查

(4)检查导线连接各部件无松动、破损;横担、撑角无弯曲、倾斜、锈蚀,螺栓无脱落,金具无锈蚀;绝缘子表面无污垢、破损,绑线无松弛;悬式绝缘子开口销无脱出,如图 2-6-50 所示。

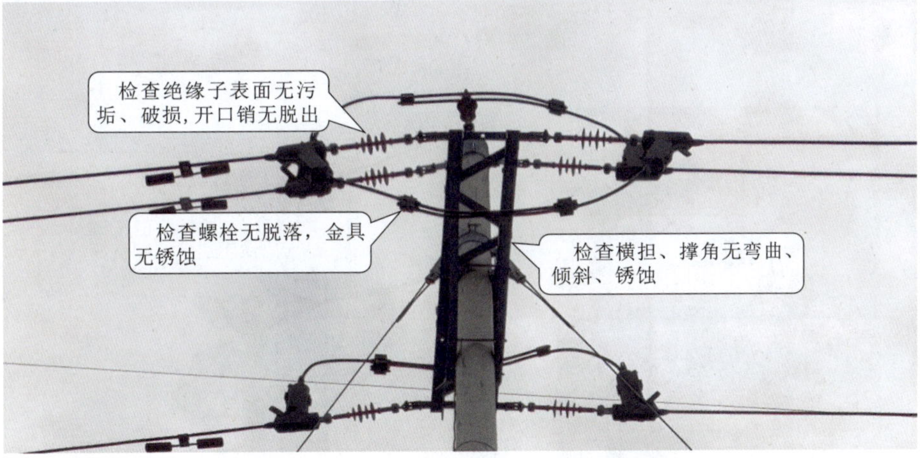

图 2-6-50　导线、横担、撑角、金具、绝缘子检查

(5)检查拉线无断股、松弛,地锚未浮出;拉线棒、线夹、抱箍等金具无腐蚀及松动,如图 2-6-51 所示。

(6)检查接地引线固定点连接牢固、无锈蚀(图 2-6-52),接地引线与接地极(体)及设备连接可靠、无锈蚀;接地极(体)基础无取土或冲刷外露;接地装置良好,连接线夹、螺栓无松动、锈蚀。

(7)检查避雷器安装牢固,表面清洁、无裂纹、损伤、放电痕迹,脱落器完好;避雷器上下引线连接良好,各部位附件无锈蚀,如图 2-6-53 所示。

(8)检查隔离开关主体安装牢固,金属构件、操作机构等无锈蚀;导线和接地部分之间的安全距离符合要求;各连接线夹、螺栓无松动、锈蚀,如图 2-6-53 所示。

(9)检查电杆标志标识齐全、清晰,符合规定要求,如图 2-6-53 所示。

(a) 拉线无断股、松弛

(b) 拉线地锚无浮出

图 2-6-51 拉线检查

图 2-6-52 接地引线检查

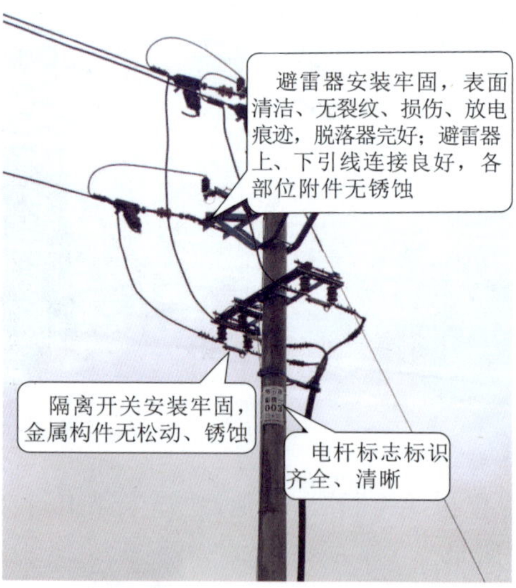

图 2-6-53 避雷器、隔离开关、电杆标志标识检查

(五)作业风险管控

(1)触电伤害管控:巡视发现电力线路断线接地时,人员必须保持与接地点 8 m 以上距离,做好安全措施,不得让其他人靠近。

(2)人身伤害管控:注意防止犬咬伤、蛇咬伤、蜂蜇伤等;遇到雷雨时,应远离线路或暂停巡视,以保证巡视人员的人身安全。

(3)误操作事故管控:严禁操作高压隔离开关。

视频

箱式变电站巡视作业

三、箱式变电站巡视

(一)作业目的

通过箱式变电站(简称箱变)巡视,掌握设备外观、周边环境及附属设施状态,及时发现设备异常和隐患。

(二)作业条件

落实各项作业前准备工作,遵守作业规定。天窗点内,按规定办理登销记手续,待调度命令下达,按规定设置防护后,方可进行作业。

(三)作业主要工机具

通信工具、个人工具套装、工具包、红外线测温仪等。

(四)作业项目及标准

(1)箱变外观及外部环境检查:检查检修平台平整,无开裂、下沉、塌陷;排风口完好,不低于周边地坪;箱体外壳无生锈、破损,箱门锁闭良好,打开时无异响、松动;各接地连接清洁、牢固;防小动物措施良好;标志标识清晰、齐全,如图 2-6-54 所示。

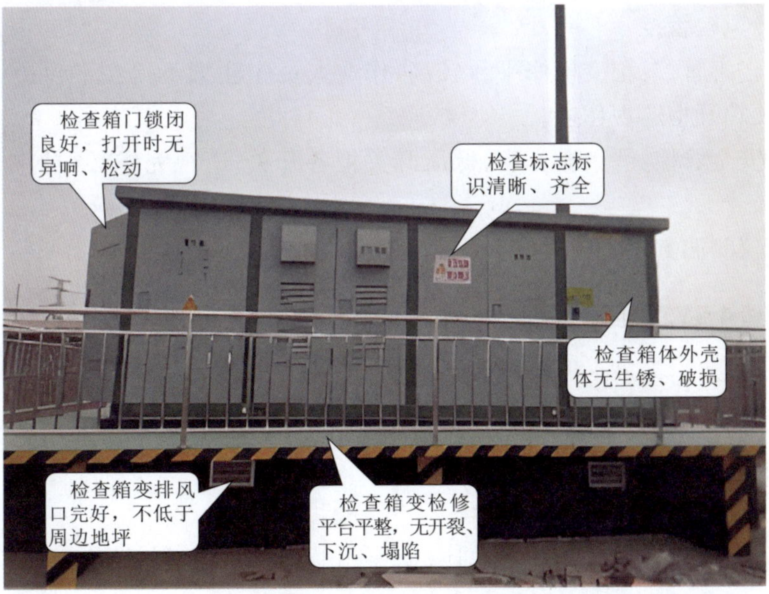

图 2-6-54　箱变、电缆分接箱外观及外部环境检查

(2)箱变高压开关柜检查:检查各面柜带电指示灯、电压、电流表显示正常,“远方/就

地”开关处于“远方”位；柜面开关位置状态正常；SF_6 密封柜体的气压合格（开关气压指示在绿色位）；专用工具、手动分合闸手柄工具齐全，如图 2-6-55 所示。

（3）箱变低压开关柜检查：检查各回路电压、电流显示正常；分合闸指示灯正常；“远方/就地”开关处于“远方”位；开关储能装置指示、故障指示正常；防小动物措施、各部接地装置良好；专用工具齐全，如图 2-6-56 所示。

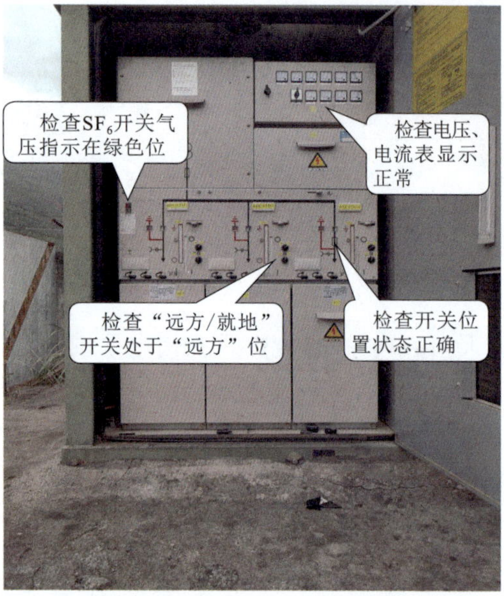

图 2-6-55　箱变高压开关柜检查

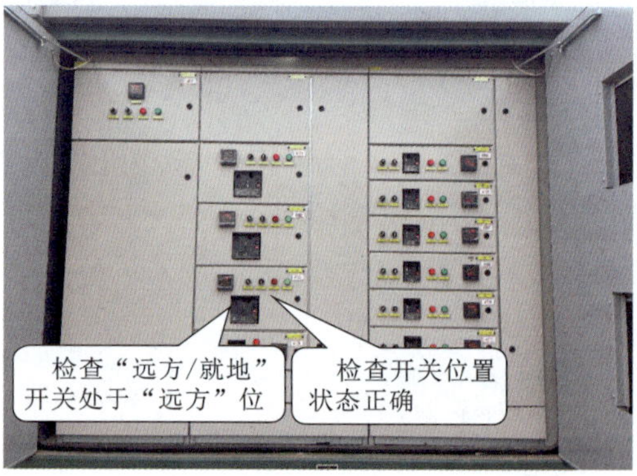

图 2-6-56　箱变低压开关柜检查

（4）巡视完毕后关闭并锁好箱门、隧道箱变洞室门，清理料具。

（五）作业风险管控

（1）人身伤害管控：箱变检修平台较高，作业人员应注意不得在平台边沿行走；不得开展电缆开关箱开柜巡视作业。

（2）设备安全管控：严禁操作高、低压开关柜各开关；巡视完毕必须检查各柜门锁闭到位。

（3）测温仪测温方向不得对向人的眼睛。

四、10/0.4 kV 变电所巡视

视频

10/0.4 kV 变电所巡视作业

（一）作业目的

通过 10/0.4 kV 变电所巡视，掌握设备外观、周边环境及附属设施状态，及时发现设备异常和隐患。

（二）作业条件

落实各项作业前准备工作，遵守作业规定。天窗点内，按规定办理登销记手续，待调度命令下达，按规定设置防护后，方可进行作业。

（三）作业主要工机具

通信工具、个人工具套装、工具包、红外线测温仪、绝缘手套等。

（四）作业项目及标准

(1)检查四周基础、防鼠网完好；标志标识清晰；通风良好（图 2-6-57）；电缆沟内无积水。

图 2-6-57　通风口检查

(2)检查门锁锁闭良好，各面柜带电指示灯、电压、电流表显示正常，“远方/就地”转换开关处于“远方”位；柜面开关位置状态正常；检查 SF_6 密封柜体的气压合格（气压指示在绿色位），如图 2-6-58 所示。

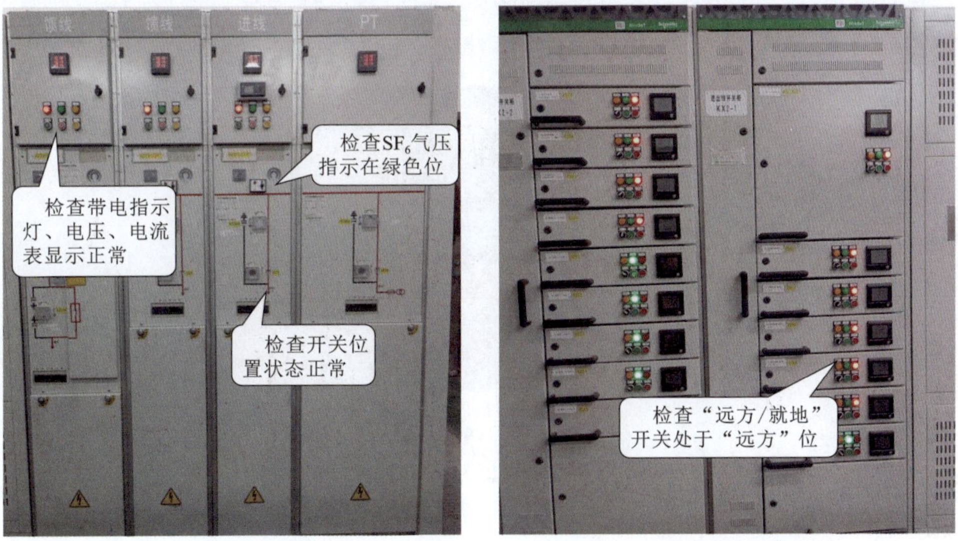

（a）高压柜检查　　（b）低压柜检查

图 2-6-58　高、低压柜检查

(3)检查变压器运行正常，无杂音、异味，如图 2-6-59 所示。

(4)巡视完毕后关闭并锁好柜门、10/0.4 kV 变电所大门，清理料具。

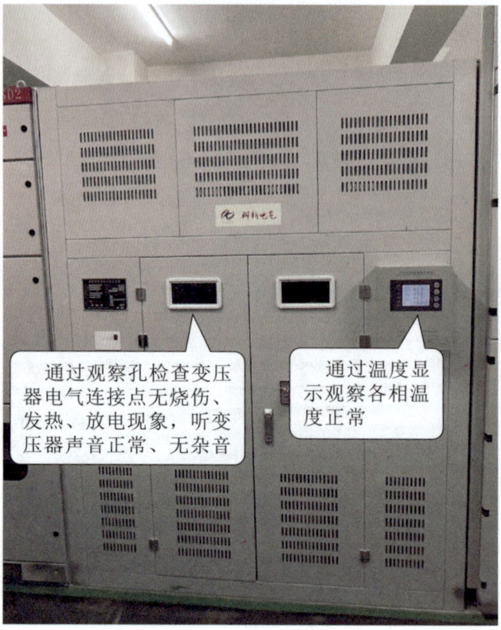

图 2-6-59　变压器检查

(五)作业风险管控

(1)触电伤害管控:触电伤害管控:任何情况对电力设备都当有电对待,未经停电不得触摸任何带电设备;测量电气温度时必须保持规定的安全距离。

(2)人身伤害管控:严禁踩踏状态不良的室内电缆沟盖板;配置有气体灭火系统的10/0.4 kV 变电所、远动间,当人员进入防护区时,应将气体灭火系统控制箱转换开关转为手动控制方式,人员离开时,应恢复为自动控制方式,如图 2-6-60 所示。

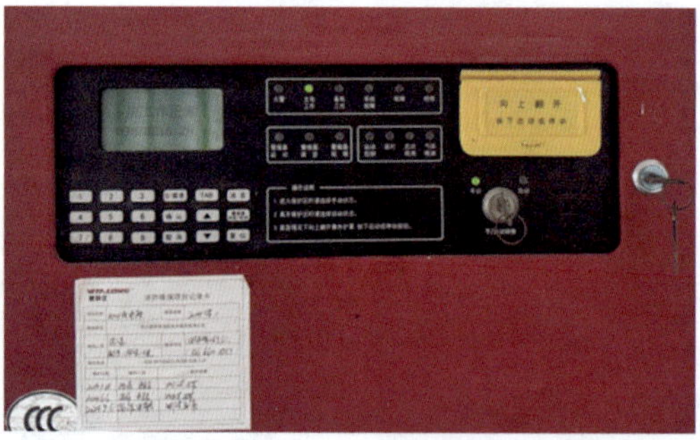

图 2-6-60　气体灭火系统

(3)设备安全管控:严禁操作高、低压开关柜各开关;巡视完毕必须检查各柜门锁闭到位。

视频

投光灯塔(桥)巡视作业

五、投光灯塔(桥)巡视

(一)作业目的

通过投光灯塔(桥)巡视作业,掌握设备外观、周边环境及附属设施状态,及时发现设备异常和隐患。

(二)作业条件

落实各项作业前准备工作,遵守作业规定。天窗点内,按规定办理登销记手续,待调度命令下达,按规定设置防护后,方可进行作业。

(三)作业主要工机具

通信工具、个人工具套装、工具包、望远镜、红外热成像仪等。

(四)作业项目及标准

(1)检查投光灯塔(桥)周围无杂草、杂物,如图 2-6-61 所示。

图 2-6-61　灯塔(桥)周围环境检查

(2)检查投光灯塔(桥)底座基础牢固、无破损,固定螺栓紧固,如图 2-6-62 所示。

图 2-6-62　灯塔(桥)基础及塔身检查

(3)检查投光灯塔(桥)无倾斜,各金属构件无锈蚀、连接紧固,如图 2-6-63 所示。

(4)检查照明灯具金属构件连接紧固定牢靠,如图 2-6-64 所示。

(5)检查投光灯塔(桥)控制开关箱内电气连接部分良好,二次设备接线无松动,线芯无外露;开关箱锁闭状态良好;进行亮灯试验正常,如图 2-6-65 所示。

（a）塔身检查

（b）金属构件检查

图 2-6-63　塔身及金属构件检查

图 2-6-64　照明灯具检查

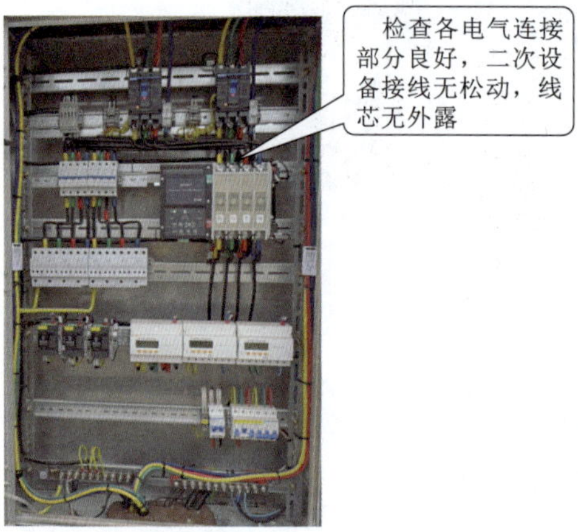

（a）控制开关箱检查

（b）亮灯试验

图 2-6-65　控制开关箱检查及亮灯试验

(6)检查投光灯塔(桥)标志齐全;设在货场、停车场及道口附近的灯塔下部装设有防撞设施且无损坏,如图 2-6-66 所示。

图 2-6-66　灯塔防撞措施检查

(五)作业风险管控

(1)触电伤害管控:与带电体保持足够的安全距离,任何情况对电力设备都当有电对待,未经停电不得触摸任何带电设备。

(2)人身伤害管控:穿越铁路时,做到"手比、眼看、口呼";行走时,应精力集中,注意路况。

(3)设备安全管控:巡视完毕必须检查柜门锁闭到位。

六、站区应急发电机检查

(一)作业目的

通过站区应急发电机检查,掌握设备外观、周边环境及附属设施状态,及时发现设备异常和隐患。

(二)作业条件

落实各项作业前准备工作,遵守作业规定。

(三)作业主要工机具

通信工具、个人工具套装、工具包等。

(四)作业项目及标准

(1)检查发电机周边环境具备发电机运行条件,无杂物阻碍,基础牢固,未发生偏移,螺栓紧固良好,如图 2-6-67 所示。

(2)检查发电机组各部件状态,如图 2-6-68 所示。检查发电机油箱柴油位状态,确保油箱内有足够柴油。检查各管路及接头无漏水、漏油现象;进风、排风口通畅;检查周边其他无影响开机因素。

(3)关闭柜门上锁。

图 2-6-67　发电机周边环境检查

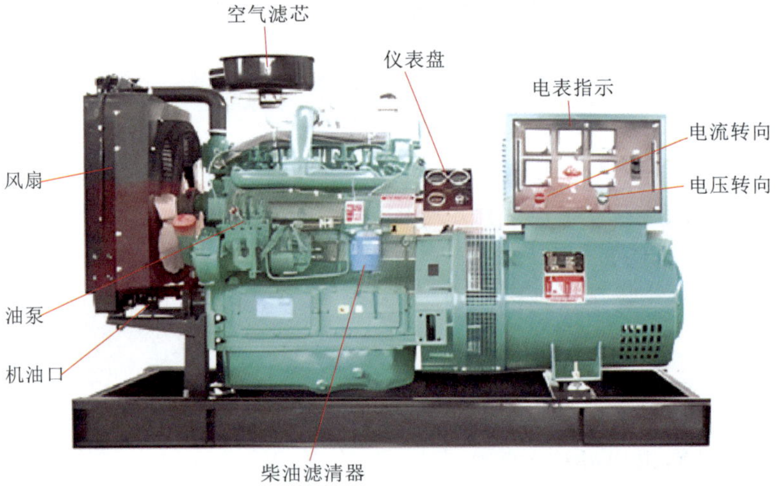

图 2-6-68　发电机各部件检查

(五)作业风险管控

(1)人身伤害管控:检查发电机各管路及各部件连接时注意戴好安全帽,防止与机械碰撞。

(2)设备安全管控:作业完毕必须检查柜门锁闭到位。

复习思考题

1. 牵引回流系统巡视的主要检查内容是什么?
2. 在进行 27.5 kV 供电线电缆巡视时,如何确保电缆及其附件的状态良好?
3. 接触网登乘巡视的主要内容是什么?
4. 在进行验电接(拆)地作业时,如何确保绝缘工具的安全性和有效性?
5. 地面磁感应器状态检查的具体标准是什么?如何保证测量过程中的安全性?
6. 推扶车梯时速度不得超过多少?
7. 在进行电力架空线路巡视时,如何确保导线的安全距离符合要求?
8. 电力电缆线路巡视的主要检查项目有哪些?

融 合 篇

项目一

一体化管理模式

项目描述

铁路工电供一体化管理，是通过资源整合和集中管理，提升资源利用率、劳动生产效率与安全保障水平的管理模式。本项目主要介绍高速铁路工电供综合维修生产一体化管理。

学习目标

1. 知识目标

(1)了解高速铁路综合维修生产一体化管理、三位一体的两种模式。

(2)了解高速铁路综合维修生产“七统一、一联合”的主要内容。

2. 能力目标

(1)提高对高速铁路综合维修生产一体化管理的认识。

(2)能够协调各专业相关部门，实现维修作业的深度融合和高效协同。

3. 素质目标

(1)具有高度的安全意识和质量意识，确保铁路基础设施的安全稳定。

(2)具备团队合作精神，能够在一体化管理模式下与各专业部门紧密协作。

(3)具有良好的学习和创新能力，适应铁路行业快速发展和变革的需求。

任务描述

铁路工务、电务、供电基础设施一体化维修管理模式主要有两种。

一、工务段、电务段、供电段一体化管理模式

工务段、电务段、供电段一体化管理模式是铁路局集团公司、站段成立的两级管委会组织推进的综合维修生产管理模式，不改变既有工务段、电务段、供电段机构设置和人员配置。日常工作主要通过“融合机制”运作，以“七统一、一联合”执行落实为主要标志，即“统一组织架构、统一天窗安排、统一生产计划、统一作业组织、统一应急处置、统一防护管理、统一生产平台、实施联合调度”的要求，实现资源共享、结合部衔接顺畅等。

二、工电供综合站段一体化管理模式

工电供综合站段模式是对工务段、电务段、供电段等生产组织机构进行整合，成立高铁基础设施段（或工电段、综合段），设置综合维修车间、工区，实行工务、电务、供电综合维修生产一体化管理，消除各专业间结合部问题，实现生产统筹协调、计划统一平衡、劳动组织优化、生产效率不断提高。

复习思考题

1. 简述工务段、电务段、供电段一体化管理模式。
2. 什么是"七统一、一联合"？
3. 简述高铁基础设施段模式。

项目二

一体化设备检查

项目描述

一体化设备检查是结合当前铁路现场工作实际，打破专业壁垒，促进专业深度融合、协作配合，实现资源优化配置与信息共享，提高劳动效率效益的联合作业方式。本项目主要介绍铁路基础设施一体化设备检查。

学习目标

1. 知识目标

(1)掌握工电供一体化设备检查目的和意义。

(2)掌握工电供一体化设备联合检查方式。

(3)掌握工电供一体化设备检查的作业项目及标准。

2. 能力目标

(1)能够开展一体化设备检查。

(2)具备联合作业能力，能够完成设备联合检查作业，确保设备状态良好。

(3)能够运用各种检查工具和方法，准确评估设备状态，及时发现病害情况，确保铁路运输安全。

3. 素质目标

(1)具有高度的安全意识和质量意识，确保铁路基础设施的安全稳定。

(2)具备团队合作精神，能够与各专业部门紧密协作。

(3)具备严谨的工作态度和科学的工作方法，提高作业效率和质量。

任务一　光电缆径路及贯通地线联合整治

任务描述

光电缆径路及贯通地线联合整治指通过电务、供电、工务专业对光电缆径路、贯通地线开展联合整治，确保光电缆径路埋深、隔离、接地电阻达标，保障光电缆及贯通地线设备安全。

任务实施

一、作业目的

通过开展光电缆径路及贯通地线联合整治，提升设备质量，实现天窗共用、防护共用、交通工具共用、专业融合作业，提高劳动效率。

二、作业条件

落实各项作业前准备工作，遵守作业规定。天窗点内，按规定办理登销记手续，待调度命令下达，按规定设置防护后，方可进行作业。

三、作业组织

光电缆径路及贯通地线联合整治由电务、供电、工务等专业共同制订检查方案。

四、作业项目及标准

(一)光电缆径路

(1)光电缆径路埋设应避开酸、碱、盐聚集，石灰质、污水、土质松软和承受重压可能发生大量塌陷危险的地带，以及道岔的岔尖、辙叉心、钢轨接头、接触网的杆(塔)基础等处所。

(2)光电缆与电力电缆不得同沟，应分开敷设。必须交叉时，应采取物理隔离措施。

(3)电缆标识，采用直埋式光电缆径路上每 50 m 埋设电缆标，保护区外光电缆径路每 100 m 埋设宣传警示牌。

(二)贯通地线

(1)普速铁路贯通地线应采用截面积不小于铜当量 35 mm^2，高速铁路贯通地线应采用截面积不小于铜当量 70 mm^2，并且满足正常情况下流过贯通地线最大牵引回流的需要。耐腐蚀并符合环保要求的材料，外护套应为具有耐腐蚀性能的金属或合金材料。

(2)贯通地线与光电缆径路应有物理隔离措施，与信号电缆同沟时，应埋设于电缆槽下方土壤中，距电缆槽底部不得小于 300 mm。

(3)隧道、桥梁应两侧敷设，与桥梁墩台接地装置连接的接地连接线应设置成无维修方式。上、下行线路分线时，应分别敷设贯通地线，并且任一点的接地电阻不得大于 1 Ω。

任务二　一体化登乘巡视

任务描述

登乘巡视主要对线路上及邻近的铁路设备进行巡视检查，能够对沿线外部环境有直观、全面的了解。一体化登乘巡视能对工电供设备同时开展巡视检查，有效提升检查效率。

任务实施

一、作业目的

通过一体化登乘巡视，对工务、电务、供电设备及周边外部环境进行检查，掌握设备状态。

二、作业条件

落实各项作业前准备工作，遵守登乘巡视作业规定。

三、作业组织

一体化登乘巡视由工务、电务、供电专业共同制订检查方案。

四、检查项目及标准

(1)使用便携式线路检查仪检查线路设备动态质量。

(2)确认车载信号设备运行正常，地面信号设备、箱盒等轨旁设备安装紧固，信号机显示、轨道电路上码、应答器报文读取等设备运行正常。

(3)确认通信光电缆、管槽道径路无异状和外界影响，通信杆(塔)、漏泄电缆、综合视频监控系统、隧道及洞室内光纤直放站、隧道应急电话等通信轨旁设备安装牢固，限界符合标准；车载通信设备运行正常，进路预告信息接收正常，语音通话良好。

(4)绝缘部件无闪络放电现象，电力机车、动车组受电弓无明显异常情况。

(5)接触网设备无明显脱、断、偏移等异常情况。

(6)确认线路上无作业遗留工机具、无闲杂人员等影响行车安全的风险。

(7)确认工电供轨旁设备设施完好、无侵限。

(8)确认工电供周边环境无危及行车安全的隐患。

任务三　工电供设备巡视检查

任务描述

工电供设备巡视检查指作业人员对工务、电务、供电专业现场设备的外观完整性和安全状态进行同步查看，及时掌握设备状况，通过天窗、防护、交通等资源共用，联劳协作，提高劳动效率效益。

视频

工电供设备巡视检查作业

任务实施

一、作业目的

通过对工务、电务、供电设备巡视检查，掌握设备状况。

二、作业条件

落实各项检查前准备工作，遵守检查规定。天窗点内，按规定办理登销记手续，待调度命令下达，按规定设置防护后，方可进行作业。

三、作业组织

工务、电务、供电专业按照区间和站内两种组织方式制订巡检方案，按组织分工，对工务、电务、供电设备外观进行巡视检查。

四、作业项目及标准

（1）工务设备：重点检查道岔、钢轨、调节器、轨枕、扣件、道床（板）、隧道口、高路堤、深路堑、重点桥涵、安防设施、声屏障、外部环境等，确保外观完整、状态良好。

（2）电务设备：重点检查信号机、轨道电路、道岔转辙设备、应答器、轨旁箱盒、信号标志、光纤直放站、漏泄电缆（天馈线）、综合视频前端设备、通信杆（塔）、隧道应急电话等，确保外观完整、状态良好。

（3）供电设备：重点检查接触网、隔离开关、补偿装置、避雷器、绝缘设备、吊弦、支柱、拉线、基础、隧道照明设备、隧道洞室门、箱变、投光灯塔（桥）、电缆及电缆沟（槽）等，确保外观完整、状态良好。

任务四　钢轨绝缘检查

任务描述

钢轨绝缘是轨道电路的重要组成部分，钢轨绝缘的状态将直接影响轨道电路稳定运行。通过工务、电务联合整治钢轨绝缘，提高结合部设备质量，确保设备稳定运行。

任务实施

一、作业目的

通过开展钢轨绝缘检查，掌握设备状态，实现天窗共用、防护共用、交通工具共用、专业融合作业，提高劳动效率。

二、作业条件

落实各项作业前准备工作，遵守作业规定。天窗点内，按规定办理登销记手续，待调度命令下达，按规定设置防护后，方可进行作业。

三、作业组织

钢轨绝缘检查由工务、电务专业共同制订检查方案。

四、检查项目及标准

视频

钢轨胶接绝缘接头检查作业

(1)道床保持饱满、均匀、清洁、排水通畅，道砟顶面与钢轨底面距离满足规范规定。

(2)钢轨绝缘外观整洁、完好。

(3)使用轨道绝缘在线测试仪测试，钢轨绝缘两轨头间阻抗值大于 20 Ω，钢轨绝缘轨头对绝缘夹板间阻抗值大于 100 Ω。

(4)钢轨端面与绝缘端板之间保持密贴，间隙不大于 1 mm。

(5)绝缘接头平直度满足标准规定。

(6)左右两股钢轨绝缘接头相对铺设，接头对齐、方正，并居于两轨枕正中。

(7)绝缘接头轨缝绝缘端板距轨枕边不小于 100 mm。

(8)胶接绝缘接头设置位置与相邻焊接接头间距符合规范规定。

(9)绝缘接头采用绝缘扣件系统，包括绝缘弹条、绝缘扣板和绝缘轨距块等。

(10)绝缘接头扣件齐全有效，接头螺栓、夹板与扣件不得接触，接头螺栓扭矩满足规范规定。

任务五　电源检查

任务描述

本任务描述了铁路信号、通信、电力专业联合检查的作业内容，主要包含通信、信号机房电源联合检查项目及标准、人员组织、作业风险管控。

任务实施

一、作业目的

通过电源检查，掌握设备状态，解决电力电源质量等问题，实现天窗共用、防护共用、交通工具共用、专业融合作业，提高劳动效率。

二、作业条件

落实各项作业前准备工作，遵守作业规定。天窗点内，按规定办理登销记手续，待调度命令下达，按规定设置防护后，方可进行作业。

三、作业组织

电源检查由信号、通信、电力专业共同制订检查方案。

四、检查项目及标准

（1）检查信号机械室、通信机械室输入配电箱低压开关分合闸状态正常，并测试电压、电流正常，两路电源相序一致，内部接线整齐、规范。

（2）在信号机械室、通信机械室输入配电箱测试两路独立输入电源，应符合主副电源倒切正常的要求。

五、作业风险管控

（1）触电伤害管控：未对设备验电前，任何情况都当作有电对待，未经停电（放电）不得触摸任何带电设备；测试低压回路电压、电流时，应由两人进行操作，一人操作，一人监护，操作人员戴绝缘手套。

（2）人身伤害管控：操作人员应戴好安全帽和防护手套，站在稳固的构架或平台上。行走时，应精力集中，注意路况。

（3）误操作事故管控：严禁操作低压开关柜各开关。

任务六　工电联合检查道岔

任务描述

道岔是确保列车运行安全的主要行车设备，通过开展工电联合检查道岔，掌握设备状态，为工务、电务专业联合整治道岔提供设备整治依据。本任务描述工务、电务联合检查道岔的项目及标准。

任务实施

一、作业目的

通过开展工电联合检查道岔，及时发现结合部问题，制订联合整治方案，实现天窗共用、防护共用、交通工具共用、协同作业，提高劳动效率，保障铁路运输安全、设备运行稳定。

二、作业条件

落实各项作业前准备工作，遵守作业规定。天窗点内，按规定办理登销记手续，待调度命令下达，按规定设置防护后，方可进行作业。

三、作业组织

工电联合检查道岔由工务、电务专业联合开展设备检查。

四、检查项目及标准

(1)道岔线形、线位及各部位间隔尺寸，轨距、高低、水平、轨向等轨道几何尺寸满足维修规则规定。

(2)尖轨与基本轨、尖轨与滑床台、尖轨与顶铁间隙满足维修规则规定。

(3)尖轨防跳限位装置与斥离尖轨(标准开口)、尖轨防跳顶铁与密贴尖轨间隙满足维修规则规定。

(4)尖轨相对于基本轨、两尖轨相对伸缩位移满足维修规则规定。

(5)各部绝缘良好，各表示杆垂直于基本轨。各连接杆的连接销与销孔磨耗间隙小于1 mm，表示杆销孔间隙小于0.5 mm。

(6)直向通过速度大于120 km/h、小于或等于160 km/h的道岔，尖轨牵引点间有10 mm及以上水平间隙时，不应接通道岔表示。直向通过速度大于160 km/h的道岔，在两牵引点间有5 mm及以上水平间隙时，不应接通道岔表示。

(7)尖轨各牵引点动程和锁闭量符合标准、尖轨各牵引点处开口值符合标准。

(8)各杆件安装平直、无碰卡，活动部位无别劲，内锁闭道岔密贴调整杆空动距离大于5 mm，动作杆、密贴调整杆成一条直线，偏差小于5 mm。

(9)斥离尖轨非作用边与基本轨作用边的最小距离满足维修规则规定。

(10)密贴状态下尖轨轨底与辊轮、斥离状态下尖轨轨底与滑床板间隙满足维修规则要求。

(11)心轨与翼轨、短心轨与叉跟尖轨、心轨与滑床台、心轨与顶铁间隙满足维修规则规定。

(12)心轨防跳顶铁、卡铁、间隔铁与心轨间隙满足维修规则规定。

(13)心轨相对于翼轨的伸缩位移满足维修规则规定。

(14)检查限位器、间隔铁、顶铁、轨撑、接头铁、连杆等联结螺栓松动、变形或损坏情况，满足维修规则规定。

(15)心轨各牵引点动程和锁闭量符合标准，心轨第一牵引点处开口值符合标准。

复习思考题

1. 简述光电缆径路、贯通地线的整治标准。
2. 简述一体化登乘巡视的作用。
3. 简述工电供设备巡视检查的内容。
4. 钢轨绝缘检查的标准是什么？
5. 电源检查的风险管控有哪些？
6. 简述工电联合检查道岔的项目及标准。

项目三

一体化设备整治

项目描述

铁路工电供一体化设备整治，是通过实现天窗共用、防护共用、交通工具共用、专业融合作业，提升资源利用率、劳动生产效率与安全保障水平，减少设备故障及应急频率的联合作业。本项目主要介绍工电供综合维修生产一体化设备整治。

学习目标

1. 知识目标

(1)了解大型养路机械捣固作业、更换钢轨作业、工电联合整治道岔作业、牵引回流整治作业、SCADA 远动通道整治作业、外部环境风险管控的流程。

(2)熟悉道岔常见病害工电联合整治方法。

(3)熟悉外部环境风险项点。

(4)掌握大型养路机械捣固作业标准、更换钢轨作业标准。

2. 能力目标

(1)提高对高速铁路综合维修生产一体化设备整治的认识。

(2)能够协调各专业相关部门，实现一体化作业的深度融合和高效协同。

3. 素质目标

(1)具有高度的安全意识和质量意识，确保铁路基础设施的安全稳定。

(2)具备团队合作精神，能够在一体化管理模式下与各专业部门紧密协作。

(3)具有良好的学习和创新能力，适应铁路行业快速发展和变革的需求。

任务一　大型养路机械捣固作业

任务描述

大型养路机械捣固作业是确保铁路线路稳定、几何尺寸达标的常见大型机械作业方式。本任务主要介绍大型养路机械捣固的作业组织、流程及标准。

任务实施

一、作业目的

通过开展大型养路机械的捣固作业，改善轨道的平顺性和道床弹性，提升设备质量。

二、作业条件

落实各项作业前准备工作，遵守无缝线路作业轨温条件及有关规定。天窗点内，按规定办理登销记手续，待调度命令下达，按规定设置防护后，方可进行作业。

三、作业组织

大型养路机械捣固作业的施工主体单位为工务设备管理单位，配合单位为电务、供电。

四、作业项目及标准

(一)现场调查

工务、电务、供电专业联合对捣固地段现场设备进行作业前调查，掌握现场设备实际情况、作业方案可行性，确保人身安全、设备安全。

1. 工务专业

(1)根据捣固方案，复核大型养路机械捣固作业地段，测定轨枕底道砟厚度，调查现场失效扣件、道床板结、轨距不良等设备情况。

(2)根据作业需求，确定所需的工机具。

2. 电务专业

(1)根据捣固方案，对捣固范围的电务设备进行调查，准确掌握设备状态。对影响捣固的设备，制订相关防护措施。

(2)根据调查情况，提前准备电务作业需求的工机具。

3. 供电专业

(1)调查作业区段内供电设备情况，根据捣固方案，确定对供电设备的影响、影响范围、需停用供电臂，以及需对供电设备进行的保护措施等。

(2)根据供电专业的作业量，提前准备作业需求的工机具。

(3)测量接触网导高，根据起道量确定是否调整接触网。

(二)方案制订

根据联合调查情况，从作业流程、作业标准、作业风险、防控措施等方面编制施工方案。

(三)作业实施

1. 工务专业

(1)提供技术资料。施工前，向施工单位提供作业方案和有关线路技术资料。

(2)全面复核曲线要素。作业前现场复核并标注平面曲线 ZH、HY、YH、HZ 点及竖曲线起终点、变坡点位置和缓和曲线超高值。

(3)整正扣件。橡胶垫板、轨距挡板等需齐全有效,确保弹条扣件螺栓扭矩达标,对螺杆除锈涂油。

(4)预卸石砟。稳定作业前及时回填镐窝,补充道砟,确保捣固区域和砟肩石砟饱满。

(5)轨枕整修更换。作业前更换失效轨枕;方正轨枕使轨枕间距达标。

(6)道床病害整治。板结、翻浆地段进行清筛、清挖。

(7)大机起拨道。捣固车一次起道量不应超过 40 mm,起道量超过 40 mm 时应分次起道捣固;一次拨道量不宜超过 30 mm。大机拨道,进入曲线地段前,必须确认曲线起始位置,曲线必须按提供的拨量精确拨道。每次作业应进行道床动力稳定。一次起道或拨道量超出 30 mm,或两股钢轨起道量相差超过 7 mm 时,应事先通知供电部门调查确认接触网设备调整工作量并配合作业。特殊情况下需调整线路的轨面标准线时,由工务、供电部门共同确认,并经铁路局集团公司批准。

(8)恢复道床。对缺砟地段进行填补石砟、埋镐窝、整理路肩散乱石砟,恢复道床标准外形并夯拍,达到开通条件后方可开通线路。

2. 电务专业

(1)设备防护。根据作业方案对作业区域的信号设备进行防护,防止捣固作业损伤设备。

(2)设备盯控。盯控信号设备状态,防止设备损伤。

(3)设备恢复。

①检查设备安装、连接状态,对损伤设备及时更换,确保设备正常。

②通过信号集中监测设备调阅及控制台设备状态复核等方式,确认信号设备运行正常。

3. 供电专业

(1)根据当日捣固作业量研判需要重点复核调整处所及调整量等。

(2)可能对供电设备造成损伤的作业,应确认所涉及的电磁枕、与钢轨连接的设备等保护措施符合要求。

(3)捣固后,复核确认接触网设备技术状态满足要求,如不满足及时调整。

(四)作业验收

1. 工务专业

(1)捣固作业结束前,应在作业终点画上标记,起道量按规定坡度递减顺坡,达到安全放行列车要求。

(2)线路几何尺寸达到作业验收标准。

(3)线路联结零件无缺少、无失效,道床整洁、饱满、均匀,轨枕无空吊。

(4)道床边坡、砟肩宽度、砟肩堆高、道床顶面等均需满足维修规则规定。

2. 电务专业

（1）检查作业区域信号设备，电气特性、安装要求符合《高速铁路信号维护规则　技术标准部分》规定。

（2）工完料清，作业区域无工机具、材料遗漏，设备防松防脱良好。

3. 供电专业

（1）确认供电设备各项参数符合标准。

（2）确认满足送电、开通条件。

任务二　更换钢轨作业

任务描述

随着钢轨服役时间的增长，在使用过程中会出现磨耗、裂纹、掉块等伤损。更换钢轨作业是对影响行车安全的伤损钢轨及时进行更换。本任务主要介绍更换钢轨的一体化作业组织、流程和作业标准。

任务实施

一、作业目的

通过更换伤损钢轨，可有效改善轮轨关系，消除安全隐患，提升设备质量。

二、作业条件

落实各项作业前准备工作，遵守作业规定。天窗点内，按规定办理登销记手续，待调度命令下达，按规定设置防护后，方可进行作业。

三、作业组织

更换钢轨联合作业的施工主体单位为工务设备管理单位，配合单位为电务、供电。

四、作业项目及标准

（一）现场调查

工务、电务、供电专业联合对现场设备进行作业前调查，掌握现场设备实际情况、作业方案可行性，确保人身安全、设备安全。

1. 工务专业

（1）根据钢轨更换计划，调查更换钢轨的材质、型号、焊缝、伤损等。对换轨地段的扣件、道床、轨枕等设备状态进行调查。

（2）根据现场调查的作业量，确定所需的工机具，带齐相关备品。

2. 电务专业

(1)根据作业方案,对作业范围的信号设备进行调查,掌握设备状态。对影响的信号设备,制订相关防护措施。

(2)现场制订“两横一纵”牵引回流构通方案。

(3)根据调查情况,提前准备电务作业需求的工机具、备品。

3. 供电专业

(1)调查作业区段内供电设备情况,根据换轨方案,确定对供电设备的影响范围、需停用供电臂,以及需对供电设备采取的保护措施等。

(2)根据供电专业的作业量,确定所需的工机具。

(二)方案制订

根据联合调查情况,从作业流程、作业标准、作业风险、防控措施等方面编制作业方案。

(三)作业实施

1. 工务专业

(1)确保新钢轨的材质、轨型应与下道钢轨相同,新钢轨探伤仪检测合格。

(2)对新钢轨进行打磨,使其与线路上的钢轨廓形匹配,再用轨上道需与前后钢轨磨耗相匹配。

(3)撤卸扣件。先在切断的钢轨两侧进行标记,撤除换轨地段的扣件,对位摆放整齐。

(4)锯切钢轨并做好记录。用钢轨切割机锯切钢轨,准确记录插入钢轨长度,记录作业时轨温、断缝值、两标记间距离。

(5)复核新轨长度,确认两锯口间距离是否与新轨长度相符。

(6)插入新轨,按照方案实施焊接,并对焊缝进行打磨。

(7)恢复扣件,检查精调整修几何尺寸,并对焊缝进行全断面探伤。

2. 电务专业

(1)设备防护。工务专业提前安装截面积不小于 70 mm^2 的“两横一纵”回流线,电务专业确认“两横一纵”安装符合标准,确保牵引回流畅通。根据作业方案,落实信号设备防护措施。

(2)设备盯控。盯控信号设备状态,防止设备损伤。

(3)设备恢复。

①检查、恢复设备,对损伤设备及时更换。

②确认信号设备安装、连接良好后,再通知工务专业拆除“两横一纵”回流线。

③对作业区域信号设备进行电气特性及分路不良测试,确保电气特性达标,按规定进行联锁试验。

3. 供电专业

(1)可能对供电设备造成损伤的作业,应确认所涉及的电磁枕、与钢轨连接的设备、支柱及基础等保护措施符合要求。

(2)换轨过程中不得伤及供电设备。

(3)换轨后,复核、确认接触网设备技术状态满足要求。

(四)作业验收

1. 工务专业

(1)线路几何尺寸达到作业验收标准。

(2)钢轨、焊缝质量符合规定。

(3)联结零件齐全、有效,扣件扭矩达标。

2. 电务专业

(1)检查作业区域信号设备,电气特性、安装要求符合《高速铁路信号维护规则 技术标准部分》规定。

(2)工完料清,作业区域无工机具、材料遗漏,各设备防松防脱良好。

3. 供电专业

(1)复核换轨作业后接触网参数,确认参数符合标准。

(2)检查供电设备,确认符合送电、开通条件。

任务三 工电联合整治道岔

任务描述

本任务以尖轨与基本轨不密贴病害为例,消除道岔工电结合部设备病害,提高道岔转换、线路设备运用质量,主要介绍工电联合整治道岔的要求及标准。

视频

工电联合整治道岔作业

任务实施

一、作业目的

工电联合整治道岔可解决道岔几何尺寸不良、转换阻力大等问题,消除结构性、基础性病害,提升结合部设备质量,减少结合部设备故障。

二、作业条件

落实各项作业前准备工作,遵守作业规定。天窗点内,按规定办理登销记手续,待调度命令下达,按规定设置防护后,方可进行作业。

三、作业组织

工务、电务联合整治道岔,施工主体为电务或工务设备管理单位,另一方为配合单位。

四、作业项目及标准

道岔各部位不密贴、尖轨及基本轨纵向爬行超标、绝缘接头质量不良等病害,将导致轨道框架稳定性不足、道岔无表示、道岔卡阻等设备故障。上述病害需开展工电联合整治道岔作业。

以现场常见的尖轨与基本轨间不密贴(图 3-3-1)为例,介绍该问题的整治措施。

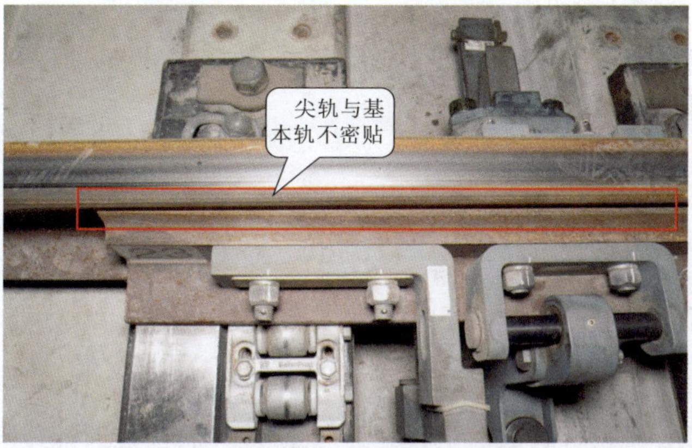

图 3-3-1　尖轨常见病害

(一)道岔框架尺寸整治

调整线形、线位及各部间隔尺寸,调整轨距、高低、水平、轨向等轨道几何尺寸满足作业验收标准。

(二)钢轨病害整治

及时更换硬弯严重钢轨,打磨钢轨肥边,保证尖轨与基本轨肥边不大于 1 mm,使尖轨与基本轨能自然密贴。

(三)顶铁离缝整治

通过增减顶铁调整片,调整尖轨与顶铁间隙,并同时考虑轨距、支距状态。

(四)密贴调整

通过调整转换设备状态和整修轨件,确保尖轨与基本轨密贴。密贴调整应由末端往前端逐步调整,调整过程中要注意各牵引点密贴强度适中。在强度适中的情况下,确保道岔尖轨与基本轨密贴达标。

任务四　牵引回流整治作业

任务描述

牵引回流整治是综合利用作业计划、作业人员、防护体系,由供电(接触网、牵引变电)、信号专业开展的牵引回流整治作业。当牵引回流系统异常时,作业人员通过对牵引变电所、回流线、综合贯通地线、扼流变压器等设备开展排查整治,消除设备隐患,保障回流路径畅通。

任务实施

一、作业目的

通过开展牵引回流整治作业,解决牵引回流不平衡、干扰等问题,实现天窗共用、防护共用、交通工具共用、协同作业,提高劳动效率,保障铁路运输安全、设备运行稳定。

二、作业条件

落实各项作业前准备工作，遵守作业规定。天窗点内，按规定办理登销记手续，待调度命令下达，按规定设置防护后，方可进行作业。

三、作业组织

牵引回流联合整治由供电(接触网、牵引变电)、信号专业共同制订检查方案。

四、作业项目及标准

(一)防护网外设备

(1)检查集中接地箱、入所后回流电缆、架空回流线、综合贯通地线至集中接地箱内连接良好；若入所处路径采用直埋形式，根据现场情况进行开挖检查。

(2)清理集中接地线内线缆数量与标号，确保线路上一致。

(3)检查集中接地箱内电流互感器外观、数量符合要求。

(4)检查校验集中接地箱内穿心式电流互感器至保护屏柜后二次电缆接线正确，电缆运行正常。

(5)通过试验仪器检查电流互感器精度，采样数据均传至 SCADA 后台，并且符合标准。

(二)防护网内设备

(1)检查扼流变压器中心连接板、各牵引回流吸上线实际设置与设计图纸一致，各部螺栓紧固，没有发热、松动等情况。扼流变压器中性点与回流电缆连接处状态良好。

(2)检查吸上线状态，线夹及电缆本体无烧伤、裂纹、松动等异常现象，并测量连接处的接触电阻。

(3)检查回所电缆标桩齐全，距离设置符合要求。

任务五　SCADA 远动通道整治作业

任务描述

SCADA 远动通道整治是通过综合利用作业计划、作业人员、防护体系，由供电及通信两个专业开展的 SCADA 远动通道整治作业。当 SCADA 远动通道异常时，作业人员通过对牵引供电及电力远动终端设备、通信机械室内远动通信设备开展排查整治，消除设备隐患，保障远动通道状态正常。

任务实施

一、作业目的

通过开展 SCADA 远动通道整治，解决牵引供电及电力远动终端设备通信隐患，实现天窗共用、防护共用、交通工具共用、协同作业，提高劳动效率，保障铁路运输安全、设备运行稳定。

二、作业条件

落实各项作业前准备工作，遵守作业规定。天窗点内，按规定办理登销记手续，待调度命令下达，按规定设置防护后，方可进行作业。

三、作业组织

SCADA 远动通道整治作业由供电、通信专业共同制订检查方案。

四、作业项目及标准

（一）供电设备检查

（1）检查牵引供电及电力远动终端设备运行指示灯、收发指示灯及装置内部业务配置正确。

（2）检查远动附属设备交换机正常运行；传输网线监测状态正常，插接稳固无松脱现象；光纤无折痕，传输功率达标。

（3）使用通信监测设备联合通信专业向通信机房发出检测指令，校验至通信设备间是正常的。

（4）联系 SCADA 主站维护人员，检查主站数据配置、传输通道正常。

（二）通信设备检查

（1）检查通信路由器、交换机运行指示灯、收发指示灯显示正确，设备运行正常。

（2）检查路由器、交换机线缆插接稳固无松脱现象，网线、光纤无折痕。

（3）联系网管值班人员，检查网管数据流量包收发正常，光通道还需要网管查询收发光功率正常。

任务六　外部环境风险管控

任务描述

外部环境风险管控是通过对外部环境隐患的排查及处置，发挥工务、电务、供电各专业优势，开展现场排查及处置，实现资源共用，以提高劳动效率，保障铁路运输安全有序。

任务实施

一、作业目的

通过对外部环境隐患排查及处置内容学习，发挥工务、电务、供电各专业优势，开展现场排查及处置，实现资源共用，提高劳动效率，保障铁路运输安全有序。

二、作业条件

落实各项作业前准备工作，遵守作业规定。按规定设置防护后，方可进行作业。

三、作业组织

由工务、电务、供电专业共同开展影响工电供设备的外部环境管控工作。

四、作业项目及标准

（一）外部环境隐患排查

(1)违法施工隐患排查。主要排查在铁路线路安全保护区内取土、挖砂、挖沟、下穿上跨施工、采空作业等安全隐患。

(2)危险物品隐患排查。主要排查在铁路沿线两侧不符合国家标准、行业标准规定的安全防护距离，排查建造、设立生产加工存储或者销售易燃、易爆或者放射性物品等危险物品场所仓库安全隐患。

(3)公跨铁桥梁和公铁并行护栏隐患排查。主要排查公跨铁桥梁和公铁并行护栏不达标准、安全警示标志缺失、违规附挂上跨设备、通行车辆超限超载超速等安全隐患。

(4)违法抽水隐患排查。主要排查在高速铁路沿线禁采区和限采区违法抽取地下水，以及在铁路线路安全保护区内抽取地下水类安全隐患。

(5)河道桥梁隐患排查。主要排查在铁路桥梁跨越河道上下游禁止区违法进行采砂淘金、疏浚作业、围垦造田、拦河筑坝、架设浮桥或者修建其他影响铁路桥梁安全设施，以及桥区航标未按规定设置等安全隐患。

(6)开采爆破隐患排查。主要排查违法进行采矿、采石或爆破作业类安全隐患。

(7)违建违占隐患排查。主要排查在铁路线路安全保护区内违法建筑房屋设施、违法占地、违法经营等安全隐患。

(8)堆放隐患排查。主要排查在铁路线路两侧堆放杂物、材料、设备、弃土弃渣，以及向铁路线路安全保护区倾倒垃圾和排污等安全隐患。

(9)倒落隐患排查。主要排查铁路沿线各类杆(塔)、上跨线缆、高大设施等存在的倒伏安全隐患。

(10)危树(竹)隐患排查。主要排查在铁路线路安全保护区内种植影响铁路线路安全和行车瞭望的树(竹)等植物的安全隐患。

(11)违法排放隐患排查。主要排查在电气化铁路附近从事排放粉尘、烟尘及腐蚀性气体的生产活动，超过国家规定的排放标准，危及铁路运输的安全隐患。

(12)硬飘浮物隐患排查。主要排查邻近铁路线路安全保护区一定范围内彩钢瓦房、广告牌等金属材料建(构)筑物在大风天气下侵入铁路限界的安全隐患。

(13)轻飘浮物隐患排查。主要排查在铁路沿线升放风筝、气球、无人机等低空飘浮物，以及各种网类、塑料类等轻体物品在大风天气下侵入铁路限界等的安全隐患。

(14)危害铁路通信、信号设施隐患排查。主要排查危害铁路地下、过河光电缆等设施安全的违法行为。

(15)危害电气化铁路设施隐患排查。主要排查攀登铁路电力线路杆(塔)或者在杆(塔)上架设、安装其他设施设备,在铁路电力线路杆(塔)、拉线周围20 m范围内取土、打桩、钻探或者倾倒有害化学物品,向电气化铁路接触网抛掷物品和触碰电气化铁路接触网等的违法行为。

(16)非法通行隐患排查。主要排查私设非法道口和非法人行通道、非法进入铁路线路及封闭站场等的问题。

(17)非法烧荒隐患排查。主要排查在铁路线路安全保护区内烧荒的问题。

(18)放养牲畜隐患排查。主要排查在铁路线路安全保护区内放养牲畜的问题。

(二)外部环境隐患处置

针对排查发现的外部环境隐患,工务、电务、供电专业应根据其影响设备情况,综合采取"人防、物防、技防"安全保障措施,联合地方部门开展联合处置,确保铁路运营安全。

(1)人防。对排查发现的隐患处所加强检查,突出隐患设置监护等措施进行管控,如非法通行典型处所,重点时段设置人员监控,管控路外人员非法通行。

(2)物防。对排查发现的隐患处所通过清理、整治等措施进行管控,如对轻飘浮物进行清理,对硬飘浮物进行加固,对非法通行处所设置封闭设施,对倒落隐患的采取拆除或拉绳加固等措施。

(3)技防。对排查发现的隐患处所发挥科技赋能作用进行管控,如对违法施工处所设置视频监控,进行远程管控。

(4)联合处置。针对发现的外部环境隐患,通过下发隐患告知书、停工通知书等措施进行告知,通过运用路地"双段长"机制发挥双方作用开展联合处置,通过将重大突出隐患移交检察院、派出所或铁路监管局等进行措施处置。

复习思考题

1. 大型养路机械捣固作业中工务专业是如何实施的?
2. 更换钢轨作业中电务专业有哪些项目及标准?
3. 工电联合整治道岔作业的项目及标准有哪些?
4. 牵引回流整治作业的项目及标准有哪些?
5. SCADA远动通道整治作业中供电设备的检查有哪些?

项目四

一体化应急处置

项目描述

铁路故障应急处置的目的是减少对运营秩序的影响，确保铁路安全运营。通过采取相应的应急措施，为可能发生的故障提供快速响应和处理指南，不仅能够减少故障对旅客和货物运输的影响，还能最大限度降低经济损失和社会影响。

学习目标

1. 知识目标

(1)掌握道岔转辙设备无表示应急处置流程。

(2)掌握轨道电路红光带应急处置流程。

(3)掌握光电缆损毁应急处置流程。

(4)掌握隧道渗漏水应急处置流程。

(5)掌握自然灾害应急处置流程。

(6)掌握异物侵限应急处置流程。

(7)掌握通信、信号电源无电应急处置流程。

2. 能力目标

(1)具备道岔转辙设备无表示应急处置并卡控安全的能力。

(2)具备轨道电路红光带应急处置并卡控安全的能力。

(3)具备光电缆损毁应急处置并卡控安全的能力。

(4)具备隧道渗漏水应急处置并卡控安全的能力。

(5)具备自然灾害应急处置并卡控安全的能力。

(6)具备异物侵限应急处置并卡控安全的能力。

(7)具备通信、信号电源无电应急处置并卡控安全的能力。

3. 素质目标

(1)培养“生命至上、安全第一，预防为主、源头防控，平战结合、应急可靠，以人为本、降低损失，高效处置、减少影响，资源统筹、协调联动”的应急处置理念。

(2)提升快速响应应急处置的能力。

(3)树立团队协作精神,能够在一体化应急处置作业实施过程中与团队成员保持良好沟通与协作。

任务一　道岔转辙设备无表示应急处置

任务描述

道岔是铁路主要的行车设备,道岔发生无表示故障时,将严重影响行车秩序,在发生道岔无表示后,必须立即组织人员进行应急处置,保证行车秩序。

任务实施

一、作业条件

应急处置前,落实各项作业安全准备工作。上道处置时,按规定办理登记停用手续。待调度命令下达,按规定设置防护后,方可上道应急处置。

二、处置流程

(1)工务专业。对故障道岔进行全面结构性检查和重点部位几何尺寸检查。

(2)电务专业。现场扳动道岔,检查道岔解锁、转换、锁闭状态;检查道岔各牵引点机械强度、转换区域外部环境情况;检查道岔工作电压、电流等电气特性情况。

三、处置注意事项

(1)应急人员到达现场,由应急负责人确定本线封锁和邻线限速的起止里程,同时清点人员、工机具、材料,并在第一时间通知驻站(驻调度所)联络员;驻站(驻调度所)联络员根据应急负责人的报告在"行车设备检查登记簿"内进行登记,请求本线封锁和邻线限速。

(2)应急负责人接到本线封锁和邻线限速的调度命令并与驻站(驻调度所)联络员核实无误后,立即组织人员携带工机具、备品进入防护网,按要求设置现场防护员,按固定走行路径赶赴故障地点。应急负责人确认行别后立即组织上道检查确认。

(3)故障处理过程中,涉及拆改配线、更换设备的,必须按要求编制联锁试验表格进行联锁试验。确认联锁试验正确后,才能开通设备。

(4)作业完毕,确保人员、材料、工机具全部出防护网后,才能开通线路。

任务二　轨道电路红光带应急处置

任务描述

轨道电路是铁路主要的行车设备,轨道电路发生红光带故障时,将严重影响行车秩序,在发生轨道电路红光带后,必须立即组织人员进行应急处置,保证行车秩序。

任务实施

一、作业条件

应急处置前，落实各项作业安全准备工作。上道处置时，按规定办理登记停用手续。待调度命令下达，按规定设置防护后，方可上道应急处置。

二、处置流程

(1)工务专业。检查钢轨状态(无断轨)、绝缘接头状态(钢轨轨端无搭接、顶死，绝缘轨端片完好，胶接绝缘接头轨缝满足规范要求，接头扣件齐全有效、无联电等情况)。除检查红光带分区外，还须对红光带区段的相邻区段同时进行检查。

(2)电务专业。检查轨道电路钢轨引接线和接续线连接良好、测试电流达标；检查轨道电路各绝缘齐全良好、测试绝缘电阻达标；检查轨道变压器、限流电阻、扼流变压器等工作正常。

三、处置注意事项

(1)应急人员到达现场，由应急负责人确定本线封锁和邻线限速的起止里程，同时清点人员、工机具、材料，并在第一时间通知驻站(驻调度所)联络员；驻站(驻调度所)联络员根据应急负责人的报告在“行车设备检查登记簿”内进行登记，请求本线封锁和邻线限速。

(2)应急负责人接到本线封锁和邻线限速的调度命令并与驻站(驻调度所)联络员核实无误后，立即组织人员携带工机具、备品进入防护网，按要求设置现场防护员，按固定走行路径赶赴故障地点。应急负责人确认行别后立即组织上道检查确认。

(3)故障处理过程中，涉及拆改配线、更换设备的，必须按要求编制联锁试验表格进行联锁试验。确保联锁试验正确后，才能开通线路设备。

(4)作业完毕，确保人员、材料、工机具全部出防护网后，才能开通线路。

任务三　光电缆损毁应急处置

任务描述

光电缆是连接铁路各行车设备的通道，光电缆发生中断、损毁情况时，将严重影响行车设备运行安全。发生光电缆中断、损毁情况后，必须立即组织人员进行应急处置，保证行车设备稳定运行。

任务实施

一、作业条件

应急处置前，落实各项作业安全准备工作。上道处置时，按规定办理登记停用手续。待调度命令下达，按规定设置防护后，方可上道应急处置。

二、处置流程

（一）故障判断

（1）如果是信号专业光电缆中断，则电务专业应通过控制台操作、信号集中监测调阅、分段测试等方法，缩小设备故障范围。结合故障范围及图纸，初步判断光电缆故障点。

（2）如果是电力专业电缆中断，则电力专业应通过远动倒闸排查隔离电缆故障区段，恢复正常区段供电。

（3）如果是通信专业光电缆中断，通过用户故障申告，初步判断光电缆断点所在范围位置。

（二）故障处理

1. 信号专业光电缆中断时

（1）准备光电缆抢险工具。携带光电缆应急抢险器材、十字镐、铲子、锄头等光电缆应急抢险工具，根据初步判定的故障地点，赶赴现场处置。

（2）光电缆抢险准备。到达故障地点后，先确认光电缆断点，使用铲子、锄头等工具将光电缆断点挖出，为光电缆接续做准备。

（3）编制联锁试验表格。根据光电缆中断影响设备范围，提前编制故障联锁试验表格。

（4）光电缆接续。根据光电缆 A、B 端芯线排列，使用光电缆接续盒将中断光电缆芯线正确接续。根据现场实际情况，可以使用光电缆应急抢险器材临时接续光电缆，快速恢复设备。

（5）设备状态确认。光电缆接续后，通过控制台、信号集中监测等方式检查道岔，确认设备是否全部恢复正常。

（6）联锁试验。根据审批的联锁试验表格，逐项进行联锁试验，联锁试验正确后，才能开通设备。

2. 电力专业电缆中断时

（1）了解故障电缆的资料，包括投入运行时间、长度、截面、规格型号、接头位置、电缆走向等。合理组织电缆故障处理人员，包括技术人员、电缆头制作人员和地面土方施工人员等。

（2）准备电缆故障查找处理所需的工机具和材料，必要的安全用具、拆卸制作工具、测试仪器仪表、照明设备、电缆及附件等。

（3）按规定办理好工作票（或调度命令）及相关停电手续、进入高速铁路栅栏内的作业手续等。

（4）使用电缆故障探测仪对故障点进行查找定位；故障电缆测距后掌握其基本位置，再对故障点进行精确定位。

（5）找到电缆故障点后，对电缆进行接续，制作电缆头。电缆头制作完毕后对电缆进行耐压试验，确保电缆头制作合格。

（6）恢复送电后，使用核相仪对故障电缆进行相序核对，确保相序正确。

3. 通信专业光电缆中断时

(1)准备光电缆抢险工具、十字镐、铲子、锄头、日常使用工具、铜芯电话线等，根据初步判定的故障地点，赶赴现场。

(2)到达故障地点后，先确认光电缆断点，使用铲子、锄头等将光电缆断点挖出，首先应用配备的铜芯电话线(禁止使用带钢线的被覆线)临时将重要通道的光电缆芯线连接构通，用最短的时间恢复重要通道，然后要点正式接续恢复故障光电缆。

(3)电缆障碍正式恢复布放新光电缆必须区分 A、B 端，按照正确组序、线序进行逐芯接续。光电缆端别以四线组的色带识别，规定红色为第一组，绿色在红色顺时针方向时，为 A 端，反之为 B 端；四线组排列顺序，即红、绿、白、蓝……依次排列；四线组光电缆芯线，按照红、白、蓝、绿排列。

(4)联系业务影响单位确认业务恢复。

(5)光电缆接头用水泥槽防护后根据现场实际情况回填土方夯实或用水泥包封，最后按标准设置安全警示标志。

(6)再次联系业务影响单位确认业务运用正常。

三、处置注意事项

(1)故障处理过程中，要研判电缆芯线中是否带电。如带电，应联系室内配合人员，关闭相应电缆电源，防止室外电缆接续人员触电。

(2)电气化区段开剥电缆绝缘外皮时，必须戴绝缘手套、穿绝缘鞋。

(3)电缆中断故障处理过程中，电缆故障点两侧的钢带、铝护套需要用临时铜导线可靠连接后方可作业。

(4)故障处置完毕后，必须确保联锁试验正确后，才能销记开通设备。

任务四　隧道渗漏水应急处置

任务描述

隧道发生渗漏水将影响行车及供电安全，需采取降弓、退行或加装引流板等方式快速处置，及时恢复行车。

任务实施

一、作业条件

应急处置前，落实各项作业安全准备工作。上道处置时，按规定办理登记停用手续。待调度命令下达，按规定设置防护后，方可上道应急处置。

二、处置流程

现场确认隧道渗漏水已形成连续水柱且距供电线(电缆除外)距离小于 300 mm(包

括直接流到供电线上）时，申请退出供电线，采取末端分区所越区供电方式，恢复正常行车。如无法退出供电线，则以最小供电单元停电采取列车降弓（惰行）方式运行，否则申请接触网停电、封锁线路对漏水点进行故障抢修。故障抢修时可通过加装引流板，将水引至供电线影响范围外，先恢复行车，后续进行封堵、引排等处置。

三、处置注意事项

（1）漏水是否形成连续水柱及距接触网带电设备的距离判定不清时，现场人员将采集的影像资料及时汇报调度，由供电专业研判，确定处置方案后由调度通知执行。

（2）隧道渗漏水处置时必须确认停电后方可作业。

（3）处理完毕后，工务、供电专业应共同确认开通条件。

任务五　自然灾害应急处置

任务描述

铁路设施遇自然灾害时，各专业应快速高效开展应对，按照“先通后固”的思路，尽快恢复列车运行，减少各类损失。

任务实施

一、作业条件

应急处置前，落实各项作业安全准备工作。上道处置时，按规定办理登记停用手续。待调度命令下达，按规定设置防护后，方可上道应急处置。

二、处置流程

遇滑坡、泥石流、崩塌落石、边坡溜坍、陷穴、路基下沉等自然灾害造成设备受损时，应立即封锁线路，根据灾害情况，研判确定启动应急响应等级，工务、电务、供电专业按照应急预案，统筹组织现场抢险工作。

工务专业负责工务设备抢险方案制订和实施，确认工务设备列车放行条件。

电务专业负责电务设备抢修方案制订和实施，确认电务设备列车放行条件，同时配合现场对电务设备进行保护，提供现场应急通信保障。

供电专业负责供电设备抢修方案制订和实施，确认供电设备列车放行条件，同时配合现场进行停送电，提供现场照明及用电保障。

三、处置注意事项

（1）自然灾害应急处置时，情况不明的应立即封锁线路，避免盲目抢修，防止次生灾害发生。

(2)各单位要服从统一指挥,协调一致,共同完成抢修任务。

(3)现场应急处置时应注意对非受损设备的保护。

任务六　异物侵限应急处置

任务描述

危树(竹)、飘浮物、上跨设施脱落等侵入铁路限界时,各专业应快速高效开展应对,尽快恢复列车运行。

任务实施

一、作业条件

应急处置前,落实各项作业安全准备工作。上道处置时,按规定办理登记停用手续。待调度命令下达,按规定设置防护后,方可上道应急处置。

二、处置流程

(一)危树(竹)侵限应急处置

(1)危树(竹)侵限不需接触网停电处理的情况。根据危树(竹)倒伏侵限情况,经研判不需要接触网停电的,封锁线路,使用油锯、斧头等对危树(竹)进行砍伐、截干、去枝后清理出限界,开通线路,恢复行车。

(2)危树(竹)侵限需接触网停电处理的情况。根据危树(竹)倒伏侵限情况,经研判需接触网停电处理的,封锁线路,供电申请停电命令并接地完毕,方可处置。处置过程中应使用安全绳等进行牵引,避免危树(竹)倒伏后对供电设备造成损伤。处置完毕后,确认无误方可开通线路。

(二)飘浮物上道应急处置

(1)飘浮物上道不影响接触网的情况。封锁线路,作业人员上道对飘浮物进行清理,确认无后续影响后开通区间,恢复行车。

(2)飘浮物上道影响接触网的情况。根据飘浮物侵限情况,确定处置方案,经供电调度同意后实施。如异物不影响列车正常运行,申请在天窗点内进行处置;如异物影响列车正常运行,利用停电或间接带电作业方式进行处置。

(三)上跨设施脱落侵限应急处置

上跨构筑物(高速公路桥、城市道路桥、人行天桥、渡槽等)设施(防护网、栏杆、灯塔及附属设施)脱落侵限,判断需接触网停电,工务、供电专业联合处置。封锁线路后,接触网停电满足作业条件,作业人员对上部构筑物脱落设备进行清理,并确认各设备状态,处置中应采取设备保护措施,防止造成二次伤害。

三、处置注意事项

(1)对现场情况判断不明时,应果断封锁线路。

(2)异物处理使用的绝缘工具必须在试验合格期内,绝缘性能符合要求。

(3)禁止操作人员在异物未完全脱离带电设备前,用手拖拽异物,造成触电伤害事故。

(4)处置后应清理现场,确认开通条件。

任务七　通信、信号电源无电应急处置

任务描述

通信、信号设备作为铁路主要行车设备,一旦停电将对铁路正常运输秩序带来严重影响。通信、信号电源无电情况发生时,各专业遵循“先通后复”“先通一线”的基本原则,以最快速度、最佳方案首先恢复供电,事后及时安排时间对设备进行彻底修复。

任务实施

一、作业条件

应急处置前,落实各项作业安全准备工作。防护网内设备按规定办理封锁手续,待调度命令下达,按规定设置防护后,方可进行应急处置。

二、处置流程

(1)供电专业确认变配电所内各回路保护动作情况,判断停电原因。若短时间内无法恢复,立即启动应急发电机组的应急发电预案,保证通信、信号设备电源正常可靠运行。

(2)应急发电机启动后,供电、电务专业共同检查通信、信号设备电源情况。

(3)在通信、信号应急发电机电源供电正常后,供电专业人员应不断巡视发电机设备,保证其正常工作,并设置安全警示标志,保证现场人员人身安全。

(4)供电专业尽快安排查找故障原因,并及时处置恢复。故障处置完毕后,供电专业将通信、信号设备由应急发电机供电倒切至正常供电方式。电源倒切时不影响设备正常运行,倒切完毕后,供电、电务专业再次检查确认通信、信号设备运行正常。

三、处置注意事项

(1)应急发电机的周边环境应具备发电机运行条件,无杂物阻碍,基础牢固,不发生偏移。

(2)应急发电机启动前应断开变压器低压总开关,防止发电机电源反送电至高压侧。

复习思考题

1. 道岔转换设备无表示应急处置是否需要本线封锁、邻线限速？
2. 轨道电路红光带应急处置时，工务专业、电务专业的处置流程分别是什么？
3. 光电缆损毁应急处置时，需注意什么？
4. 为什么自然灾害应急处置需第一时间封锁线路？
5. 通信、信号电源无电会造成什么影响？
6. 通信、信号电源无电应急处置注意事项有哪些？

参考文献

[1] 中国国家铁路集团有限公司. 高速铁路线路维修规则：TG/GW 115—2023[S]. 北京：中国铁道出版社有限公司，2023.

[2] 中国国家铁路集团有限公司. 普速铁路工务安全规则：TG/GW 101—2023[S]. 北京：中国铁道出版社有限公司，2023.

[3] 中国国家铁路集团有限公司. 普速铁路线路修理规则补充规定：TG/GW 102A—2022[S]. 北京：中国铁道出版社有限公司，2022.

[4] 中国铁路总公司. 普速铁路线路修理规则：TG/GW 102—2019[S]. 北京：中国铁道出版社，2019.

[5] 中国铁路总公司. 普速铁路桥隧建筑物修理规则：TG/GW 103—2018[S]. 北京：中国铁道出版社，2018.

[6] 中国铁路总公司. 高速铁路路基修理规则：TG/GW 120—2015[S]. 北京：中国铁道出版社，2015.

[7] 中国铁路总公司. 铁路技术管理规程(高速铁路部分)：TG/01—2014[S]. 北京：中国铁道出版社，2014.

[8] 中国铁路总公司. 铁路技术管理规程(普速铁路部分)：TG/01—2014[S]. 北京：中国铁道出版社，2014.

[9] 中国铁路总公司. 高速铁路工务安全规则(试行)：TG/GW 121—2014[S]. 北京：中国铁道出版社，2014.

[10] 中华人民共和国铁道部. 高速铁路桥隧建筑物修理规则(试行)：TG/GW 114—2011[S]. 北京：中国铁道出版社，2011.

[11] 中华人民共和国铁道部. 铁路路基大维修规则(铁运〔2008〕96 号)[S]. 北京：中国铁道出版社，2008.

[12] 国家铁路局. 铁路信号显示规范：TB/T 30010—2023[S]. 北京：中国铁道出版社有限公司，2023.

[13] 国家铁路局. 铁路信号设计规范：TB 10007—2017[S]. 北京：中国铁道出版社，2017.

[14] 中国铁路总公司. 高速铁路信号维护规则 技术标准部分[S]. 北京：中国铁道出版社，2016.

[15] 中国铁路总公司. 铁路电务安全规则[S]. 北京：中国铁道出版社，2015.

[16] 中国铁路总公司. 普速铁路信号维护规则 技术标准[S]. 北京：中国铁道出版社，2015.

[17] 中国铁路总公司. 铁路通信维护规则 设备维护[S]. 北京：中国铁道出版社，2014.

[18] 中国国家铁路集团有限公司. 高速铁路牵引变电所安全工作规则：TG/GD 121—2023[S]. 北京：中国铁道出版社有限公司，2023.

[19] 中国国家铁路集团有限公司. 高速铁路牵引变电所运行检修规则：TG/GD 122—2023[S]. 北京：中国铁道出版社有限公司，2023.

[20] 中国国家铁路集团有限公司. 铁路电力远动箱式变电站：Q/CR 928—2022[S]. 北京：中国铁道出版社有限公司，2023.

[21] 中国国家铁路集团有限公司. 铁路供电调度控制(SCADA)系统主站：Q/CR 796－2020[S]. 北京：中国铁道出版社有限公司，2021.

[22] 中国国家铁路集团有限公司. 国铁集团铁路营业线施工管理办法：TG/QT 102—2021[S]. 北京：中国铁道出版社有限公司，2021.

[23] 中国国家铁路集团有限公司. 电气化铁路牵引变电设备编号规则[S]. 北京：中国铁道出版社有限公司，2020.

[24] 中华人民共和国铁道部. 电气化铁路自耦变压器：TB/T 2888—2010. 北京：中国铁道出版

社,2010.
[25] 中国铁路总公司.铁路电力管理规则[S].北京:中国铁道出版社,2015.
[26] 中国铁路总公司.铁路电力安全工作规程[S].北京:中国铁道出版社,2015.
[27] 中华人民共和国铁道部.铁路电力设备安装标准[S].北京:中国铁道出版社,1997.
[28] 中国铁路总公司.高速铁路电力工程细部设计和工艺质量标准:Q/CR 9522—2018[S].北京:中国铁道出版社,2018.
[29] 中国铁路总公司.普速铁路接触网安全工作规则:TG/GD 115—2017[S].北京:中国铁道出版社,2017.
[30] 中国铁路总公司.普速铁路接触网运行维修规则:TG/GD 116—2017[S].北京:中国铁道出版社,2017.
[31] 中国铁路总公司.高速铁路接触网安全工作规则:TG/GD 108—2014[S].北京:中国铁道出版社,2016.
[32] 中国铁路总公司.高速铁路接触网运行维修规则:TG/GD 124—2015[S].北京:中国铁道出版社,2016.
[33] 国家铁路局.铁路电力设计规范:TB 10008－2015[S].北京:中国铁道出版社,2015.
[34] 中国国家铁路集团有限公司运输部.铁道概论[M].北京:中国铁道出版社有限公司,2022.
[35] 中国国家铁路集团有限公司工电部.铁路线路[M].北京:中国铁道出版社有限公司,2022.
[36] 中国国家铁路集团有限公司工电部.铁路桥梁隧道[M].北京:中国铁道出版社有限公司,2022.
[37] 中国国家铁路集团有限公司工电部.铁路路基与防洪[M].北京:中国铁道出版社有限公司,2022.
[38] 中国国家铁路集团有限公司工电部.高速铁路信号与控制[M].北京:中国铁道出版社有限公司,2022.
[39] 中国国家铁路集团有限公司工电部.普速铁路信号设备[M].北京:中国铁道出版社有限公司,2022.
[40] 中国国家铁路集团有限公司工电部.铁路通信承载网[M].北京:中国铁道出版社有限公司,2022.
[41] 中国国家铁路集团有限公司工电部.铁路通信业务网[M].北京:中国铁道出版社有限公司,2022.
[42] 林瑜筠,李文涛,叶建斌,等.计算机联锁[M].5版.北京:中国铁道出版社有限公司,2024.
[43] 中国国家铁路集团有限公司工电部.铁路牵引变电[M].北京:中国铁道出版社有限公司,2022.
[44] 中国国家铁路集团有限公司工电部.铁路接触网[M].北京:中国铁道出版社有限公司,2022.
[45] 中国国家铁路集团有限公司工电部.铁路电力[M].北京:中国铁道出版社有限公司,2022.
[46] 中国铁路成都局集团有限公司.高速铁路工电供一体化基础知识[M].北京:中国铁道出版社.2019.
[47] 中国铁路成都局集团有限公司.普速铁路工电供一体化基础知识[M].北京:中国铁道出版社.2019.
[48] 董吉谔.电力金具手册[M].3版.北京:中国电力出版社,2017.
[49] 贺威俊.电力牵引供电系统技术及装备[M].成都:西南交通大学出版社,1998.